大师传记馆

Michel Foucault

福柯思想肖像

刘北成　编著

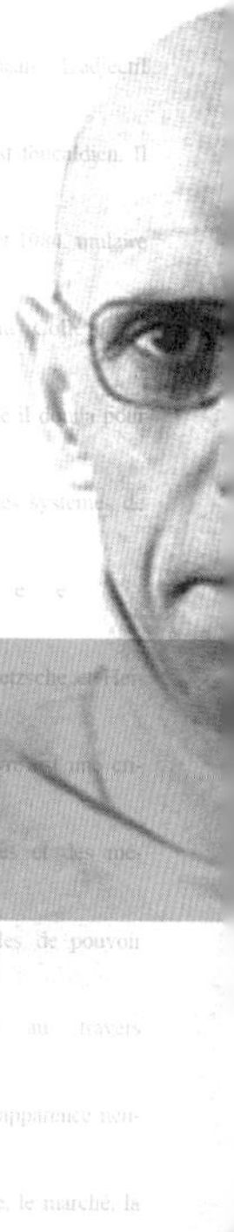

Paul-Michel Foucault, ne le 15 octobre 1926 à Poitiers et mort le 25 juin 1984 à Paris, est un philosophe français. L'adjectif s'y rapportant est foucaldien. Il fut, entre 1970 et 1984, titulaire d'une chaire [illegible] France à laquelle il d[illegible] pour titre "Histoire des systèmes de p e n s é e". Puisant dans Nietzsche [illegible] degger, son œuvre [illegible] [illegible] des [illegible] et des mécanismes aveugles de pouvoir qui s'exercent au travers d'institutions en apparence neutres (la médecine, le marché, la psychiatrie, l'art...) et problématise, à partir de l'étude d'identités individuelles et collectives en mouvement, les processus toujours reconduits de libération et de « subjectivation ». L'ensemble de l'œuvre foucaldienne s'élabore dans une archéologie philosophique du savoir, sans rechercher une signification ultime. En 2007, Foucault est considéré par The Times Higher Education Guide[1] comme l'auteur en sciences humaines le plus cité au m o n d e .

中国人民大学出版社
·北京·

再版前言

前年正值法国1968年五月风暴三十周年，西方媒体为此热闹了一番。有些记者采访了当年法国、德国等左派运动的一些风头人物。据报道，他们大多已回归主流社会，过起中产阶级的生活。但是，他们大多无悔当年的作为。这会使人产生不少联想。从那个时期过来的中国人，不免也会联想到“文化大革命”。的确，中国的“文化大革命”也是法国五月风暴与遍及西方的左派运动的一个诱因。当年一部分西方左派所效仿的是中国的红卫兵运动，甚至自称“毛主义者”。想到这些，有人便对这些塞纳河左岸的极左分子表示不齿，指责他们对自己当年的左翼思潮缺乏反省态度。这种指责似乎有些牵强。

20世纪60、70年代的西方左派运动发生在与中国完全不同的背景下，所造成的社会、政治和文化后果也与中国的“文化大革命”不同。经过这次冲击，西方社会发生了重大变化，许多弱势群体的状况得到了改善，社会变得更开放、更自由了。当然，由此也产生了一系列问题。有关情况可参见英国史学家霍布斯鲍姆的《极端的年代》一书。我们也期待着看到其他的分析性著作，尤其是中国学者写的有关著作。但是，无论如何，西方左派运动与中国“文化大革命”不能等同视之。指责者是基于中国自身的痛苦经验，对此人们可以理解，但是对“文化大革命”的批判不应随便地株连其他。

作上述辨析，是因为涉及如何理解五月风暴（广义的）在思想史上的意义，其中包括如何理解和评价福柯的思想。五月风暴作为一个象征性事件是西方文化的一个分水岭。后结构主义、后现代主义思潮在此之后兴起，其中的缘由是值得研究的。不考虑五月风暴，就不太容易理解此后的西方社会思潮。虽说福柯算不上一个典型的“68 年人”，但是，“68 年”确是福柯生平的一个重要时期。福柯曾经是左派运动的积极参加者，他的思想也曾经（或者被认为）属于左翼思潮（左翼思潮是形形色色的）。因此，我们看到福柯思想的某些极端性，应该不会惊讶。但是，如果简单地用“左”还是“右”来评价福柯的思想以及后现代主义思想，恐怕就失之偏颇了。

近年来中国读书界对福柯的关注有增无减。福柯的著作陆续被翻译出版。本书原在四年多以前出过一版，承蒙上海人民出版社垂青，这次得以再版。本书原有导读之意。但是导读也可能误导。好在读者已经能够看到越来越多的中文版福柯著作，本书也就可以成为一个展开对话甚至批评的文本了。

2000 年 12 月 28 日

当代法国思潮变迁与福柯

（初版前言）

法国巴黎是西方的一个文化中心。如果讲特色的话，或许可以说，这是一个“时尚”制造中心。“时尚”（fashion）的一个含义是指服装的流行样式，即“时装”。长期以来，巴黎不仅领导着世界的时装潮流，而且也不断地制造文化时尚。现代派文学艺术时尚大多滥觞于巴黎。

第二次世界大战结束后，哲学也成为时尚翻新的领域。存在主义、新弗洛伊德主义、结构主义、解释学、解构主义、后结构主义、后现代主义纷至沓来，而且在每一种“新潮”中也是五花八门，令人应接不暇，眼花缭乱。

当代法国思潮的变迁，大体可分为三个阶段。首先，第二次世界大战后，法国知识分子普遍左倾。现象学尤其是存在主义勃然兴起，风靡一时，马克思主义也在知识分子中获得同情。其次是1956年及其以后的一系列政治事件引起思想界的变化。赫鲁晓夫在苏联共产党二十大上作的秘密报告曝光；苏联出兵匈牙利，法国共产党予以支持；法国新上台的社会党政府镇压阿尔及利亚革命，并得到法国共产党支持。知识分子普遍失望，不愿面对政治和历史。结构主义适逢其时，异军突起。最后是1968年五月风暴后，后现代主义思潮风起云涌。

法国新潮思想明星也相应地更换了三批。大体上说第一批以萨特、梅罗–庞蒂等为代表。第二批是结构主义大师列维–斯特劳斯、拉康、巴尔特、福柯和阿尔杜塞。第三批是后现代主义思想家，包括福柯、德里达、布尔迪厄、博德里亚尔、李奥塔德、德勒兹等。

法国新潮思想层出不穷，有其复杂的原因。20世纪两次世界大战的惨烈厄运，资本主义时代的剧烈变化，现代性固有的矛盾、异化，科技革命对社会文化各个领域的冲击等等，都造成了不容忽视的社会历史危机。

单就思想领域本身而言，盲人摸象，不妨试着提出其中的几点具体原因。首先是思想传统。回顾20世纪西方社会思想界的曲折演变，不难发现，滥觞于17世纪的欧洲思想的两大支脉——欧洲大陆的理性主义和盎格鲁撒克逊的经验主义，到20世纪仍在延续。如果说英、美思想界在逻辑实证主义方面愈益精深，那么，欧洲大陆则更纠缠于理性主义和反理性主义、人本（道）主义和反人本（道）主义的矛盾情结。如果说，逻辑实证主义主要涉及的是人类的科学技术发展，因此是一种技术层面的工具思考，那么，欧洲大陆的思想则更关注变动环境中的人类生存命运，因此是一种主体层面的目的反思，是“价值重估”。社会历史危机必然引起思想冲突。

其次是思想的杂交。法国作为欧洲乃至世界的一个文化中心，历来对八面来风兼收并蓄，从而保持着文化的活力和创造力。第二次世界大战结束后法国思想界更呈现出一片“混沌”。由于法国在第二次世界大战中的胜利来得“不光彩”，传统的自由主义备受打击。马克思、尼采、弗洛伊德、黑格尔、海德格尔等“德国思想”竞相涌入，尤其在一些著名大学里，如巴黎大学（索邦）、巴黎高等师范学院等，各种思想的冲撞产生了形形色色的杂交品种，结出了奇花异果。这些新潮思想不是传统自由主义的简单延续，而是对传统自由主义的批判，并且在不同程度上受到马克思主义的影响，或者说与马克思主义有互动关系。

那么，为什么法国的一些有创造力的学者没有执著于某种既有的“思想体系”，如自由主义或马克思主义，而是另辟蹊径，自立门户？美国著名学者沃勒斯坦（I. Wallerstein）在论述法国历史学中的年鉴学派时曾提出一个耐人寻味的解释：在法国的新史学思想中，民族主义是一个很重要的动机。战后几年是冷战时期。自由主义同盎格鲁撒克逊国际霸权相联系。马克思主义不仅教条化，而且成为僵硬的斯大林主义的国际战略工具。在文化观念领域里实现既非盎格鲁撒克逊化，又非苏联化，成为知识分子的一种强烈情绪。在这种背景下，年鉴学派的存在为知识分子、尤其是青年知识分子的这种民族主义情绪提供了出口。“大学里所有的年轻人都转向‘年鉴’式历史学。”① 哲学和其他社会科学领域的情况也很相似。

最后是多学科的杂交。现代学科愈益细密的分殊化，无疑与盎格鲁撒克逊的经验实证主义传统有着更密切的关联。而欧洲大陆理性主义和人文主义则有一种追求“普遍原则”的冲动。当然，各国情况也千差万别。如果说德国人更偏爱聚敛式的“体系”，那么法国人似乎更喜欢发散式的“百科全书”风格。广泛涉猎，心有旁骛，关注和吸收其他学科的进展成果，在法国学者中蔚然成风。用现代的学科框架往往难以界定一些重要学者的归属领域，就是一个最明显的例证。恐怕我们不能把萨特只说是哲学家或文学家，也不能把列维–斯特劳斯只说成哲学家或人类学家或语言学家。最简单的办法是把他们说成“思想家”，而在现代的学科划分中恰恰没有“思想学”这个学科。

反之，多学科的交叉又刺激了各个学科的边界的扩大和思想的突破。拿破仑帝国继路易十四绝对主义王权之余烈，造就了高度集中的政治—文化体制。尽管法国文化“放眼世界”，但其实际活动空间很小，浓缩在巴黎一地。故有人称之为“巴黎知识分子村”（Parisian intellectual village）。一个村子里，抬头不见低头见，彼此熟识。某人在某学科有什么重大进展和突破，立即成为“全村”的新闻，并竞相效仿。哲学、语言学、人类学、社会学、历史学、政治学、经济学、心理学乃至文学艺术、自然科学，相互借鉴，互通有无，相得益彰。尤其是方法论，不分你我，没有“知识产权”，奉行拿来主义，种到自己的花园里，嫁接在自己的果树上。南橘北枳，对文化和学术的发展无疑利大于弊。因此，在语言学、人类学、社会学、历史学、心理学、神话学等等研究中绽放出思想之花，造成新潮拍岸，激浪冲天。

新潮思想既然成为时尚，就避免不了时尚的种种特征。

时尚就意味着新奇。新潮必须标新立异，争奇斗艳，并且大有睥睨一切之势，方能压倒和排挤旧潮。法国的新潮思想就总是以其“片面的深

① ［美］沃勒斯坦：《布罗代尔：“局势中的人”》，见［法］布罗代尔著，刘北成译：《论历史》，287～290页，台北，五南图书出版公司，1988。

刻”惊世骇俗。

时尚还意味着流行。法国的新潮思想得以流行于世，多赖实现“mass production”（可译为“批量生产”）的美国。往往是法国发明“思想”，再经过美国学术界按照学科进行标准化加工和批量生产而推向全球。

时尚也意味着短命。每种新潮所能维持的寿命已越来越短，能够独领风骚三五年，就很不容易了。记得几年前，当“解构”这个新词刚刚在中国登陆，一个在美国读博士的朋友回国探亲时已感叹道，只要在paper（论文）中出现“decon”（解构）这个词，美国教授就嗤之以鼻，不屑一顾。

在国内闭门读哲学史之类的教科书，总以为西方现代思想经历了一个又一个大断裂，大更新，似乎西方现代思想已面目全非。仔细想想，其实不然。尤其是20世纪后半期的新潮思想，大多是以反主流的姿态崛起。为何造反之浪此起彼伏，绵延不绝，而新潮作为时尚，只是昙花一现？这不正说明主流之根深蒂固、撼之不易吗？即便是“去中心”的反主流意识形态的话语，按福柯的说法，也是由马克思、尼采和弗洛伊德开创的。以后的“作者”都是“话语功能”。可以说，西方社会—文化在主要方面依然笼罩在启蒙时代的巨大阴影下。

然而，新潮思想绝非过眼烟云。毋庸赘言，尽管大浪淘沙，但人类的知善恶之树变得更繁花似锦，硕果累累。新潮思想冲击和修正了主流思想——当然也就可能被主流思想所容纳和消化。许多当年的新潮作品已经成为西方大学的必读书或参考书，就是一例。

但是，或许更重要的是，纵观法国20世纪后半期五彩斑斓的思想，令人感到这是一个生机勃勃的思想时代，不由地想起18世纪法国启蒙运动。当时，也是新潮迭起，狂飙激荡。我们现在用“启蒙思想家”一言以蔽之的那些人物，他们不也是各立门户，聚讼纷纭，何尝在聚义厅里排座次呢？但是，正是这些思潮汇合起来，形成了一场轰轰烈烈的思想运动。我们现在称之为“文艺复兴”的，也是绵延两个世纪之久的多中心的文化现象，而不是单一文化流派的独唱。资本主义五百年的发展，历经若干阶段，思想领域同时也在变化。现在，资本主义还在变，有人称之为“晚期资本主义”，也有人称之为“后工业社会”或“后现代社会”。近几十年西方（主要是法国）的许多新潮思想被统称为“后现代主义”。这不无道理。

后现代主义不是一种统一的哲学—社会学原则，不是统一的人文科学流派。后现代主义思潮是对西方现代化的大反思、大批判，既是西方社会深刻变化的体现，也是这种变化的催化剂。后现代主义表达了世纪末的孤独、愤懑、哀怨、无奈、刻毒、放荡、狂欢，也尝试着种种突围的努力。其核心思想或许可以用福柯的说法来表述，即用差异哲学取代求真求同的哲学。近代启蒙思想打破了等级思想，代之以平等思想。其核心是一个无差异的原子社会观。“摩登时代”的流水线生产大有塑造出这种“单向度的人”之势。后现代主义则强调每个人之间的差异，主张“去权威”、“去中心”、“拆结构”，其核心思想似可归纳为：承认异质的平等观。由此看来，后现代主义对启蒙思想既有突破，又有继承。在某种意义上，后现代主义并不是对启蒙思想的根本否定，而是启蒙思想的延续和扩展，实际上把近代个人主义原则又推进了一步。

在当代法国思想发展中，米歇尔·福柯（Michel Foucault）无疑是一位极其引人瞩目的人物。

福柯在西方思想界获得了广泛的盛誉。他被称做“20 世纪法兰西的尼采”，“萨特之后法国最重要的思想家”。萨特去世前，其存在主义思想影响已经日渐消退，而福柯去世后，其思想影响方兴未艾，日益上升。法国著名哲学家德勒兹宣布：这个世纪将被称做“福柯时代”。德国法兰克福学派第二代大师哈贝马斯说：“在我这一代对我们的时代进行诊断的哲学家圈子里，福柯是对时代精神影响最持久的。”美国著名学者克利兹曼说：“福柯之死在法国知识界造成了一个巨大的空白。在现代历史上，没有任何一个思想家像他那样对历史学、哲学、文学和文学理论、社会科学乃至医学产生如此之大的影响。”

福柯在西方被视为思想知识界的一个斯芬克斯，是谜一样的人物。但是，福柯之谜并非如中国一些介绍文字所说的是由于福柯著作的“艰深晦涩”造成的。这种说法十分奇怪。须知，福柯的主要著作大多不是那种堆砌术语的“理论著作”，而是历史分析。另外，它们大多是“畅销书”(包括个别“艰深的理论著作”,如《词与物》)。可见,福柯的大部分著作对于法国读者乃至其他国家的读者并非“艰深晦涩”。当然,“畅销书”不等于“通俗读物”。福柯的著作毕竟是非常严肃的学术研究。理解福柯,首先需要有一些当代西方哲学和思想文化的知识。但是,中国研究者绝不应该给“福柯之谜”凭空再增添一重迷雾。相反,可以告诉读者,只要抱着严肃认真的态度,通过福柯的著作至少可以直接窥见当代西方哲学和思想文化的一个侧面。

福柯之谜首先在于福柯思想的离经叛道和难以归类性。1978 年美国人类学家吉尔茨(Clifford Geertz)在《纽约书评》上介绍福柯的《规训与惩罚》英译本时有一个精彩的说法:“60 年代初,福柯以其《疯癫与文明》突然跃上学术舞台。……从那时起,他就成为一个令人无从捉摸的人物:一个非历史的历史学家,一个反人本主义的人文科学家,一个反结构主义的结构主义者。”① 这段话已经成为对福柯的一个经典性评论。这段话既涉及对福柯一些基本思想的评价,也涉及福柯在法国和西方思想和知识系谱中的定位。这两个方面相互关联。

福柯是哲学家吗?他不论述柏拉图、笛卡尔和康德,不讨论传统的哲学概念,而是从西方文化的边界入手,考察疯癫、医学、监狱和性的历史。福柯是历史学家吗?在他的历史分析中,疯癫、疾病、犯罪和性,乃至“人”,都不是确定不移的“客观事实”,而是“观念”、“知识”、“话语”。历史是时间的流程,但在他看来,历史不是进步、发展,而是断裂、不连续。福柯自称致力于“科学史”研究,但是他研究的是人文科学的历史,他在人文科学中看到的不是“客观真理”,而是权力关系。他的科学史研究是理性的,但是现代理性话语却成为他严厉批判的对象。

福柯经历了法国战后此起彼伏、前后相继的三大思潮:存在主义、结构主义和后现代主义。各种思潮的风云人物往往会被下一次思潮所吞没。福柯在每一种思潮中却总是保持着一种独立和疏离的姿态。他不断地自我否定,不断地超越流行思潮,不断地发出惊世骇俗的声音。福柯曾经被称

---

① Peter Burke, ed., *Critical Essays on Michel Foucault*, London: Scolar Press, 1992, p. 139.

做“结构主义冒险四巨头之一”。但是，在后结构主义、后现代主义思潮中，他仍然是一个主将。

仔细研究福柯的思想，不难发现其中的一致性。这就是借助尼采主义揭示、批判、打破和逃出资本主义“现代性”铁笼的努力。早在1967年，福柯在一次谈话中说：“当人们考察古典时期时，人们只需要描述它。但是说到现代——始于1790年至1810年，延续到1950年——问题则是如何从中解脱出来。这种明显的争议性质源于这个事实：人们不得不挖掘脚下积累的大量话语。……考古学家不得不像尼采主义哲学家一样拿起榔头来敲击它们。”① 1983年，福柯在最后一次接受采访时说：“简单地说，我是一个尼采主义者。借助于尼采著作，我试着尽最大可能在许多方面看看在这个或那个领域能够做些什么。”②

当然，仅用“尼采主义”一言以蔽之，就会抹杀或贬低福柯思想的丰富性和独创性。实际上，他的考古学、系谱学等方法论，他的话语实践分析和权力—知识理论，他对许多领域的开拓性研究等等，都已成为国外“福柯学”的话题。

福柯之谜还在于福柯私生活的云谲波诡。作为一个思想家或作家，个人生活与其创作、思想有着密切的关联。福柯表面上过着一种苦行僧式的生活，数十年埋头于图书馆和档案馆，以一种实验科学家（他自己的说法是“考古学家”）的态度研究人类社会的“反常”、“离轨”、“变态”的现象。

但这只是福柯个人生活的一面，另一面被故意掩盖了。首先是福柯本人极力保守自己的隐私。他不愿公开自己的个人生活。他多次声称，自己的生活就是由一系列的著作构成的；个人生活是乏味的，毫无故事性，不值得公之于众。而且，福柯对自己的个人生活也秘密分割。在较亲近的小圈子中，福柯的同性恋不是秘密。但是，在他死后，那些自以为是福柯某

---

① Alan Sheridan, *Michel Foucault: The Will to Truth*, London & New York: Tavistock, 1980, p. 196.

② Michel Foucault, *Mental Illness and Psychology*, University of California Press, 1987, p. xi.

一时期唯一伙伴的人，发现自己错了。更让他们惊讶的是，他们以为福柯极端厌恶女人，但一些女人回忆了与福柯的亲密合作。

其次是“权力机构”有意掩盖。福柯英年早逝，举世震惊，医院为保护名人声誉，始终对病因予以保密。因此，当福柯死于艾滋病的消息悄悄流传出来后，许多崇拜者不敢相信。美国学者米勒（James Miller）是一个典型。据他自己描述，这一消息给他强烈震撼，从而促使他深入研究福柯的思想与生平的关联。①

神秘恐怖的艾滋病及其与声名狼藉的同性恋的联系，也使福柯的形象变得更扑朔迷离。

事实上，福柯的生活也是“尼采式探索”。他如浮士德一般，一生追求“极限体验”，从未止步，直至最后耽迷于非性欲化的“极乐”体验，也就因此被“魔鬼”摄走。福柯的文化边界研究与其社会边缘心理是相辅相成的。

对“现代性”的批判是西方的一股绵延不绝的潮流。但这毕竟不是主流，而是一种“反文化”。在这个理性的世界里，福柯无疑处于边缘的位置。在理性世界的眼里，福柯的思想与行为无异于一种疯癫。而在福柯的眼里，这个理性世界无异于另一种疯癫。究竟谁疯了？

但是，至少在法国，类似福柯这样思想离经叛道、生活奇诡怪异的，不乏其人。仅就与福柯的思想或交往有关的人而言，前有萨德、鲁塞尔、巴塔耶等，同时代有阿尔杜塞、巴尔特等。他们构成了一个长长的系列。

福柯之谜正在被逐渐揭开。福柯的思想与生活不是令人迷惑不解的“怪胎”，而是现代西方（具体地说是法国）社会和思想所孕育出的一朵“恶之花”。反之，福柯这一类怪异的思想家也正是现代西方社会的最真实的揭露者和象征。对于福柯与这个世界的关系，我们可以稍加修改地套用《疯癫与文明》的最后一段话：“西方世界试图通过心理学来评估和确认疯癫，但是它必须首先在疯癫面前证明自身的合理性。因为充满斗争和痛苦的世界是根据像尼采、凡·高、阿尔托和福柯这样的人的作品大量涌

① See James Miller, *The Passion of Michel Foucault*, New York: Simon & Schuster, 1993, pp. 376-377.

现这一事实来评估自身的。而世界本身的任何东西，尤其是它对疯癫的认识，并不能使这个世界确信可以用这类疯癫的作品来证明自身的合理性。”

对于福柯著作的评述是本书的核心内容。近年来福柯逐渐成为中国学界研究西方当代文化思潮的一个热点。但是，福柯的主要作品还没有被全部译成中文。鉴于目前的译介状况，我希望本书能够使读者了解福柯主要著作的内容和观点。

关于福柯的生平事迹，本书主要依据国外出版的福柯传记所提供的资料加以编纂，并依据其他资料做了钩校，希望有助于读者从中理解福柯的思想。

本书写作得到许多人的关心和支持，其中有刘京秋、沈履正、李零、李鹏程、郭华榕、苏国勋、赵一凡以及其他师长和朋友，在此一并致以由衷的谢意。

1994 年岁末

目　录

第一章　少年阴霾

米歇尔·福柯于 1926 年 10 月 15 日出生在法国维埃纳省省会普瓦捷的一个医生家庭，直至 19 岁才离开。这一简单事实向我们提示了两个重要的时空维度。从空间看，如福柯自己所说，他“小时候生活在法国的一个小资产阶级的外省环境里”①。从时间看，他属于在第二次世界大战之前和期间长大的一代人。

成名后福柯很少谈到自己的童年和少年生活，偶尔谈起来，也往往出言不逊，鄙夷与愤愤之情似乎难以平复。这使我们从中窥见宁静而窒息的外省生活和第二次世界大战的阴冷岁月对他的深刻影响。

从法国首都巴黎乘开往西南方向的火车或汽车，经过三百公里的路程，便抵达福柯的故乡普瓦捷。福柯后来以否定的口吻称这是一个“令人不能置信的头脑禁锢”的外省环境。

普瓦捷是一座古老的小城市。翻开 1984 年版的《简明不列颠百科全书》，可以看到这样的介绍：“普瓦捷一名源于最早在此定居的高卢部落名称。公元 4 世纪为基督教中心。5 世纪哥特人到此定居，507 年被法兰克国王逐出。732 年法兰克统治者在附近击败萨拉森人。1429 年，法国民族女英雄贞德在这里受审讯。经 16 世纪繁荣时期后，城市衰落。在第二次世界大战中城市部分被毁。最古老城区有许多错综起伏的街路，四周有沿古代城防工事修建的林荫道。圣母大教堂是罗马式建筑的典范。4 世纪建成的矩型圣让洗礼堂可能是法国最古老的大型基督教建筑。公路、铁路

① Michel Foucault, *Politics*, *Philosophy*, *Culture*: *Interviews and Other Writings*, *1977—1984*, p. 3.

交通设施完善，为一商业和行政中心。工业（主要为印刷业和橡胶业）发达，郊区发展起电机和化工业。人口 76 793（1982 年）。”

这段文字大体上也适用于 20 世纪上半叶的普瓦捷。当时，这个城市更带有明显的外省特点。到第二次世界大战爆发时，人口不足四万。工业尚不发达。当地盛产各种酒类。城市的财富主要靠房地产业和农业。城里有一所 15 世纪建立的大学，后来经过法国大革命的改造，设立了法律系、文学系和理学系，其中法律系较为有名。另外设有一个从属于法兰西大学的医学院，只提供三年（相当于大专）的教学课程。政治上，温和保守派占上风，与之相颉颃的教会势力也很强大。不难想象，这是一个古香古色、风景秀丽、和平安谧的小城，也是一个相当沉闷的市民—资产阶级社会。

福柯出生于一个医生世家。曾祖父、祖父和父亲都是医生，而且都使用同一个名字：保罗·福柯（Paul Foucault）。曾祖父不慕荣华，居住在当时巴黎附近的一个小村庄农泰尔为穷人治病。

外祖父普罗斯派尔·马拉派尔（Prosper Malapert）是普瓦捷的一个著名医生，独立开业，而且在当地医学院教解剖学。他很富有，拥有地产，还在距离城市中心不远的火车站附近修建了一幢带有小花园的住宅。他有两儿一女。一个儿子是军人，在第一次世界大战前已晋升为上校团长。另一个儿子研究哲学，在巴黎一所公立中学任教，写过不少论著。

福柯的父亲保罗·福柯 1893 年出生于巴黎东南的著名城镇枫丹白露，后迁居普瓦捷，同普罗斯派尔的女儿安娜·马拉派尔（Anne Malapert）结婚。同岳父一样，他在医学院教解剖学，除了自己的私人诊所外，后来又继承了岳父的私人诊所。保罗·福柯既是拥有两个诊所的医生，又是大学教授，因此享有一般医生不能相比的显赫声望，成为当地的社会名流。安娜·马拉派尔继承了很大一笔遗产，包括地产。她很能干，主要管理家务，还协助处理丈夫的医疗事务。

保罗·福柯的家庭属于当地富有的资产阶级。他们住在岳父留下的住宅，在离城二十公里的地方还有一所自己的住宅，周围被一片园林所环绕。当地农民称这所住宅为“城堡”。保罗·福柯雇着秘书，家中有几个仆人，包括保姆、厨师、汽车司机。

说到法国“资产阶级”，许多中国读者马上会想到巴黎灯红酒绿、纸醉金迷的生活，或者巴尔扎克笔下的高老头、葛朗台。其实，这种意象有很大的片面性。在西文中，“资产阶级”这个词是从“市民”这个词演变而来的。在西欧资产阶级中，人数最多的那部分，尤其在外省，是那种勤勤恳恳、正派体面、信仰虔诚、观念正统的富裕市民，也就是我们常说的中小资产阶级，或者说“中产阶级”。而这种资产阶级在生活方式和思维方式上往往是循规蹈矩、因循守旧。他们尊奉的是当年马克思所说的“旧社会的格言‘**财产，家庭，宗教，秩序**’”①。当然，在法兰西第三共和国时期，医生等自由职业者阶层在宗教信仰方面不算太虔诚。因此，更宽泛地说，资产阶级的准则是“财产，家庭，道德，秩序”。如果在文学艺术中找形象的图解，那么一些画家创作的市民风俗画更贴近他们的真实境况。

保罗·福柯的家庭正是浸透着这种资产阶级伦理。保罗·福柯埋头于工作，靠自己的职业维持一个体面的身份。保罗和安娜生有三个子女。米歇尔·福柯是长子。按照福柯家的传统，长子应该用“保罗”做名字，但是在安娜的坚持下，起名为“保罗-米歇尔”。他有一个比他大 15 个月的姐姐弗兰仙（Francine），还有一个比他小 5 岁的弟弟德尼（Denys）。孩子们过着衣食无虞但绝不奢华的生活。母亲向他们灌输外祖父的人生箴言：“管好自己的事。”因此，孩子们从小就树立了个人奋斗的精神。福柯在少年时代有一个自己的书房。但这间书房到冬天也不升火，很像是花园里的一个简陋窝棚。

福柯后来说：“凡是在第二次世界大战以前或第二次世界大战期间在一种天主教环境里养育大的儿童，都有这样的经验：有许多不同的说话方式，也有许多沉默的方式。沉默有时候意味着视若仇雠，有时候意味着深厚的友谊、衷心的赞赏乃至热爱。……说话、同客人交谈的规矩，在我看来，既十分奇怪，又十分讨厌。当时我常常想，人为什么必须得说话。沉

---

① 《马克思恩格斯选集》，2 版，第 1 卷，593 页，北京，人民出版社，1995。

默似乎是同人打交道的更有趣的方式。"① 因此，孩子们特别喜欢家里宴请体面的宾客。在这种时候，他们就可以单独吃饭，免去那些繁琐的礼节。

福柯所说的"天主教环境"是一种泛指。福柯的父母名义上仍是天主教徒，但不常参加教会仪式。孩子们当然都接受教会的洗礼。外祖母也经常带孩子们参加星期日的教堂弥撒。但父母的宗教态度对孩子们有很大影响。福柯从小没有那种宗教压抑的精神创伤。

福柯后来激烈地抨击现代学校教育，称学校为现代权力的"规训机构"(disciplinary institute)。这也许是与他几乎一生都在这种机构中度过有关。他对现代教育体制有着深切的体验。福柯不到4岁就被送进普瓦捷亨利四世公立中学的小学部。入学的法定年龄是6岁。当时家里送弗兰仙上学，童稚的福柯依恋姐姐，难舍难分。经母亲同教师协商，允许他坐在教室最后一排，玩弄彩色铅笔。从6岁起，他正式上学。六年后，他升入同一所学校的中学部。当时，上中学需要交学费，只有中产阶级以上的家庭才能供养得起。

福柯 1935—1936 学年在普瓦捷亨利四世公立中学小学部（后排左五）

① Michel Foucault, *Politics*, *Philosophy*, *Culture*: *Interviews and Other Writings*, *1977-1984*, p. 4.

关于这一时期的经历，福柯临终前在医院里回忆起三个“可怕”的印象。

第一个可怕印象：一次，父亲为了锻炼他的勇气，把他带进普瓦捷医院的手术室，让他在一旁观看截肢手术。鲜血淋淋的场面使他惊骇。

第二个可怕印象：当地有一个神秘的庭院。1901 年，警察发现里面有一个被囚禁了几十年的妇女。她是一个富人家庭的女儿。她在 25 岁时偷尝禁果怀孕，孩子出生后被溺死。家人为了掩盖丑闻，宣布她精神失常，先后把她送进医院和修道院，最后把她关在一间悬挂草帘的黑屋子里。事情曝光后，当地报纸称她为“普瓦捷的囚徒”。1930 年，著名作家纪德以此为标题，将有关资料汇集成书。此事在当地广为流传。福柯每当路过这个庭院，依然悬挂着的草帘，就唤起他恐怖的想象。

第三个可怕印象包含着福柯的内疚。1940 年，福柯 14 岁时遭受了人生第一次重大挫折。他一直是一个好学生，除了数学成绩不算太出色，法语、历史、拉丁文、希腊文等课程的成绩总是名列前茅。但是，由于德国入侵法国，班上突然插进一些随父母从巴黎逃难来的犹太学生。这些插班生学习优异，趾高气扬。福柯的名次顿时下降。福柯当时对这些犹太学生恨之入骨，用一切恶毒的语言诅咒他们。时隔不久，他看到这些孩子神情沮丧地被押送进集中营。①

福柯不仅名次下降，而且成绩急转直下。究其原因，也有人解释说，当时的法语教师思想激进，厌恶名门权贵及其子弟，对福柯态度不好。福柯的情绪大受影响。期末考试时，除拉丁文外，其余各门功课都不及格。学校要求他开学后补考。

福柯被迫转到一所由耶稣会主办的教会中学——圣斯坦尼斯拉斯学院。有的研究者认为，这次转学是福柯母亲为保护福柯而采取的行动。但是，据福柯自己的说法，是父亲对他的学习成绩感到恼火而把他转到“他所能找到的最严格的天主教学校”②。福柯不喜欢这个学校。他后来说，这几年的学校生活对于他不啻是一种“折磨”。

---

① See Miller, *The Passion of Michel Foucault*, pp. 335–336.

② Ibid. , p. 39.

据福柯的母亲说，该校的历史教师蒙萨伯尔对福柯有很大影响。蒙萨伯尔是本笃会修士，经常徒步周游，朝圣进香。他见多识广，讲课生动形象，妙语连珠，既善于描述细节，又不时流露出机智深刻的见解，受到学生普遍欢迎。福柯从幼年起就对历史萌发了兴趣。他对历史细节的关注，很可能最早得益于这个老师。

1942 年，福柯以优异的成绩完成了第十二年的学业，进入了“哲学班”。按照法国的教育制度，中学设立的“哲学班”是为中学毕业会考（又称“业士学位考试”）作准备的，有点类似于中国的文科班。顾名思义，哲学班的主课是哲学。哲学教师因参加抵抗运动而被捕。接替的教师更擅长于文学而不是哲学。他在课堂教学中仅仅是解释教学大纲。但他在课余时间很愿意同学生展开广泛的讨论。他后来回忆“少年福柯”时说：“我可以把我教过的所有哲学学生分成两类。第一类学生总是把哲学当做求知对象，他们喜欢钻研宏大体系、重要著作。另一类学生对个人焦虑的问题更感兴趣。第一种学生带有笛卡尔的印记，第二种学生带有帕斯卡的印记。福柯属于第一种。在他身上可以感受到强烈的求知欲望。”如果结合福柯后来的思想发展看，这一印象恐怕是惑于表象或失之片面了。在福柯的强烈求知欲和严肃性格背后无疑也有被压抑的个人焦虑的冲动。

福柯的母亲认为替补教师不太合格，又为福柯请了一个大学二年级哲学系学生当家庭教师。这位家庭教师后来谈起福柯时说，在他所教过的学生中，福柯可能不是才华最出众的，但是在敏于领悟和善于归纳方面，福柯是无与伦比的。

1943 年，福柯顺利通过了中学毕业会考，获得了报考大学的资格，面临着专业和前途的选择。在这个问题上，发生了父与子的尖锐冲突。父亲维护家族的传统，要求长子学医，将来也做一名医生。但是福柯对文学和历史更感兴趣。他声称将来从事政治或新闻工作。母亲尊重儿子的意愿。父亲只好让步，把子承父业的希望转到小儿子德尼身上。

如果从弗洛伊德学说的角度看，福柯很典型地体现了俄狄浦斯情结，即恋母弑父情结。他对母亲始终保持着尊重和依恋的情感。他把自己出版的第一部著作的第一本样书献给母亲。但是他同父亲的关系一直很紧张。后来福柯多次向朋友表露他对父亲的怨恨。他甚至说，父亲是一个“恶霸”，对他实行“规训和惩罚”。这种关系最明显的证据是，福柯不喜欢自己的名字“保罗-米歇尔·福柯”，而自称“米歇尔·福柯”。

福柯的目标是考入巴黎高等师范学院（简称“巴黎高师”）。巴黎高师和巴黎综合工科学院都是法国大革命期间根据国民公会1794年的命令建立的，旨在培养共和国需要的新人才。巴黎高师毕业生的前程一般都很光明。巴黎高师的宗旨是培养中学教师。19世纪末第三共和国初期，执政的共和派为了清洗保皇派、巩固共和国，选用巴黎高师毕业生进入政府机关，尤其是外交部。为了削弱教会的影响，推行教育世俗化，共和派着力提高公立中学教师的地位。巴黎高师的毕业生无论做教师还是从政，社会地位都很高。这所学院也是思想家的摇篮。在20世纪法国思想史上有重大影响的人有许多毕业于这所学院，如柏格森、萨特、梅罗-庞蒂、列维-斯特劳斯、迪梅齐尔、康吉兰、伊波利特等等。因此，巴黎高师成为法国最负盛名的高等学府之一，许多有才华的中学生都把进入巴黎高师当做自己的奋斗目标。

法国中学教师的这种特殊地位也同法国的教育制度，尤其是大学、中学教师资格会考制度有关。法国是一个中央集权制的官僚国家。法国教育制度中最高等级的考试是教师资格会考。这种考试非常严格，包括口试和笔试。通过考试的人既可以在大学任教，也可以到公立中学教书。公立中学的数量很少。直至20世纪50年代，每年由教育部任命的公立中学教师只有几十名。因此，在许多地方，中学教师也属于社会名流。法国现代思想家雷蒙·阿隆曾指出：“（在法文中）教师和教授是同一个词，既适用于大学的学官大人，也适用于大学教师资格获得者（或者中学教师资格获得者）：他们有时在中学初中部给小孩子和青少年上法语、数学以及历史课。这种词汇上的特殊情况很容易解释：公立中学的教师们一点也用不着羡慕大学学院里的同行们。在哲学界，亨利·柏格森和布伦什维格都在公立中学教过几年书。伊波利特也是如此。”① 此外，还可以加上萨特。萨特只在中学教过书，从未登上大学讲台。

① ［法］雷蒙·阿隆著，孟鞠如等译：《雷蒙·阿隆回忆录》，428页，北京，三联书店，1992。

巴黎高师每年只招收不到40名学生。入学考试极其严格，竞争十分激烈。准备报考巴黎高师的学生都要再上两年制的预备班。圣斯坦尼斯拉斯学院没有这种预备班。福柯进入普瓦捷亨利四世公立中学附设的预备班。①

在预备班学习期间，除了历史之外，福柯对哲学产生了浓厚的兴趣。这在很大程度上应归因于哲学教师让·莫罗-雷贝尔（Jean Moreau-Reibel）。后者毕业于巴黎高师，曾在克列蒙-费朗大学任教。他的课堂教学比较凌乱，但他的对话式教学方法很能吸引学生。福柯是课堂上最适应这种教学方法的学生。他在回答问题时比其他同学更能抓住要点。

福柯学习极其刻苦，几乎总在读书。他从小就陷入了一种书本生活。他后来曾谈到自己从童年起经常重复的一个噩梦："我眼前摆着一本读不懂的书，或者我只能读懂其中一点儿。我装作读书，但我知道，我自己是在装样子。然后，书上的文字就模糊成一片了。我根本读不成了，也不能装模作样了。我感觉喉咙难受，就醒过来了。"②

也许是由于这种书本生活，福柯显得很严肃，也很孤僻。他很少和其他同学一起散步聊天，更不用说玩闹嬉戏了。但是在偶尔举行的同学聚会上，他也能调侃，开怀大笑。有时他还把自己的笔记借给其他同学。

尽管学习很紧张，福柯仍有时间阅读文学书籍。他很喜欢司汤达、巴尔扎克和纪德的作品。福柯还写过诗。但是在他去世后，没有任何诗稿留下，可能都被他自己销毁了。

这时战争还没有结束。自1940年以来，法国北部被德军占领。普瓦捷没有遭受战火，但也被德军占领了几个星期。维希政权的警察统治如黑夜笼罩。巡逻队的皮靴声在大街上回响。熟人被捕和失踪的情况时有发

---

① 这里采用 D. Macey 的说法。D. Eribon 的说法是，福柯进入了普瓦捷科学院附设的预备班。见 Didier Eribon, *Michel Foucault*, Harvard University Press, 1991, p. 11。

② David Macey, *The Lives of Michel Foucault*, London: Huchinson, 1993, p. 14.

生。普瓦捷是农业区，食品和燃料供应比巴黎要好，但人们也越来越深感匮乏之苦。福柯一家没有卷入抵抗运动，但是对维希政权也没有好感。福柯的母亲稍微有些亲英倾向，因此全家有时偷听英国广播公司（BBC）的广播。在预备班里，由于家庭政治背景不同，即便是在聚会时，同学之间也不谈国事。但是面对强暴的压抑，反抗情绪在滋长。有一次，一些寄宿同学到附近军队驻地偷木柴。为了保护受怀疑的同学，福柯和另一个同学挺身而出，声称是他俩找来的。这件事没有受到追查，不了了之。

对于法国人民在纳粹统治下从默默顺从到逐渐参加斗争的集体经历，福柯后来作了历史的分析。他认为，第一次世界大战和20世纪20、30年代资本主义压迫造成的苦难，“是劳工阶级的主要经验”。因此，民众不愿同资产阶级合作，不愿“投入资产阶级与资产阶级之间的战争”，“对国家提出的投入武装斗争的要求，采取一种不顺从的态度”。但是在纳粹崛起以及西班牙内战之后，“是劳工阶级的再政治化、再动员的过程，以及逐渐萌发的战斗意识。……在1939年的巨大梦想（1940年即遭粉碎、破灭）之后，民众已放弃了抗争。这种过程确实一度发生过。但它只是另一个更加波澜壮阔的历史过程的一部分，这一历史过程正朝着相反的方向前进：刚开始是厌恶战争，但是在纳粹占领期间，终于激发出了一种需要展开斗争的高度自觉”。人民的斗争同资产阶级的战争是两码事。福柯认为，这是“人民（对这段历史）的记忆”①。

法西斯主义和第二次世界大战的恐怖给福柯留下深刻印象。他后来几次谈到这种影响：“我记得，我经历的第一次大恐慌是（奥地利）陶尔富斯总理被纳粹暗杀，我想，那是1934年的事。这离现在已经很遥远了。现在几乎没有人还记得陶尔富斯被暗杀的事了。我记得，我当时确实被这件事吓坏了。我想这是我第一次对死亡产生强烈的恐惧。我还记得从西班牙逃到普瓦捷的难民。我记得在学校里与同学为埃塞俄比亚战争而争论。我想，这一代的少男少女的童年都是由这些重大历史事件构成的。战争的

---

① *Foucault Live: Interviews, 1966－1984*，中译文见《电影与人民记忆——〈电影笔记〉访福柯》，载《电影欣赏》（台湾），第44期。

威胁就是我们的环境，就是我们存在的架构。后来，战争真的来临了。不是家庭生活，而是这些世界性的事件才是我们的记忆中的主体。我说‘我们的’，因为我几乎敢断言，当时法国的少男少女都有同样的经历。我们的私人生活实际上是受到威胁的。可能正是由于这个原因，我对历史，对个人经历同我们置身其中的事件的关系特别着迷。我想，这就是我的理论兴趣的核心。”①

“我当时不知道我的一生应怎样度过。我想，这在我那一代是很典型的。当我 10、11 岁的时候，我们不知道，我们会成为德国人还是依然做法国人。我们不知道，在轰炸等等情况下，我们是不是会死去。当我 16、17 岁时，我只知道一件事：学校生活是一种能够免受外在威胁、远离政治的有保护的环境。因此，我一直喜欢生活在被保护的学术环境里、知识环境里。知识对于我来说应该具有保护个人生存、理解外部世界的功能。我是这样看的。知识是一种通过理解而求生存的工具。”②

“至今我还记得，从很小的时候起就觉得这是一个绝对充满威胁的世界，它能把我们碾成齑粉。作为一个少年而生活在一种必然完结、必然导致另一种好坏未卜的世界的环境里，也就意味着一个人的童年完全是在期待着黎明的夜晚度过的。憧憬另一个世界的前景，是我这一代人的特征。我们或许过于怀有一个末日启示的梦幻。”③

在种种外在威胁中，法西斯主义成为福柯终身思考的一个主要对象，因为福柯从中看到的是一种大众集体的暴力。福柯认为：“用‘独裁专政’这个字眼来形容纳粹主义，就一般意义而言，是真实的，但若相对来看，则变得虚假不实。你只要想想一个人在纳粹政权底下，只要他是个党卫军人，或者签名加入国社党，就能获得的权力吧！在现实中，你就可以任意杀害你的邻居，强占他的太太、房子。……事实上，与我们通常所理解的‘专制独裁’——某一个人的权力——正好相反，你可以说，在纳粹这类政权下，权力最为人所厌恶、所憎恨的（但在某种意义上也是

①② Foucault, *Politics*, *Philosophy*, *Culture*: *Interviews and Other Writings*, *1977-1984*, p. 7.

③ Miller, *The Passion of Michel Foucault*, p. 39.

最令人陶醉、沉迷的）部分，是被赋予了相当多数的民众。”“只有在民众内部仍有相当多数的人行使着国家机器进行压迫、控制、统治等诸多职能的情况下，纳粹主义或法西斯主义才有存在的可能。我相信，这是纳粹主义的一个主要特征。也就是说，它已深入地渗透到群众内部，而且一部分权力实际上分派给一些特定边缘的群众。”①

在福柯看来，法西斯主义的深刻根源乃在于人的无意识的权力意志。他表示，他所说的法西斯主义“不仅指历史上的法西斯主义、希特勒和墨索里尼的法西斯主义，而且指我们所有人心中和日常行为中的法西斯主义。……正是这种法西斯主义导致我们喜爱权力，欲求一切支配和剥削我们的东西”②。福柯的这种理论和历史思考也包含着对自己的反省。

1944 年 6 月盟军在诺曼底登陆后，法国很快获得解放。

1945 年春夏之交，福柯在考场上遭受第二次重大挫败。他参加巴黎高师入学考试。全国有 100 名考生通过笔试，获得赴巴黎参加口试的资格。普瓦捷的 14 名考生中有 2 人入围，而福柯名列第 101 名。这是一个令人沮丧的名次，但痛定之后也还能给人以慰藉和勇气。

福柯决定来年再考。通常，考上巴黎高师的学生大多出自巴黎亨利四世公立中学或路易大帝公立中学的预备班。但这两个学校一般只接收近处的学生。经过父母的活动，特别是母亲的努力，1945 年 10 月，福柯插入巴黎亨利四世公立中学预备班。这一年，福柯 19 岁。

福柯的青少年时代结束了。如前所述，福柯自己后来对这一时期的回忆几乎都是阴暗的：保守、压抑、威胁、恐怖。这种体验塑造了他的人格，影响着他未来的思考。有人概括说，少年时代的福柯似乎“像查拉斯图拉一样忍受着一种强烈而高傲的孤独之苦”③。

---

① *Foucault Live*: *Interviews*, *1966－1984*，中译文见《电影与人民记忆——〈电影笔记〉访福柯》，载《电影欣赏》（台湾），第 44 期。

② Foucault, Preface to G. Deleuze and F. Guattari, *Anti-Oedipus*, New York: Viking Press, 1977, p. xiii.

③ Arthur Goldhammer 的概括，转引自 Miller, *The Passion of Michel Foucault*, p. 39。

第二章　巴黎求学

第二次世界大战结束后，法国进入一个兴奋和迷惘共生、苦闷和期望交集的时代。

法国从德国占领的痛苦深渊中解脱出来。但是，战争造成了一系列的后遗症。法国城乡满目疮痍，内外危机频仍。经济凋敝，货币贬值，物价上涨，黑市猖獗。法国右翼因战争期间助纣为虐而受到谴责，名誉扫地，四分五裂。参加抵抗运动的各种政治力量趾高气扬，党派争执十分激烈。戴高乐说："1944 年时，法国人是不幸的，现在他们是不满的。"①

法兰西殖民帝国也开始崩溃。海外领地烽火延绵。1945 年，越南爆发了"八月革命"，摩洛哥、突尼斯、阿尔及利亚等地也相继爆发了反对殖民主义的起义。其他法属殖民地也动荡不安。这在法国国内激起各种反应。

战争留下的精神创伤更为严重。法国人在两个方面深感屈辱。首先是在战争期间的不光彩表现。在战争初期，举国上下意志消沉，不战而降。军队一溃千里，民众手足无措。有人回忆说："年终上最后一课时，我们的文学老师对我们说：'做一个法国人，我觉得羞耻。'他哭了。"② 而且，在占领期间，面对法西斯惨无人道的暴行，许多人漠然处之或者丧失抗争的勇气。法国人自启蒙运动和法国大革命以来，高唱"自由、平等、博爱"，但在穷凶极恶的法西斯面前竟然是如此卑微软弱。其次是战后的

---

① ［法］皮埃尔·米盖尔著，蔡鸿滨等译：《法国史》，563 页，北京，商务印书馆，1985。

② ［法］阿兰·佩雷菲特著，孟鞠如等译：《官僚主义的弊害》，41 页，北京，商务印书馆，1981。

二流地位。法国主要是靠着盟军获得解放的。战后，又要仰赖马歇尔计划的美援来恢复经济。法国人的民族自尊心深受打击。尽管解放时人们欣喜若狂，但是内在的精神支柱已摇摇欲坠。自由主义、人道主义和民族主义的理想和信念支离破碎，社会的道德标准、价值标准风雨飘摇，濒于坍毁。

精神危机往往是解放思想、激励探索的契机。战后，法国的学术界思想界格外活跃。1945 年，最引人注目的现象是，萨特的存在主义声名鹊起，在一代青年中风靡一时。

萨特是巴黎高师 1924 年级的学生。这个年级群星荟萃，除了萨特外，还有列维-斯特劳斯、西蒙娜·德·波伏娃、雷蒙·阿隆、康吉兰等。这些人后来都成为法国知识界的巨擘。萨特从未在大学教过书，一直在中学任教，战前曾作为官费留学生赴柏林，受业于现象学大师胡塞尔。后应征入伍，战争初期成为战俘，十个月后获释，回到中学教书，曾与梅罗-庞蒂建立知识分子抗战组织。1943 年出版的他的《存在与虚无》，被评论界称为“存在主义哲学”的代表作。当时，这部哲学著作对倍感压抑和苦闷的青年学子产生重大影响。福柯的巴黎高师校友（比福柯高两个年级）、后来成为小说家的米歇尔·图尔涅（Michel Tournier）把这部著作比喻为黑暗中的一颗流星。他回忆说：“（在读这本书时）最初是眼花缭乱，头晕目眩，继之而来的是长时间的咀嚼和思考。尽管这本书冗长粗俗，但却散发出一种不可抗拒的力量；精彩的小标题比比皆是；既有百科全书式的精细，从头到尾又透露着一种璞玉般的直觉。……最后一页的最后一句话使我们萌生了种种梦想：‘我们将致力于一部未来的作品，回答这部作品所未回答的种种问题。’”

存在主义通常被视为一种愤世嫉俗、苦闷失望、悲观消极的哲学。诚然，从基尔凯克尔、陀思妥耶夫斯基等这些存在主义的先驱算起，存在主义哲学确实给世人描绘了一幅阴暗的世界画面：人生是荒诞的，现实是令人恶心的，人们在生活中充满恐惧感、迷惘感、陌生感和孤独感。萨特也不例外。“他人就是地狱”，成为传世名言。但是，在萨特的存在主义哲学中还有另外一种上承启蒙思想的东西，即人道主义的责任意识和英雄主义。这给精神价值大厦遭到战争摧毁的法国人带来一种重建的希望。

1945年深秋的一个晚上，萨特在巴黎圣日耳曼区一个剧院（“现在俱乐部”）发表演讲。听众如潮水云集，会场气氛极其热烈。演讲题目是《存在主义是一种人道主义》。题目本身就显示了明确的意味。我们从下面摘引的几段话中可以体味其精髓：

“人性是没有的，因为没有上帝提供一个关于人的概念。人就是人。这不仅是说他是自己认为的那样，而且也是他愿意成为的那样。”

“存在主义者坦然地说人是痛苦的。他的意思是，当一个人对一件事承担责任时，他完全意识到不但为自己的将来作了选择，而且通过这一行动同时成了为全人类作出抉择的立法者。在这样一个时刻，人是无法摆脱那种整个的和重大的责任感的。”

“你是自由的，所以你选择吧，这就是说，去发明吧。”

“存在主义者说，是懦夫把自己变成懦夫，是英雄把自己变成英雄；而且这种可能性是永远存在的，即懦夫可以振作起来，不再是懦夫，而英雄也可以不再成为一个英雄。要紧的是整个承担责任，而不是通过某一特殊事例或者某一特殊行动就作为你整个承担责任。”

“我们的目的恰恰是建立一个价值模式的王国，有别于物质的世界。”

“存在主义的核心是什么？是自由承担责任的绝对性质；通过自由承担责任，任何人在体现一种人类类型时，也体现了自己以及因这种绝对承担责任而产生的对文化模式的相对影响。”

“我们在争取自由时发现，自由完全依赖于别人的自由，而别人的自由依赖于我们的自由。……我不得不在争取我的自由的同时，争取别人的自由。”

“人类需要的是重新找到自己。……在这个意义上，存在主义是乐观的。它是一个行动的哲学。”①

自由与责任，就是萨特给战后法国人提出的价值坐标。萨特是一个多

---

① 关于萨特思想的评价，参见柳鸣九主编：《萨特研究》，北京，中国社会科学出版社，1981；《存在主义是一种人道主义》的中译文见袁可嘉等编选：《现代主义文学研究》（下），北京，中国社会科学出版社，1989。

才多艺的天才，集哲学家、小说家、剧作家、心理学家、小品文作家和政论家于一身。他用小说和戏剧的形式进行广泛的宣传，使存在主义获得了远远超出学术界的影响。萨特的存在主义由此在十余年间成为法国思想界的一面大纛，法国人的一个时代的精神象征。福柯后来对这种情况的解释是："由于面对战争、屠杀和专制的荒谬性，似乎应该使每一个主体给自己的存在选择赋予意义。"①

然而，萨特哲学所提倡的"意义"依然是以启蒙学说的共同人性、普遍价值为依托的。萨特存在主义纵然有助于恢复人们已经消沉的生存勇气和希望，但是却不能使更深刻地感受到现代资本主义社会的异化与压制、同主流社会文化愈益抵触的新一代感到满足。福柯后来评论说："我认为，从理论角度看，萨特回避了自我这个观念。……他回到这样一种观念，即我们只能是我们自己——我们的真正的自我。""这一点最终导致成为他者自我的一个客体的羞辱感。觉醒就同耻辱，即意识到与这个他者的同一、被包含在他者之中，以及在能够承认或了解自己之前已经蔑视自己而产生的耻辱联系在一起。"② 这样，萨特的存在主义只能是他们的一个启蒙课本，一面过渡性旗帜，是他们创造自己的价值体系的桥梁。他们还在期待新的启示，探寻自己的声音。

德国民族在第二次世界大战中遭到大失败浩劫，但是，一个有趣的现象是，德国（广义上的）思想却如涅槃的凤凰从战火的灰烬中飞出来，反而展现出更加炫目的风采。马克思主义、黑格尔哲学、现象学、弗洛伊德精神分析学说以及尼采哲学等等，都在法国广为流行。而在高据奥林匹斯山巅、笑谈人间的诸神中，马克思、尼采和弗洛伊德是俯视和统摄尘世思想界的三个主要在天之灵。

福柯来到巴黎时，就置身于这样的社会—学术思想氛围中。

亨利四世公立中学是法国的精英中学之一，拥有一批学者型教师。这使从外省来的福柯眼界洞开。当时亨利四世公立中学教师中最知名的是学识渊博的哲学教师让·伊波利特（Jean Hyppolite）。他是法国战后黑格尔

---

① Miller, *The Passion of Michel Foucault*, p. 38.

② Ibid., p. 54.

学派中首屈一指的人物。他和梅罗-庞蒂等都支持萨特重建人道主义的宏伟计划。他在亨利四世公立中学讲授黑格尔的《精神现象学》以及笛卡尔的《几何学》。他的思想中混有黑格尔、青年马克思、胡塞尔以及海德格尔等各种德国哲学思想。在福柯入学后，伊波利特仅讲了两个月的课，就受任斯特拉斯堡大学的教授职位而离开。时间虽短，但是他给这一班学生留下了深刻印象，尤其给福柯开启了现代哲学思想之门。福柯原来对历史最感兴趣，可能是伊波利特的哲学课使他第一次真正感受到哲学的魅力。

福柯成名后，同伊波利特也有交往。1968 年，伊波利特去世。福柯对自己的哲学启蒙教师表示深深的敬意。他在纪念文章中回忆："战后那一届预备班学生都记得伊波利特的《精神现象学》导读课：……我们所听到的不仅是一个教师的声音，而且还有黑格尔的声音，甚至有哲学本身的声音。我以为，他耐心呼唤出的那种现场感或亲近感是令人永志不忘的。"① 这种影响之深，可以从福柯后来在巴黎高师的学习经历以及对黑格尔的评价中看出。

预备班的外地学生一般住校。但福柯的父母考虑到福柯的孤僻性格，为他在另一所学校租了一间单人宿舍。他依然发奋读书，几乎不与同学交往，也很少有闲暇娱乐，至多看一场美国电影。他的学习成绩直线上升。第一学期结束时，在五十名学生中，福柯哲学课成绩排名第二十二，到学年结束时名列榜首，评语是"高材生"；历史课成绩从第七名跃为第一名；拉丁文成绩从第三十一名跃居第十名，评语是"优秀生"；希腊文成绩跃居第四；法语教师的评语是"头脑活跃"，"有文学品味"。校长的总评语是："理应成功。"

1946 年 5 月到 7 月，福柯满怀信心地再次参加巴黎高师入学考试。笔试一帆风顺。口试的科目是哲学。福柯的两位主考教师之一是斯特拉斯堡大学教授乔治·康吉兰（Georges Canguilhem，1904—1995）。康吉兰素以威严著称，许多考生都惧怕他。但是，福柯胸有成竹，对答如流，两位考官十分满意。几天后，在位于俞尔姆街（rue d'Ulm）的巴黎高师大门

---

① Eribon, *Michel Foucault*, p. 17.

前张榜公布录取名单。有三十八名考生金榜题名，福柯名列第四。他奋斗三载，一度受挫，二进考场，终于如愿以偿。

秋季，福柯昂然跨入向往已久的培养精英的摇篮——巴黎高师，成为令人羡慕的师范生。当时的巴黎高师实行男女分校。位于俞尔姆街的巴黎高师是一所男生学校，实行寄宿制和共餐制。有人形容它很像一所“才子的修道院”。与巴黎大学（索邦）的学生不同，师范生都享受国家津贴。战后时期的生活比较艰苦，集体宿舍也很拥挤，每间宿舍分成几个格子。福柯同另外五个来自巴黎亨利四世公立中学的新生住在一起。巴黎高师学生精英意识很强，自视甚高，既具有强烈的团队精神，又相互竞争。学校既重视学术传统的连续性，强调师承关系，也鼓励个性的发展，提倡创新，宽容“怪才”。

福柯就是一个“怪才”。他对集体生活从来就不适应，对于巴黎高师有组织的生活更不能忍受。因此他更加孤僻，脾气暴躁，动辄就与同学吵架。他激烈地嘲讽他不喜欢的同学，给同学起侮辱性的外号。即使是在争论学术问题时，他也会出言不逊。入学不久，他就成为普遍不受欢迎的人。同学们都认为他有点疯癫，流传着一些关于他的奇闻逸事。有一次，他用刮胡刀划破自己的脖子，躺在地上。还有一次，他在半夜持剑追赶一个同学。他的寝室也布置得稀奇古怪，悬挂着西班牙画家戈雅（1746—1828）描绘受苦受难、痛苦扭曲形象的作品。他喜爱马尔罗（1901—1976，曾被视为超现实主义作家的真正代表）的小说。福柯自称能够背诵马尔罗小说中的段落。他对萨德（1740—1814，法国作家，以描写性虐待闻名于世）的作品更是情有独钟，悉心钻研，说起来如数家珍，凡是对此不内行的同学都遭到他的蔑视。

但是，所有的同学都承认，福柯是一个学习狂。他的文化素养之高、学习能力之强、涉猎范围之广，在同学中是有口皆碑的。由于萨特成了青年学子崇拜的偶像，因此哲学取代文学，成为最优秀的师范生一往情深、竞相攀附、一试身手的热门学科。福柯也不例外。他天马行空，独往独来，沉浸在哲学书本中。

由于萨特及其存在主义在战后令人炫目的光芒，人们在回顾这段历史时，往往忽略一个事实：从学院派的角度看，萨特的存在主义是一种粗糙的“通俗哲学”或者说“大众哲学”，是一种“意识形态”，而学院派更感兴趣的是“学院哲学”或“纯哲学”，是“学术”。福柯后来也曾说过：“当时法国的主要哲学思潮是马克思主义、黑格尔主义和现象学。”①因此，不难理解，在这样一种气氛下，福柯埋头研读经典哲学著作。他后来自述，除了按照哲学史的顺序研读从柏拉图到康德的著作外，主要攻读了黑格尔、马克思的著作。他认真地做了大量笔记和卡片，并精心加以整理。稍后，他研读胡塞尔的著作，在学习了德文后，又直接阅读海德格尔的著作。

第二次世界大战前，可以说，法国没有黑格尔学派。但在战后，黑格尔热最先兴起。巴黎高师也是黑格尔哲学的一个重要研究中心。一些优秀的学生纷纷以黑格尔哲学作为论文题目。例如，阿尔杜塞的毕业论文是《黑格尔哲学中内容的观念》。黑格尔哲学是福柯步入哲学庙堂的门阶，也被福柯（与阿尔杜塞等人一样）视为现代哲学的源头。福柯后来指出，无论赞成还是反对，黑格尔哲学是现代哲学的起点，是不能绕过的。无论从哪里开始，都可能滑回到黑格尔。② 从亨利四世公立中学起，由于受伊波利特的影响，福柯一度迷恋于黑格尔哲学。他在巴黎高师做的哲学学位论文就是《黑格尔〈精神现象学〉中历史先验性的构造》。

现象学是战后法国哲学界的一种时髦思潮。后来福柯回忆说：“我们不应忘记，从 1945 年到 1955 年这一时期，法国整个大学界——年轻的法国大学界，不是传统的大学界——极其热衷于某种建设性工作，即建立胡塞尔学说同马克思主义的联系，也就是现象学同马克思主义的联系。”③

“现象学”这一术语早已有之，但在哲学史上言人人殊。20 世纪，现象学作为一种正式的哲学流派，源于德国哲学家胡塞尔（1859—1938）。

---

① Foucault, *Politics*, *Philosophy*, *Culture*: *Interviews and Other Writings*, *1977–1984*, p. 8.

② See Foucault, *The Archaeology of Knowledge*, New York: Pantheon, 1972, p. 235.

③ Foucault, *Politics*, *Philosophy*, *Culture*: *Interviews and Other Writings*, *1977–1984*, p. 8.

1911年他的《纯粹现象学的观念》问世。到30年代后期，现象学有一种所谓的“重心转移”趋势，即转向法国。萨特和梅罗-庞蒂都属于法国现象学这一派。按照福柯的说法，这两人在从现象学转向马克思主义的运动中是中心人物。战后几年在巴黎高师执教的梅罗-庞蒂是法国的现象学大师，胡塞尔最好的解释者和追随者。1945年出版的博士论文《知觉现象学》是他的代表作。在40年代，梅罗-庞蒂远比萨特更亲近马克思主义。在萨特和梅罗-庞蒂之间，巴黎高师的学生更喜欢梅罗-庞蒂。这是因为梅罗-庞蒂的思想更理论化，更具有学术味儿。当时梅罗-庞蒂讲授马勒伯朗士、柏格森等哲学家的灵魂—肉体统一论，但他更醉心于语言问题，向学生介绍瑞士语言学家索绪尔的结构语言学理论，论述“人文科学与现象学”的关系。福柯在上梅罗-庞蒂的课时从不缺席。1951年至1952年，梅罗-庞蒂讲授题为“人文科学”的课程，讲授胡塞尔、科夫卡（Kurt Koffka，德国心理学家）等人的理论。当时福柯刚获得教职，也正好开授同样内容的课程。他从梅罗-庞蒂那里获益匪浅。

德国现象学关注的是“存在”，与德国的现象学不同，法国现象学更关注历史和语言问题。这就促成了结构主义思潮的兴起。后来福柯回忆说：“我记得很清楚，梅罗-庞蒂几次讲课时都是从索绪尔讲起的。索绪尔已去世50年，因此鲜为人知。当然这不是指法国语言学家，而是指有教养的公众。这样就引出了语言问题。很显然，在考虑一种语言类型结构所产生的意义的效果时，现象学不足以进行结构分析。这是因为主体（现象学意义上的）并没有介入来提供意义。因此，很自然，由于现象学无力解决语言问题，所以结构主义就成了（马克思主义的）新的情侣。”①

在黑格尔、胡塞尔和海德格尔这三个都以H为名字第一个字母的德国大哲学家中，海德格尔在这个时期对福柯影响最大。

马丁·海德格尔（1889—1976）是20世纪德国著名思想家。他曾师从胡塞尔。在第一次世界大战后近十年时间，他从事教学，埋头写作，几

---

① Foucault, *Politics, Philosophy, Culture: Interviews and Other Writings, 1977-1984*, p. 21.

乎没有什么作品问世，但已有“隐藏的思辨之王”的美称。1927 年，他的《存在与时间》问世，引起轰动，被认为是现象学和存在主义大师。后来他接近纳粹，关系暧昧，造成丑闻，至今还是学术界的一桩公案。

海德格尔在战前就对法国以萨特为代表的一代思想家发生了重大影响。萨特的《存在与虚无》带有海德格尔的明显烙印。但是，海德格尔在读了萨特的《存在主义是一种人道主义》后却说，他本人既不是人道主义者，因而也不是存在主义者。1946 年，他的法国弟子让·鲍夫莱（Jean Beaufret）给他写信，请教问题。翌年，他的回信以《关于人道主义的信》为题公开发表。信中，海德格尔对萨特的存在主义提出批评：“据我看来萨特也没有在存在中认识到历史事物的本质性”，“如果人道主义就是存在主义，而且主张萨特说的这句话：‘严格地说来我们在一个其上只有人的平面上’，那就肯定不可称为人道主义”。海德格尔反对迄今为止的一切“人道主义”。他并不是要维护非人道的东西，鼓吹价值虚无，而是认为人们在给事物标明“价值”时，是“把在者主观化为单纯对象”，从而剥夺了被评价事物的尊严。他的结论是：“对人的本质的一切最高度的人道主义的规定都还不知人的本真的尊严。”海德格尔所批评的“人道主义”（humanismus），实际是“人本主义”或者“人类中心论”。① 对于海德格尔以及后来的结构主义者和福柯的“反人道主义”，我们也应该读作“反人本主义”。

海德格尔在这封信和其他一系列著作中批判了西方的技术进步乐观主义。西方人通常把现时代看做去魔的时代，海德格尔则认为，现时代既是去魔的时代，又是一个着魔的时代，着魔于技术及其不断的进步。与尼采、斯宾格勒一样，在海德格尔看来，现代历史不过是一种灾难历程，人类的未来不是如康德、黑格尔和马克思所预想的那种和谐的自由。海德格尔对人类的境况深感忧虑。他指出：“无家可归状态变成了世界命运。”他提出的任务是，人们需要对自己的存在境况反思。同时他又指出，人们的思考受着语言的“十分神秘而完全的”支配。“语言是存在的家。人以

① 参见宋祖良：《拯救地球和人类未来》，第五章第三节，北京，中国社会科学出版社，1993。

语言之家为家。”“毋宁说语言是存在的家，人居于其中而存在着，同时人看护着存在的真理而又属于存在的真理。”①

福柯对海德格尔的了解不仅来自于阅读，而且得益于在巴黎高师执教的让·鲍夫莱。后者当时正讲授康德的《纯粹理性批判》。他在课堂上大讲海德格尔。福柯对这门课很重视。多少年后，他还对人提到鲍夫莱给他留下的深刻印象。

海德格尔的思想对于福柯这一代正在学习、探索的青年，具有重大意义。正如海德格尔本人所设想的，“与‘人道主义’的对立……打开了另外一些眼界”，使他们看到了萨特存在主义之外的另一种思路。海德格尔对于福柯的意义是多方面的，除去理论方面的多种启示外，最重要的意义在于，他是福柯走向尼采思想的中继站。福柯临死前不久回忆说：“我现在还保留着研读海德格尔时做的笔记。非常之多。它们比我做的黑格尔或马克思的笔记重要得多。我的全部哲学发展有赖于我对海德格尔的研读。当然，我承认，尼采比他更重要。……我的尼采知识超过我的海德格尔知识。但是，两者是我的两个基本经验。如果我没有研读海德格尔的话，很可能也不会研读尼采。”②

第二次世界大战以前，法国是各种前卫派文学艺术的活跃中心，令人眼花缭乱，目不暇接。相形之下，哲学显得黯然失色。尽管哲学领域只产生出柏格森这样个别的思想明星，但也并非不毛之地。第二次世界大战之后，法国思想家人才辈出，绝非偶然。后人追根溯源，逐渐“发掘”出一些思想巨匠。福柯对法国自身的哲学也十分关注，他也做了自觉的选择。福柯后来曾经回溯法国20世纪30、40年代的哲学走向。他认为，大致可分为两类：一类是关于体验、意义和主体的哲学，简单说是意识哲学，以萨特和梅罗-庞蒂为代表；另一类是关于知识、理性和观念的哲学，简单说是观念哲学，以让·卡维叶（Jean Gavailles，1903—1944）、

① 《关于人道主义的信》的中译文，见中国科学院哲学研究所西方哲学史组编：《存在主义哲学》，北京，商务印书馆，1963。

② Eribon, *Michel Foucault*, p. 30.

康吉兰以及加斯东·巴什拉（Gaston Bachelard，1884—1963）为代表。后一派实际上是我们现在所说的科学哲学家或科学史专家。福柯更偏爱这一派。

卡维叶是数学史专家。按照福柯的说法，他致力于“研究数学内在结构的发展演变”。他因积极参加抵抗运动而不幸死于纳粹之手。

康吉兰也是巴黎高师萨特那一班的同学，在获得大学、中学教师资格后转而研究生物学和医学史，成为颇有造诣的科学史专家。康吉兰早在1943年就曾指出：“正是变态（the abnormal，不规范的）引起人们对常态（the normal，合规范的）的理论兴趣。规范（norm）只是通过这种偏离才得以确认。功能只是因被破坏才得以揭示。生命只是通过不适应、受挫和痛苦才升华到关于自身的意识和科学。”福柯后来对各种被社会或科学视为“变态”、“失常”（aberration，离轨）、“反常”（anomie，失范）的现象——疯癫、疾病、犯罪等所作的研究，表明了他对康吉兰这一看法的强烈共鸣。福柯在巴黎高师入学考试中第一次见到他。1961年以后，两人成为学术上的挚友。福柯称他是“法国最有影响的科学史研究者”，并自称是康吉兰的学生，向他表示诚挚的敬意：“我感谢他，因为他使我懂得，科学史并不必须是对科学发现的描述或对思想观念的描述。我们应该也能够把科学史看做一组有联系的可转变为理论模式和概念工具的东西。”①

巴什拉是现代法国思想界的一代巨匠，在科学哲学、诗学理论和诗歌创作等领域都有贡献。他出身贫寒，中学毕业后在邮局工作。但他刻苦自学，先后获得数学学士学位、哲学中学教师资格、文学博士学位，43岁时获法国国家博士学位。46岁起受任大学教职，后在巴黎大学讲授科学哲学。他荣膺法国伦理与政治科学院院士职位，晚年曾获荣誉勋位勋章（1951年，1959年）和文学国家大奖（1961年）。有人评论说：“在20世纪法国思想界，巴什拉大概是仅有的受过正规高等教育、没有涉足思想家的摇篮——巴黎高师——的杰出学者。他的光辉与其他声名显赫的各流派的代表人物相比毫不逊色：巴什拉集科学家严谨的逻辑思维、哲学家深刻

① Foucault, *The Archaeology of Knowledge*, p. 235.

的哲理思考、诗人丰富的想象力于一身，这就使他的思想独具魅力，而且长久启迪着人们的心灵。”①

福柯说：“我不是他的直系弟子，但我研读了他的著作。坦白地说，在我当学生时，在所有在世的当代哲学家中，我读得最多的是巴什拉的著作，从中汲取了大量的东西。”② 巴什拉对福柯的影响至少体现在这样两方面。首先，在直接的意义上，巴什拉特别强调想象的作用。他从科学认识论出发分别在四本著作中对诗人有关空气、火、水和土四种元素的想象进行了分析。福柯断言：“没有人（比巴什拉）更懂得想象的运动作用。”福柯的《疯癫与文明》在论述“愚人船”时显然吸取了巴什拉在《水与梦》中关于人们对水的想象的分析。其次，在更深层的意义上，巴什拉既反对柏拉图主义和笛卡尔主义，即否定先验真理和绝对真理，反对绝对的“我思”概念，反对理性独白的霸权，也反对经验主义，即反对把科学理性同常识混为一谈。巴什拉认为，在认识过程中，想象同理性这两者是相互补充，互为表里的，是一种辩证的和谐；认识是不连续的变化过程，因为现象世界和自我都是变动不居的，知识是这两者之间发生的变化不已地发展着的关系；认识过程需要克服“认识论障碍”，这个障碍不是通常意义上的外在障碍，而是认识活动内部出现的迟钝与混乱。巴什拉毕生反对“虚假的连续性”，认为科学是不断地探索、不断地犹豫和惊异，是不断地克服精神本身的障碍和克服无知与错误。③ 颠覆理性的霸权，否定“自我”的凝固，强调真理的相对性和认识的“断裂”，这些思想都对福柯有很大的启迪。

福柯对法国科学史研究这一学术系谱十分重视。他后来在一次访谈中对此作了如下评论：“科学史研究在法国哲学中扮演着一个重要角色。可以说，现代（19 世纪和 20 世纪）哲学在很大程度上源于康德的问题：‘什么是启蒙?’或者，换言之，如果我们承认现代哲学的主要功能之一

---

① ［法］巴什拉著，杜小真、顾嘉琛译：《火的精神分析》，中译者序，北京，三联书店，1992。

② Miller, *The Passion of Michel Foucault*, p. 60.

③ 关于巴什拉的思想，参见［法］约瑟夫·祁雅理著，吴永泉等译：《20 世纪法国思潮》，第九章，北京，商务印书馆，1987。

是研究这样一个历史时刻，即理性能够以‘成人’的形式，‘无须长者陪伴’的形式出现的时刻，那么，19世纪哲学的功能就在于询问：‘什么是理性获得自主的时刻？理性历史的意义是什么？理性通过三种主要形式——科学思想、技术机构和政治组织——在现代世界冉冉升起这一情况，应如何评价？’我认为，哲学的主要功能之一就是研究这三个领域。……康德的问题在法国的重现就采取了这种可能是不完全的形式：‘科学史是什么？’……我认为，自孔德起直至60年代，科学史的哲学功能一直是探讨这个问题。”

福柯在主观上是继承了这一学术系谱。当然，他在后来的学术活动中改变了科学史研究的主题，从自然科学史转向人文科学史，从科学对象转向人类主体。他在同一次访谈中自述道：“法国的科学史研究者主要关注于科学对象是如何建构起来的这一问题，而我自己所提出的问题是：人类主体怎么会把自身当做可能知识的对象？是通过什么样的合理性方式和历史条件？以及付出了什么代价？我的问题是：主体以什么代价才能讲述有关自身的真理？主体以什么代价才能讲述自身作为疯人的真理？把疯人说成绝对他者，不仅付出理论代价，而且也付出一种制度的乃至经济的代价。”①

福柯在巴黎高师的思想发展经历不单纯是学术积累和转向的历程。他的人格发展也经历着深刻的精神危机。这种人格危机对于福柯的学术兴趣起着至关重要的作用。

此时，他已略带老相：头上的短发已经开始稀疏，眼睛稍稍后陷，掩藏在厚实的眼镜背后。有人认为他的形象是一个“老面的智者”。同学用德文的谐音给他起了一个外号：“狐狸”（fuchs），这既形容他的尖脸，又指他的那种表面蛰伏、其实伺机而动的狡慧。长期孤僻的福柯尽管有时表现出狂暴和喧闹，但他基本上处于一种抑郁状态。

在巴黎高师这种激烈竞争的环境里，精神抑郁症不是个别现象，但是

---

① Foucault, *Politics, Philosophy, Culture: Interviews and other Writings, 1977–1984*, pp. 25, 29–30.

福柯的情况比较严重。他经常酗酒。1948 年和 1950 年，福柯两度企图自杀。第一次自杀未遂的结果是，福柯出院后，经他的父亲同医院磋商，征得学校的同意，允许福柯享有特权，单独住一间宿舍。

为什么福柯会陷入严重的抑郁症乃至产生自杀的念头，对此众说纷纭。这是一个颇费解释的问题。现在较多的研究者倾向于这样一种解释，原因在于福柯的同性恋倾向受到压抑。福柯自己后来讲，他从很早的时候就喜欢同性伙伴，他经常被这样一个问题所困扰："怎么能使男人生活在一起，共度时光，共享食品，共住一个房间，分享爱情、忧伤、知识和信任?"根据一般关于同性恋的研究，同性恋往往与生理特征、自恋倾向、家庭压抑以及青春期的性经验有密切关联。福柯从小孤僻自傲，并且对父亲的形象难以认同，在男生学校读书等，都可能是导致同性恋的重要因素。

在福柯到巴黎之前，同性恋是维希政权绝对不予宽容的丑行，更何况在普瓦捷这样保守的外省城镇。他的抑郁症大概从这个时候就开始了。战后，尤其在巴黎，文化艺术界对同性恋比较宽容，但是在学术界，特别在学校里，对这个问题依然是保守的。法国的大学教师并不是自由职业者，而是公务员。1946 年曾颁布一个法令，规定公务员必须"道德端正"。当然，这项法令并没有被严格执行。但是，反对同性恋的社会舆论非常强大。因此，同性恋者一般不敢公开承认，否则会断送自己的前程或在社会中难以立足。他们处于一种担惊受怕、自我压抑的状态中。据福柯自己说，他在 20 岁时有了第一个男友。这正是他在巴黎高师读书的时候。他对自己的抑郁症和同性恋倾向极其谨慎，缄口不谈，很少有人知情。个别知情者也是同性恋者。据巴黎高师校医的看法，福柯第一次自杀的原因就在于，同性恋冲动受到压抑。

但是，也有的研究者认为，当时对同性恋的压制并非像人们想象的那样严厉。在性问题上，法国是一个相当宽松的国度。作为社会的宠儿，师范生享有较大的自由。在巴黎高师这个环境里，即使发现了福柯的同性恋倾向，校方和学生也不会大惊小怪，更不会群起而攻之。因此，福柯虽然对自己的同性恋倾向并不张扬，但也没有战战兢兢地刻意掩盖。①

在巴黎这个举世闻名的“花都”，寻找同性恋者的场所并非难事。在某些酒吧和浴室就可能找到同性恋伙伴。有迹象显示，福柯可能有时就到这种场所寻欢作乐，求得宣泄。当然，警察会突然闯进这种场所，引起麻烦。不过，福柯后来也说，这种偷偷摸摸的同性恋活动虽然危险，但也很刺激。

福柯后来的男友丹尼尔·德菲尔（Daniel Defert）说，据他的了解，福柯长期以来的痛苦不是源于同性恋的压抑，而是另有原因。他分析，可能有两个因素，一是福柯为自己不够漂亮而苦恼；二是福柯早年可能吸过毒，毒瘾可能很深。

吸毒者之所以上瘾，不仅是由于毒瘾发作时痛苦万分，而且还由于吸毒时有一种飘然欲仙的迷幻感觉。当时福柯是否吸毒，现在还无法确证。但是他在1983年曾说：“有些毒品（药品）对于我确实重要，因为它们是达到我所寻求的、我所无法体验的那种不可想象的极度快乐的媒介。”②而同性恋者在社会不予宽容的条件下往往追求更有刺激的快乐。因此，同性恋者同吸毒往往联系在一起。无论是哪一种情况，福柯的确是寻求这种极乐的感觉。

同性恋、精神病、吸毒都被社会和“现代科学”视为“反常”、“变态”。同性恋者、吸毒者、精神病患者都是社会的边缘人，受到排斥。福柯的切身经历使他对心理学、精神分析和精神病学产生浓厚兴趣，乃至影响了他终生的学术志向。

法国的心理学和精神病学有较长的历史。自20世纪20年代起，弗洛伊德的精神分析学说在法国开始流传。但在第二次世界大战以前，精神分析主要是艺术界知识分子的思想玩具。在科学界，只有一部分精神病学家和心理学家对它产生兴趣，而那些受笛卡尔主义影响较深、带有理性主义

---

① See Miller, *The Passion of Michel Foucault*, p. 56.

② Foucault, *Politics*, *Philosophy*, *Culture*: *Interviews and other Writings*, *1977–1984*, p. 12.

倾向的知识分子则激烈地抵制它。然而，第二次世界大战结束后情况发生剧变。几乎所有的哲学思潮和社会思潮都吸收和容纳精神分析。萨特甚至创立了“存在主义精神分析”。精神分析因而声势大振，得到广泛发展，并涌现出以拉加什（D. Lagache）、拉康（J. Lacan）等为代表的杰出学者以及许多引人注目的研究成果。反之，精神分析对哲学社会学的发展也起着巨大的作用。精神分析同哲学社会学的密切结合、相互渗透，是战后法国思想界的一个突出特点。在这方面，其他国家都相形见绌。①

20 世纪 40 年代到 50 年代，按照法国的传统，精神病学属于医学，而心理学是哲学的一个分支。战后，拉加什在巴黎大学讲授心理学。他也是巴黎高师 1924 年级的学生。把精神分析纳入大学课程，是他和其他一些学者的功劳。巴黎高师的学生通常很少到巴黎大学听课，福柯也不例外。但是，他修完哲学课程后，就坚持选听拉加什的课，并获得心理学的结业证书。法国“制度心理医学”的创始人之一乔治·多梅宗（Georges Duamezon）组织了每月一次的公开讲演，向巴黎高师学生介绍心理学的发展状况。福柯有幸听到由多梅宗、拉康等人作的系列报告。

福柯的心理学和精神病学知识不仅来自于听课。多梅宗鼓励学生深入巴黎的主要精神病院——圣安娜医院。在那里，学生观看医生对病人的诊断和治疗。福柯非常积极地参加这一活动。福柯甚至萌发了学医的想法。他曾经请教拉加什：为了专攻心理学，是否有必要学医。拉加什的回答是：“如果在美国，当然必要，但是在法国不必。”福柯也向拉加什询问有关自己的心理问题。拉加什的原则是不解答学生这方面的问题，因此向他推荐另一个心理医生。福柯未能找到那个医生。

1948 年，正当福柯经历严重的精神危机之时，他结识了路易·阿尔杜塞（Louis Althusser）。当时阿尔杜塞被任命为哲学辅导教师。他负责辅导准备大学、中学教师资格会考的学生。阿尔杜塞早在 1939 年就被巴黎高师录取，但被征兵入伍，后成为战俘，在集中营里煎熬了五年。战后他

① 关于法国弗洛伊德主义的发展情况，参见［苏］尼·格·波波娃著，李亚卿译：《法国的后弗洛伊德主义：批判分析》，北京，东方出版社，1988。

重返学校，1948 年，他和德勒兹（Gilles Deleuze，20 世纪 70 年代著名思想家）等一起通过大学、中学教师资格会考，时年 30 岁。阿尔杜塞早年深受天主教影响，1948 年加入法国共产党，直到 1952 年才完全抛弃天主教信仰。

集中营长年的虐待和折磨使阿尔杜塞的精神深受刺激。他在巴黎高师任教 34 年，多次因精神疾病而被送进医院治疗和休养。阿尔杜塞上课的时间很少，但是他很善于指导学生，对学生作业总是附上认真的批改意见，对身边的学生影响极大。甚至有人说，他是“学院中的学院”。

福柯从阿尔杜塞那里获得很多帮助，而且同他结下了终生的友谊。福柯患严重的抑郁症时，听从阿尔杜塞的建议，没有住院治疗。在学业方向上，阿尔杜塞给予福柯忠告：尝试用新的方式把哲学应用于历史研究和心理学研究。阿尔杜塞和福柯还有一个共同的男友。但是，最重要的是，福柯在阿尔杜塞的影响下，于 1950 年加入法国共产党。

法国共产党在战后一段时间享有崇高的威望。福柯后来也说，当时法国共产党“享有三重合法性：历史、政治和理论”。刚刚经历第二次世界大战的青年一代，特别是青年知识分子，情绪比较亢奋和激烈。他们不满“资产阶级社会”的现实，期望变革。福柯说：“他们向往的不仅是一个不同的世界和社会。他们希望走得更远，希望改变他们自己，对各种社会关系实行革命性变革，使自己成为一个彻底的‘他者’（other）。”因此，法国共产党对他们有很大的吸引力。福柯回忆说：“我们当时在探寻其他的思想道路，而某种东西似乎正在形成或早已存在于世了。这种彻底的‘他者’，就是共产主义。”① 就福柯本人而言，无论是他对自己出身环境的不满，还是他当时所经历的精神危机，都有可能使他在政治上作出这种选择。他同许多激进青年一样反对法国在越南的战争，也是一个因素。据福柯的姐姐说，福柯同父亲的关系本来就很紧张，听到福柯加入法国共产党的消息后，父亲暴跳如雷。

在巴黎高师，政治气氛很浓厚，左派势力很强大。许多学生加入法国共产党，至少有四分之一或五分之一的学生是法国共产党党员。这种情况

---

① Miller, *The Passion of Michel Foucault*, p. 57.

保持了十年之久，因而法国共产党在巴黎高师有“知识分子党”之称。阿尔杜塞、勒华·拉杜里（Le Roy Ladurie，后成为“年鉴学派”的史学大师）都是其中的重要人物。这种状况对于学术研究和学术思想有直接的影响。马克思主义引起普遍的兴趣。按照福柯的说法，马克思主义成为“延续青春期憧憬另一种世界的梦想的工具”。福柯对马克思的著作也下了很大的工夫。马克思对福柯的影响是很深刻的。即便后来他对共产主义运动十分反感，但是我们在他的著作中依然可以看到对马克思著作的肯定性引用。

1950年，福柯参加大学、中学教师资格会考。这更是一个过关斩将的严酷考试。这一年参加会考的还有李奥塔德（Jean-Francois Lyotard，他不是巴黎高师学生，后成为后现代主义的著名理论家）等。首先是三天的笔试，福柯顺利通过。接下来是两次抽签口试。口试考官都是学术界权威人士。福柯第一次口试就失败了。考官认为他过于想展示自己的博学而离题太远。这个结果出乎人们意料之外。巴黎高师学生历来是会考中最有力的竞争者，大多应付裕如，更何况福柯是公认的最优秀学生。也许正是这种期望给福柯造成过于沉重的精神压力。另外，以往考试的败绩大概也给他的心理笼罩上阴影。事后，福柯的辅导教师阿尔杜塞比福柯还紧张，因为要防止他“做蠢事”——自杀。还好，福柯似乎很快就恢复了平静，投入第二年的考试准备中。但是，无论如何，福柯在考试中的屡次挫败，给他的思想留下深深的创伤。他后来对学校这种“规训机构”乃至整个现代“规训社会”的激烈抨击，也与此有着内在的关联。

翌年，福柯再上考场。三天笔试的题目分别是：“实验与理论”，“知觉活动与智力”以及“设想柏格森同斯宾诺莎对话”。福柯通过笔试后，面对的口试考官是巴黎大学社会学教授乔治·达维（Ceorges Davy）、伊波利特和康吉兰。他抽到的试题是“性观念”。这个题目是康吉兰出的，起初曾遭到达维的反对。康吉兰的理由是，所有的考生都读过弗洛伊德，而且他们平时都会谈论有关性的问题。福柯对考题感到意外和恼火，因为会考从来没有出过这种题目。多亏他修了心理学和精神分析的课程，因此他能够滔滔不绝地从自然、文化和历史三个方面加以阐述，但在考场上仍流露出紧张和抵触（考官在评语中认为是他第一次失败的心理阴影）。他的论述基本上符合达维的保守观点。考试成绩公布后，福柯还向康吉兰抱怨口试的题目。但是，这个考题恰恰显示了康吉兰的远见卓识，而且可能对福柯也是一个重大的启示。这一次，福柯终于同另外 13 名考生一起成为当年会考的幸运儿。

毕业后，福柯首先以健康状况不佳为由逃避了服兵役。按照规定，会考通过者都应到公立中学教书。其中有些人经过一段时间后可以转到大学教书，但并非人人都能如愿。这就意味着离开法国的文化学术中心巴黎，而且可能永远留在外省。福柯不愿到中学，而是想到梯也尔基金会准备博士论文。他向此时担任中学哲学课程总督察的康吉兰申述了理由，获得许可。

经过严格的筛选，福柯获得三年研究资格。梯也尔基金会同巴黎高师一样，也对基金获得者实行寄宿制和共餐制。福柯在那里的状况是他在巴黎高师状况的重演：几乎同所有的人都不能和睦相处。他利用业余时间到心理学研究所修心理病理学的课程。1952 年，他获得该课程的结业学位，经阿尔杜塞的一个朋友的推荐，到里尔大学任教，提前离开了基金会。

福柯在巴黎求学的时期结束了。他在最好的学校接受了严格的学术规训，受到当时最新思想的熏陶，也获得了在官方体制内行使“知识—权力”的资格。（附带地说，巴黎高师的校友在学术界和政界形成一个很大的关系网，这也是福柯日后发展的便利条件。）不过，尽管福柯表现出异于常人的性格，但是此时他还没有碰到真正拨动他的心弦、使他由衷产生强烈共鸣的思想启示，他还没有形成自己的学术思想。萨特那一代的身影笼罩着青年一代。在一个价值混乱与消解的时代，在一个追求时髦、各领风骚三五年的社会，青年人必然怀有直抒胸臆和标新立异的抱负。福柯还在探寻。

第三章　等待戈多

1983 年，福柯在回溯往事时说："我们这一代当学生的时候眼前的地平线上只有马克思主义、现象学和存在主义。……对我来说，第一个突破是贝克特的《等待戈多》，这是一个激动人心的演出。"① 他还清楚地记得观看《等待戈多》时的情景。那是在 1953 年年初的一个冬夜。

《等待戈多》的上演是当时巴黎知识界、文化界的一件大事。在那些晚上，人们争先恐后地拥向剧场去观看这部荒诞派作品。当帷幕拉开后，舞台上只有两个流浪汉。他们说："我们生来就是疯子。有的人始终是疯子。""可是在这地方，在现在这一时刻，全人类就是咱们。"他们等待着一个叫"戈多"的［当时就有评论指出，戈多（Godot）就是上帝（God）］。他们在不耐烦的等待中，产生隔膜，想用拥抱来沟通（这是隐喻人类之爱还是同性恋?），但因对方有大蒜臭而退缩。剧中还曾出现一个被人用绳子拴住脖子的"幸运儿"，听从主人的命令去"思想"，讲出大段没有标点、语无伦次、难以理喻的哲学话语。（这令人想起海德格尔在《关于人道主义的信》中提出的警告："在现在的世界灾难中必需的是：少谈些哲学，多注意去思考；少写些文章，多保护文字。"）有一个孩子（!）几次传递戈多"明天来"的口信。但是，戈多始终没有出现。"希望迟迟不来，苦死了等的人。"于是，两个流浪汉想上吊自杀，但绳子断了。最后一句台词是："好吧，咱们走吧。"但是，他们在舞台上站着不动。②

---

① Foucault, *Death and the Labyrinth*: *The World of Raymond Roussel*（以下简称 *Death and Labyrinth*）, London: The Athlone Press, 1986, p. 174.

② 《等待戈多》的中译文，见《荒诞派戏剧选》，北京，外国文学出版社，1983。

《等待戈多》引起的轰动效应不亚于八年前萨特《存在主义是一种人道主义》的问世所引起的。《等待戈多》是海德格尔思想的一个形象化表达，是对包括萨特式存在主义在内的西方各种乐观主义的反思与否定。

正如后来有人评论的，荒诞是一种“世纪病”。“在这种‘世纪病’的核心中反复回荡着的是尼采著名的上帝已经死去的疾呼。在荒诞的世界中，没有什么是值得信赖的：失去了永恒感且备受自我的不确定性所折磨的荒诞的人只好用死亡这唯一的确定性来使自己感到满足了。”①

《等待戈多》在福柯看来是一次解放思想的棒喝。具体地说，其意义主要在于，使他这一代正在求索的青年知识分子摆脱了萨特一代的笼罩，从而坚定地踏上自己的道路。他在1966年的一次访谈中说：“大约在十五年前，人们突然地、没有明显理由地意识到自己已经远离、非常远离上一代了，即萨特和梅罗-庞蒂那一代——那是曾经一直作为我们思想规范和生活楷模的《现代》杂志的一代。萨特一代，在我们看来，是一个极为鼓舞人心和气魄宏伟的一代。他们热情地投入生活、政治和存在中去。而我们却发现了另一种东西，另一种热情，即对概念和我愿称之为系统的东西的热情。”②

正是在1953年前后，福柯的思想发生了重大转折。

1952年到1954年，福柯在里尔大学哲学系担任助理讲师，教授心理学。教学任务不重，对于福柯来说更是如此，因为他刚刚在巴黎学到各种最新理论，并且还有实践经验。他的教学获得好评。后来文学院院长在他离开时的推荐书上写道：“一个年轻的生气勃勃的助教。在组织科学心理学教学方面很有天赋。的确应该晋升。”

里尔是法国北部诺尔省省会，位于巴黎东北二百多公里处，靠近比利时，人口不多，棉麻纺织业比较发达，但在战争期间受到很大破坏。福柯在此结识了一些谈得来的同事，基本上相安无事。但是他毫无久留之意。

---

① ［美］大·盖洛威：《荒诞的艺术，荒诞的人，荒诞的主人公》，见袁可嘉等编选：《现代主义文学研究》（下），642页。

② 转引自［比］J.M.布洛克曼著，李幼蒸译：《结构主义》，12～13页，北京，商务印书馆，1980。

他把里尔大学的教职当做一个暂时的过渡手段。他住在旅馆里，每星期只待两三天，集中上课，然后就回到巴黎。他的弟弟德尼此时在巴黎学医，父母在经济上给予大力支持，让兄弟俩租住一套有两个卧室的公寓。

福柯这种飞来飞去的教授在法国不是个别的，后来法文中出现一个专门术语："涡轮教授"（turbo-prof）。几个世纪以来，法国不仅政治权力集中于巴黎，而且文化资源和学术权力也集中于巴黎。这里能提供法国其他城市所不能提供的研究和出版的便利条件以及随之而来的显赫名声。因此，学术界人士不愿离开巴黎。这种情况一直延续到1968年高等教育改革后才稍有改变。

福柯为了准备博士论文，需要利用巴黎的设施，尤其是国立图书馆。他几乎每天到国立图书馆。这变成了他的工作习惯。直至他去世，在三十年间，他只要人在巴黎，就风雨无阻地到国立图书馆以及其他图书馆去查阅各种图书和档案资料。

福柯经常回巴黎，也有工作原因。应阿尔杜塞的邀请，福柯在巴黎高师担任兼职教师，主要教授心理学，间或也教授哲学概论。心理学课安排在每星期一的晚上。福柯在这里的教学也很受欢迎。一般巴黎高师的课堂上只有五六个学生，但是选听福柯的心理学课程的学生有二十人左右，其中包括韦纳（Veyne）、帕斯隆（Passeron）、平盖（Pinguet）、布尔迪厄（Bourdieu）以及十分年轻的德里达（Jacques Derrida）。他们后来都记得，福柯在心理学教学中介绍了格式塔理论、罗尔沙赫氏测验、学院心理学和心理分析学说。有人还记得，有一次，上完福柯的课，一个学生高呼："狐狸太棒了。"韦纳回忆说："他的课很有名。上课就像看演出。"德里达说："我和其他许多人一样被他的演讲才能所打动。他的雄辩、严正和才华都令人难以忘怀。"福柯也带领学生到圣安娜医院去观看医生对病人的检查和治疗。这也给学生留下了深刻印象。

据福柯的巴黎高师学生回忆，在私下交往时，福柯显得既睿智又敏感，他的幽默和大笑都是防御性的，他的微笑则和蔼可亲，而且充满自信。

福柯为了提高自己的教学质量，坚持到圣安娜医院参加拉康组织的研讨班，把新的学术信息带回到巴黎高师的课堂上。

福柯对巴黎恋恋不舍，还有一个隐秘的私人原因。阿尔杜塞在辅导巴黎高师学生准备大学、中学教师资格会考时，通常尽量创造轻松的气氛。1951 年夏天，当福柯等几个学生通过笔试，准备口试时，阿尔杜塞带领他们参加了一个音乐节。福柯认识了年轻的作曲家彼埃尔·布列（Pierre Boulez）。布列后来被公认是“20 世纪法国前卫派音乐的最重要代表”。当时，布列和几个年轻的作曲家形成一个小圈子，致力于系列音乐和十二音音乐。1952 年，福柯回到巴黎后就加入了这个小圈子，经常和他们一起吃饭和出席音乐会。就音乐趣味而言，当时福柯还不太欣赏他们提倡的新音乐，他更喜欢巴赫。福柯同布列没有成为十分亲密的朋友。但是，通过布列，福柯结识了比他年轻两岁的作曲家让·巴拉盖（Jean Barraque）。巴拉盖当时在国家最高音乐学院学习，师从梅西安。福柯曾称赞他是“目前最杰出的一代作曲家之一”。两人一见如故，很快就如胶似漆，亲密无间，除了饮酒作乐和肉体关系外，他们还有共同的精神追求。他们都崇拜贝多芬，后来都迷恋上海德格尔和尼采。在文学方面，他们都喜爱卡夫卡、陀思妥耶夫斯基的作品。在戏剧方面，他们都喜欢荒诞派作家贝克特和热奈（Genet）的作品。热奈的剧本《高度监视》于 1949 年搬上舞台，其中描绘了三个身陷囹圄的同性恋者相互监视对方与第三者的交往。

福柯同巴拉盖的关系延续了两三年。尽管以后福柯很少提及巴拉盖，但是这段关系对于他的思想发展有很大的影响。巴拉盖于 1973 年去世。1983 年，福柯在一篇表面上是论述布列实际上是追忆巴拉盖的文章中说：“当时我们每天被耳提面命的是，应该重视意义、生活经验、肉体和原始体验、客观内容以及社会意义。这时，遇到布列和音乐，意味着发现一个观察 20 世纪的陌生角度，这个角度就是围绕着形式展开的长期斗争。这就是说，需要了解在俄国、德国、奥地利和中欧，通过音乐、绘画、建筑、哲学、语言学和神话学展开的形式结构研究是如何在旧的思维问题和被推翻的思维方式的表面上盘旋的。”①

这个时期，一名女性在福柯的生活和研究工作中也起了重要作用，

---

① Eribon, *Michel Foucault*, p. 67.

这就是贾克琳·维尔多（Jacqueline Verdeaux）。维尔多的父母同福柯母亲一家是老朋友。在法国遭到德国入侵时，维尔多的父母把维尔多和她的兄弟从巴黎送到福柯家避难。年轻的维尔多充当了福柯父亲的麻醉师。当德国人继续推进时，她离开普瓦捷，辗转到南方。战后，福柯到巴黎读书时，他的母亲曾请维尔多夫妇照顾福柯。福柯经常到维尔多家吃饭。

此时，维尔多的丈夫乔治·维尔多在拉康的指导下完成博士论文。夫妻二人在圣安娜医院建立了一个脑电图记录实验室。维尔多准备翻译瑞士精神病专家宾斯万格（Ludwig Binswanger）的著作《梦与存在》。宾斯万格与海德格尔熟识，并因此深受影响。他的著作里使用了许多哲学术语。维尔多便邀请福柯同她一起翻译这本书。维尔多每天下午或晚上到福柯的巴黎高师办公室讨论术语的译名。维尔多还曾带领福柯拜会了福柯崇敬的巴什拉，因为巴什拉对宾斯万格的著作很感兴趣。从此福柯同巴什拉建立了通信联系。在翻译过程中，维尔多和福柯几次到瑞士拜会宾斯万格。两人还到意大利旅游。福柯在出游期间称维尔多为“我的妻子”。据维尔多回忆，福柯酷爱绘画作品，但不喜欢大自然。

福柯对宾斯万格的著作非常喜欢。1953 年，翻译完成后，维尔多请福柯写一个译者导言。结果，出乎维尔多的意外。福柯在复活节前就写成两篇比正文还长的导言。福柯在导言中借题发挥，阐述了自己的现象学思考和对一些心理学、精神病学理论（包括弗洛伊德学说）的批判。维尔多和宾斯万格读后都很满意。

福柯同维尔多的合作，还有其他收获。1952 年福柯同维尔多夫妇第一次到瑞士拜访一个精神病学者时，正赶上当地的狂欢节。福柯目睹了一个终身难忘的场面：精神病院的病人、医生和护士先后戴上面具，从医院出发，列队游行到镇子里的大厅。人们没有身份的区别，彼此无法辨认。到晚上，人们把面具摘下，抛进火里，然后纵情歌舞。福柯事后对朋友说：“这不是疯人的狂欢节，而是死人的狂欢节。”他还作过这样的描述：“狂欢节这天，疯人——显然不是那些病情严重的疯人——经过梳妆打扮后进入小镇。他们是在狂欢，而居民们则站在远处十分紧张地观看。归根结底，这是极其可怕的。因为只有这一天他们可以全体出动，而这一天他们必须实实在在地装扮成疯人。"① 在福柯后来的著作中，尤其是《疯癫与文明》对愚人节的描绘中，可以看到这一记忆的痕迹。

福柯应维尔多之邀，经常到圣安娜医院协助他们工作，从而能够深入地观察病人。而且，他还能跟随维尔多到监狱做研究，可以随意接触所有的犯人。由于当时心理学家在精神病院没有正式的地位，也没有必须履行的职责，所以福柯的地位很特殊。他可以用许多时间自由地观察病人。他后来说："我很幸运，既不是医生，也不是病人。这使我能够用一种没有成见、比较中立、不受传统约束的眼光看待周围事物——使我注意到了监禁这个非常奇怪的现实。使我感到震惊的是，这种做法竟然被双方都当做绝对不容置疑的东西保存下来。……然而，我发现，它绝不是不容置疑的。它是漫长的历史形成的结果，只是在19世纪才形成的结果。"② 福柯还说："我感到自己同病人非常接近，与他们没有太大的区别。"这段经历促成他后来用"历史批判或结构分析的方式来写精神病学史"。另外，他也从实际经验中意识到精神病学和犯罪学之间的某种联系。

当然，福柯后来的著作曾使人产生误解，似乎他在这个时期对圣安娜医院有一种否定的印象。他对此作过解释：圣安娜医院并不可怕，它是巴黎最好的医院之一，比外省的医院好得多。

维尔多建议福柯用工作来治疗自己的阵发性抑郁症。在完成宾斯万格著作的翻译后，维尔多介绍福柯认识了一个独立出版商，签订了两个写作出版合同，计划写两本书：《死亡史》和《精神病学史》。当时福柯不太想写《精神病学史》，而提议写一部关于医生与疯人的关系、理性与非理性的"永恒争吵"的书。尽管合同规定的两本书福柯都没有写，但他后来承认，这次签约是促使他写作《疯癫与文明》的最初契机。

萨特在1948年结集出版的《境况种种》第一集中用较长的文字批评

---

① Macey, *The Lives of Michel Foucault*, p. 62.

② Foucault, *Politics*, *Philosophy*, *Culture*: *Interviews and Other Writings*, *1977–1984*, pp. 96–97；中译文参见程晓燕译：《论权力——一次未发表的与富科的谈话》，见《国外社会科学》编辑部编：《当代西方思潮》，67页，北京，社会科学文献出版社，1988。

了两个非学院派、非主流的学者及其思想。这两个人就是乔治·巴塔耶（Georges Bataille）和莫里斯·布朗肖（Maurice Blanchot）。但是探索中的年轻一代知识分子却从中受到相反的启迪。

福柯在巴黎高师教书时首先迷恋上布朗肖。他曾对韦纳（既是他的学生，也是他的同性恋伙伴）袒露自己的胸襟：他确信自己会有所作为，出人头地，但他不想当一名教师，而想做一个像布朗肖那样的作家。

在 20 世纪 50 年代，布朗肖是一个很神秘的评论家。他避免同公众直接接触。他从不允许刊登自己的照片，从不在公众场合发表讲演，也从不接受采访。据研究者所搜集的资料，布朗肖生于 1907 年，早年同列维纳斯（Emmanuel Levinas，立陶宛犹太人，移居法国，后成为法国著名现象学哲学家，德里达是他的学生）熟识，通过列维纳斯了解了海德格尔的思想。同海德格尔一样，布朗肖深受斯宾格勒的《西方的衰落》的影响。在 30 年代，他曾支持法国的法西斯政党“法兰西行动”。但是德国的入侵激发了他的爱国主义。他改变了政治立场，投入到抵抗运动中。历史上的污点或许就是他不愿抛头露面的原因。战后，他同海德格尔一样对人道主义的重建持一种消极态度。他阐述了海德格尔最关注的一系列神秘观念，如死亡、虚无、无名（nameless）、否思（unthought）等。

布朗肖对现代派文艺有很高的鉴赏能力。在 40 年代和 50 年代，他发表了一系列论文，评述诗人波德莱尔、兰波、马拉美、里尔克以及夏尔，小说家卡夫卡、贝克特、博尔赫斯以及罗伯-格里耶等。而且他是当时法国唯一正面评价萨德的评论家。布朗肖对现代哲学中的反现代性潮流也极力推崇。除了海德格尔外，他还赞扬尼采、雅斯贝尔斯以及法国尼采派先驱巴塔耶。

自 1953 年起，布朗肖在《法国小说评论》月刊上连续发表评论，阐释和推动了法国“新小说”运动。布朗肖讨论了像“文学是否可能存在”或“死亡的空间”这样一些问题。布朗肖认为：“现在世人崇尚的是目的、分寸、严肃、秩序，是科学、技术、国家，是价值的意义和可靠性，是真与善的理想。艺术则‘适得其反’：无目的、无分寸、轻浮、无知、邪恶、荒谬，这广大的领域都属于艺术。……它畅所欲言，它顽强生存，它标示出‘主体’的主权。”“内心的主权没有王国，它在神圣的孤寂中燃烧。正是内心的激情向体现万物精髓和运动的火焰敞开并完成了一切。"① 在布朗肖看来，真正动人的艺术作品不仅在于形式，而且更重要的是由于它们出自谵妄、梦幻和激情。他把不可控制的激情所焕发出的绚丽光彩视为同一种特殊智慧的沟通。他宣称，梦幻是一种"危险的召唤"、"他者的预兆"，是一种双重的自我。作家在揭示无意识和无思时，所发现的是他自身的一部分，更是他自己的真相，他独有的真理。在布朗肖的评论中，作家是无可逃脱地被死亡观念所纠缠。他们"迷恋一种处处冒险的考验，而在这种根本性的冒险中，虚无在悄然消失，死的权利成为抵押"。

福柯在几年的时间里不仅认真阅读每期的《法国小说评论》上的布朗肖评论，而且认真阅读他所评论的文学作品。究竟哪些文学作品对福柯的思想发展较为重要，对此众说不一。有人说，奥地利作家布洛赫（Broch）的小说《维吉尔之死》最重要。布洛赫曾在纳粹监狱里度过5个月。他根据自己的体验在小说中描绘了维吉尔临终前18个小时的状况。这是当时有关死亡体验的篇幅最长的文学作品。福柯曾向巴拉盖推荐这部小说，巴拉盖据此写了几部音乐作品。② 也有人认为，贝克特的小说《无名的人》、雅斯贝尔斯的《斯特林堡与凡·高》以及夏尔的诗作，对福柯影响更大。按照布朗肖的分析，《无名的人》消解了"我"和文本的作者。后来福柯也多次引用这部作品。《斯特林堡与凡·高》勾勒了疯癫史的轮廓："18世纪以前，歇斯底里同流行精神有一种特殊的亲和关系，至今在精神分裂同我们时代的精神之间还存在着这种亲和关系。"不难看出，福柯对疯癫史的研究同雅斯贝尔斯的观点一脉相承。夏尔最初是超现实主义诗人，第二次世界大战期间成为抵抗运动的领袖之一，后来形成独特的诗风。福柯喜爱夏尔的作品，甚至能够背诵一些篇章。福柯在给宾斯万格著作写的导言、《疯癫与文明》的前言及临终前出版的《性史》第二、三卷的扉页，都引用了夏尔的诗句。③

---

① ［法］布朗肖：《艺术的前途及问题》，见《当代西方艺术文化学》，334～335页，北京，北京大学出版社，1988。

② See Miller, *The Passion of Michel Foucault*, p. 85.

③ See Eribon, *Michel Foucault*, pp. 58-59.

继布朗肖之后，几乎是在同时，对福柯影响更大的是巴塔耶。

如今，巴塔耶在西方学术界已是名扬遐迩的思想怪杰，然而，直至20世纪50年代中期，他在许多人眼里不过是一名色情小说家。最早大力推崇巴塔耶的是布朗肖。

巴塔耶（1897—1962）早年学习中世纪文化和历史，同时也师从法国著名的人类学家莫斯。20年代初，他读了尼采的著作，受到震撼，彻底打破了对上帝的信仰。多年间，他以在国立图书馆整理档案为生，同时又是一个“波希米亚文人”，超现实主义艺术家和左翼激进知识分子中的活跃人物，写了大量的文学和学术著作。1946年他创办了理论杂志《批判》，并担任主编。《批判》是与萨特和梅罗-庞蒂主办的《现代》齐名而对峙的两大领导法国新潮思想的杂志。但《批判》的离轨色彩更为鲜明。巴塔耶的代表作可能要算是三卷本著作《被诅咒的份额》。全书分别从经济学、人类学和伦理学的角度分析了功利的矛盾性，即功利是服务于更高目的的手段，但功利的最终目的却是“毫无用处”。该书在他生前只出版了第一卷。

巴塔耶早在20年代就提出“异质成分”（the heterogeneous）概念，用于指一切抗拒资产阶级生活方式和常规生活方式的社会集团，包括离经叛道的艺术家，也包括被规范社会所排斥的各种边缘人，如社会贱民、妓女、流氓无产者、疯人、造反者、革命者等等。这个概念浓缩着他和其他超现实主义艺术家反叛功利、规范和克制的生活体验。

巴塔耶是尼采和萨德的思想传人。他把梦样谵妄、疯癫、爱欲冲动等等“内心体验”看成无视神圣的迷狂，是对人的无拘无束的狄俄尼索斯本质的揭示。

巴塔耶一度对法西斯主义有所同情。他认为，法西斯主义乃是异质因素与同质因素的混合，体现了内在天性对资本主义工具理性的反抗。后来他又曾亲近马克思主义，反对雇佣劳动所体现的同质化力量，鼓吹通过“激烈的流血革命”摧毁“同质社会”，解放人被异化的原始天性。

巴塔耶的思想在很长时间里被视为“无政府主义”和“淫秽”，因而遭到批评。然而正如哈贝马斯后来分析的，同海德格尔一样，巴塔耶“力图冲破现代性的牢狱，冲破在世界历史范围凯歌高奏的西方理性主义的封闭宇宙”，但是与海德格尔不同，“巴塔耶攻击的不是理性的认知理性化的基础或客观化科技的前提。他攻击的是伦理理性化的基础，正如马克斯·韦伯所指出的，这种伦理理性化使资本主义制度成为可能并使整个社会生活服从于异化劳动的律令和积累过程”①。

巴塔耶对福柯影响至深。福柯恭敬地称巴塔耶是自己的一个导师。令福柯最感兴趣的是巴塔耶关于“爱欲僭越”（erotic transgression）和反主体的思想。巴塔耶去世后，福柯在纪念论文中写道：“正是放纵发现了性与上帝之死系于同一体验。……从这个角度看，自萨德以后，同上帝相关的思想与同性相关的思想是用同一方式联系在一起的，但是当今在其他人那里从未有在巴塔耶那里的那种一贯和艰深。”“杀死上帝，是把生命从限制它的体验中解放出来，但是也使之回复到被这种无限存在（指上帝观念）所废除的界限。”“僭越是同界限相互依存的。”“僭越不包含任何否定，而是肯定有限的存在。”僭越的观念对于我们时代是至关重要的。福柯还写道：“我们在反对那些致力于维护哲学家的语法功能的统一的人时，或许可以举出巴塔耶的杰出工作：他对哲学主体的显赫性进行的无情抨击。他的体验和他的语言变成了一种考验，一种对用哲学语言表述的东西的精心刻画和肢解，一种深夜的星光，促成无声的言语诞生。”②

福柯后来还参加了《巴塔耶全集》的编纂。他在为第一卷撰写的导言中称赞巴塔耶“是我们时代最重要的作家之一”。

布朗肖和巴塔耶对于福柯思想的影响，最重要的在于，福柯正是通过他们特别是巴塔耶的思想洗礼而对尼采思想产生强烈共鸣。福柯自己说：“我是因为读了巴塔耶的作品才读尼采著作的，而我读巴塔耶的作品是因为我读了布朗肖的作品。”③

---

① Jurgen Habermas, *The Philosophical Discourse of Modernity*, Massachusetts: MIT Press, 1987, pp. 213–214.

② Foucault, *Language*, *Counter-Memory*, *Practice*, Ithaca: Cornell University Press, 1977, pp. 32–35, 42.

③ Foucault, *Politics*, *Philosophy*, *Culture*: *Interviews and Other Writings*, *1977–1984*, p. 24.

1953年8月，福柯同男友平盖（1931—1991，后在日本担任法语学院院长，研究日本文化中的自杀问题）开车到罗马度假。但是这一次福柯对意大利的旖旎风光和古典艺术都心不在焉。他随身带着一本德语和法语对照的尼采著作《不合时宜的思考》。在半个月的时间里，福柯完全沉浸在这本书中。福柯的着迷程度令平盖惊讶。平盖回忆说，我们总是匆匆忙忙的，很少有时间读书，但是哪怕有半小时的喘息，不论是在契维塔韦基亚的海滩上沐浴阳光，还是在咖啡馆的阳台小憩，我总是看到他打开那本书，接着往下读。

当然，在此之前，福柯在巴黎高师当学生时肯定读过不少尼采的著作，但是这一次福柯感受到强烈的"哲学震撼"。他后来回忆说："当时，尼采是一个启示。我是满怀激情地读他的书，并改变了我的生活。……我有一种不能自拔的感觉。由于读了尼采的著作，我完全变了一个人。"①"阅读尼采的作品是我的转折点。"②

按照尼采自己的解释，《不合时宜的思考》的主题是表达"我的未来……我的心路历程、我的生成"。而尼采的心路历程就是他的终生求索——"一个人是如何变成他这个样子的"（《看，这个人》的副标题）。尼采否定把自我视为某种给定的东西的观念。他指出，"我们的肉体不过是一种社会结构"，同样，关于自我的观念也是文化力和生理展布的变动产物。简言之，人是历史文化的产物。因此《不合时宜的思考》所提供的回答是："人必须解开的谜只能在存在中，在他是什么和不是什么的存在中，在不可改变的存在中加以解决。"

尼采鼓励人们不断求索。尼采指出："相信自己是时代的迟到者的想法总是令人沮丧，使人无所作为。有朝一日这种信念被大胆地颠覆，从而使这个迟到者被神化成以往一切事件的真正意义和目的。那将肯定是十分恐怖的，能够摧毁一切。"

福柯后来在一次访谈中谈到尼采的另一部著作《快乐的科学》。他

---

① Miller, *The Passion of Michel Foucault*, p. 67.

② Foucault, *Politics*, *Philosophy*, *Culture*: *Interviews and Other Writings*, *1977-1984*, p. 23.

说："我对尼采思想的实际历史发展没有太大兴趣，而更重视很久以前我第一次读尼采著作时感受到的那种挑战。当你经历了庄重悠久的大学传统——笛卡尔、康德、黑格尔、胡塞尔——的训练后，翻开《快乐的科学》，读了这些十分新奇、睿智、优雅的文字，你就会说，我再也不去做我的同时代人、同事和教授正在做的事情，我不会打消这种想法。哲学思考的最大极限是什么，在这些文字里所能发现的流行哲学效应是什么，对于我来说，这就是尼采的挑战。"① 有的研究者甚至认为，《快乐的科学》的一段论述实际上预示了福柯的学术方向："迄今为止，所有那些曾为存在添加许多色彩的东西都缺乏一部历史：我们到哪里能够找到一部有关爱的历史、贪婪的历史、嫉妒的历史、良知的历史、尊崇传统的历史以及残忍的历史呢？甚至迄今完全没有一部关于法律、至少是关于惩罚的比较历史。"②

尼采对福柯的影响是全面的，但是，探究和打破主流文化或现代性对人的塑造，寻求人的生成（becoming）而不是人的本在（being），这一尼采式求索就是福柯受到的核心启示，而且从此变成福柯的求索。福柯在《疯癫与文明》的法文版前言中就声称自己是"处于伟大的尼采式求索的阳光之下"。

福柯在政治上也作出抉择。他在巴黎高师成为一小伙学生的核心。这些学生都是共产党员，他们比福柯年轻三四岁，但都对福柯有些敬仰。只要福柯在巴黎高师，他们就经常聚到福柯的办公室高谈阔论。这个小圈子的人在思想上不太墨守法国共产党的方针，其他比较正统的党员学生称他们为"民间小组"。

福柯对于参加党的组织活动和政治活动一直不积极。人们对此有各种不同的解释。拉迪里说，大家谅解福柯，是因为福柯正忙于精神病学研

---

① Foucault, *Politics*, *Philosophy*, *Culture*: *Interviews and Other Writings*, *1977–1984*, p. 33.

② 中译文参见［德］尼采著，余鸿荣译：《快乐的科学》，36页，北京，中国和平出版社，1986。

究。也有人说，因为福柯当时承担了一些教学工作。但是，福柯自己后来的解释是，他很快就发现，共产党不是他所寻求的“他者”。他忍受不了党内的盲从——“必须支持根本不可信的事情”。他认为，这是“自我的消解”①。对于他来说，尤其不能接受的是法国共产党在道德观念上的态度：“我从来没有同共产党融为一体，因为我是同性恋者，而这个组织支持最传统的资产阶级生活的所有价值。”②

1953 年，苏联的“医生阴谋案”最终打破了福柯对法国共产党的信念。1 月，苏联《真理报》宣布九名医生因谋害日丹诺夫和其他苏联共产党领袖而被捕。报纸上大张旗鼓地宣传，声称背后有犹太人国际组织的阴谋。法国共产党也亦步亦趋，随声附和。党的领导人在巴黎高师支部会议上也大讲这个阴谋。作为一个党员，福柯极力使自己信以为真。但是，斯大林去世不久，苏联立刻为此案平反。这是苏联平反的第一个冤假错案。巴黎高师支部要求法国共产党领导对此事作出解释，但毫无下文。另外，福柯一生反对任何形式的反犹主义，对其中的反犹主义宣传格外不满。

法国共产党在文化艺术方面的方针也同福柯的美学趣味发生冲突。福柯对前卫派作品情有独钟，但法国共产党坚持苏联共产党的“社会主义现实主义”，批判前卫派。毕加索应法国共产党《人道报》之邀为悼念斯大林而画了一幅斯大林像。他把斯大林画成一个普通人。在福柯参加的最后一次党员会议上，党的领导人讲话的主题之一是批判这幅画像。福柯当时就怒不可遏，浑身发抖，几乎退场。

于是，他没有更换党证，默默退出法国共产党。从此，福柯一直怀着不信任的目光看待法国共产党和苏联。

但是，福柯同阿尔杜塞依然保持着密切的友谊。福柯说：“当我退出共产党时，他并没有把我视为异己。他不希望断绝同我的关系。”后来，双方对彼此的学术成就都表示一定的敬意。当福柯的《疯癫与文明》和《临床医学的诞生》于 1961 年和 1963 年问世时，阿尔杜塞都写信表示热烈祝贺，分别称之为“开创性著作”和“思想解放之作”。在《读解

---

① Eribon, *Michel Foucault*, p. 56.

② Macey, *The Lives of Michel Foucault*, p. 40.

〈资本论〉》中，阿尔杜塞也多次援引福柯的这两部著作为例。但是，当福柯在《词与物》中以嘲讽的口吻攻击马克思主义时，阿尔杜塞不能无动于衷。他在《读解〈资本论〉》英文版中附上一封致译者的信，谈到福柯时说："他曾经是我的学生，我的著述中的某些东西也传给了他，包括我的某些表述。但是，在他的笔下，在他的思想中，他把从我那里借鉴的表述赋予的意义，变成与我的意思完全不同的东西。"① 尽管如此，他们的私人友谊仍然维持不变。

1954 年，福柯的两部早期作品问世。一部是他与维尔多合译的《梦与存在》，里面有他写的长篇导言。另一部是《精神疾病与人格》。后者是福柯问世的第一部专著，是法国大学出版社的《哲学启蒙丛书》中的一种。这套丛书的编委会成员有巴什拉、利科（Paul Ricoeur）等著名哲学家。撰稿人也多是有声望的学者。福柯有幸名列其中。

《精神疾病与人格》是一部心理学的简史。这部 110 页的著作概述了克雷佩林（1856—1926，德国精神病学家）和布洛伊勒（1857—1939，瑞士心理学家）的有机心理学理论，弗洛伊德的心理分析学说，宾斯万格的存在主义心理分析学说以及巴甫洛夫条件反射心理学。这部著作在方法论上是海德格尔存在主义人类学和马克思主义的混杂，带有精神病学文化学派的色彩，把精神疾病归因于充满矛盾的资本主义社会。该书结尾以乐观的语调寄希望于一种马克思主义的"人的科学"：这种科学将以消除社会异化来减轻精神疾病。

这部著作与《梦与存在》的导言一样，显示了福柯的广博学识和对最新学术思想的把握与理解。但是，福柯还不能提出独特而系统的个人见解。尽管编委会有人推荐这部"十分出色"的作品，但评论界反响冷淡。当时唯一的一篇书评只是称赞它"文笔不错"。

这部著作同《梦与存在》的导言一样，都是在 1953 年，即在福柯"变了一个人"和开始"伟大的尼采式求索"之前写成的。福柯自己后来

---

① Louis Althusser and Etienne Balibar, *Reading Capital*, London: Verso Editions, pp. 323-324.

也“悔其少作”，视之为不成熟的作品。在临终前出版的《性史》第二卷的前言中他对《精神疾病与人格》作了明确的检讨：“研究各种体验形式……及其历史，这是与我最初的一部著作同时产生的。在那部著作中，我在精神病学领域和‘精神疾病’领域使用了存在分析方法。由于两个彼此相关的原因，我对那部著作很不满意：它对体验概念的理论阐述很薄弱，它对精神病学实践的态度含混不清——既忽视后者，又把后者视为理所当然的。”① 该书于1962年再版，但最后一节完全改写。1966年再次印刷。以后福柯就不愿再刊行，而且反对出英文版。在他其他著作的扉页上福柯也把《疯癫与文明》列为他的第一部著作。

① 转引自Foucault，*Mental Illness and Psychology*，p. xii。

第四章　浪迹国外

从 1955 年到 1960 年，福柯没有发表任何东西。一方面，他浪迹国外；另一方面，他也在悉心为自己的学术前程作准备。

在此期间，法国思想文化界发生了很大变化。1956 年赫鲁晓夫发表“秘密报告”和匈牙利事件发生后，法国知识分子中对马克思主义、尤其是苏联式社会主义的热情急剧减退，对“教条的马克思主义”、尤其是斯大林主义深恶痛绝。萨特同苏联和法国共产党断绝了来往。梅罗-庞蒂早在头一年就批判萨特的“超布尔什维克主义”而与法国共产党和萨特分手。有些人把社会主义的理想转移到第三世界，如中国、古巴和非洲。1958 年，戴高乐上台，加剧了知识分子的非政治化。巴黎大学（索邦）的共产党支部也因批判中央的路线而被解散。“结果，出现脱离政治、转向学术研究的普遍趋势。……诸如认识论、文化人类学、精神分析、语言学以及一般的人文科学，这些表面上摆脱了过分的意识形态色彩的、更‘新奇’、更‘科学’的学科开始受到青睐。阿尔杜塞指出：‘教条主义的终结导致了真正的研究自由。’50 年代末，知识分子厌倦和解脱了无休无止、愈益贫瘠的人道主义和政治空谈，开始越来越关注‘物’和‘系统’，而不是‘人’和‘主体’问题。他们也抛弃了宏观的历史连续性和进步，而转向‘反历史’研究，如文化人类学。”① 正是在文化人类学中首先涌现出取代存在主义的新思潮。1955 年和 1958 年先后问世的列维-斯特劳斯的《悲伤的热带》和《结构人类学》，揭橥了结构主义的大旗。

---

① Clare O'Farrell, *Foucault: Historian or Philosopher?* London: MacMillan Press, 1989, pp. 5-6. 另参见［美］库兹韦尔著，尹大贻译：《结构主义时代：从莱维-斯特劳斯到福科》，导言，上海，上海译文出版社，1988。

福柯没有游离于法国的这一思想变迁之外。他声称深受列维-斯特劳斯的启示。① 他的思想发展既属于新思潮运动的一部分，但是又完全忠于自己的发展轨迹，显现出自己的特色。

1955年8月，福柯离开巴黎，应聘到瑞典的乌普萨拉大学任教。这一变动纯属偶然。乌普萨拉大学需要补充一名法语教师，请法国的印欧宗教与神话学专家迪梅齐尔（Georges Dumezil）推荐。迪梅齐尔从未见过福柯，听了一位偶尔见过福柯一面的朋友的介绍，便写信推荐了福柯。

福柯离开巴黎，不仅仅是为了谋得一个教职，因为到国外教法语并不是一种专业性很强的工作。福柯后来自述："在40年代末和50年代初，法国是一个旧式传统社会，瑞典是一个新式自由社会。"他具体解释说："我生活得很痛苦，对于法国社会和文化的许多方面感到难以忍受。这就是我1955年离开法国的原因。……另外，当我离开法国时，个人生活自由在法国受到极大的限制。而当时瑞典被认为是自由得多的国家。"② 这里所说的"个人生活自由"似乎可以解释为同性恋的自由。看来，福柯是把瑞典当做逃避痛苦、寻求自由（性解放?）的天堂了。

但是，福柯到乌普萨拉后，立即感到失望。瑞典远不是他所想象的那样自由。他后来说："我在那里的体会是，如果说有某些自由，那不是自由的结果，而是一个直截了当的限制社会实行许多限制的结果。"③ 瑞典显现的是"我们在50年或100年以后的情况：所有的人都富足、快乐，但是都经过消毒处理"。瑞典社会是"过分卫生化"的，任何"对社会的威胁都能被微妙精巧的机制以某种方式消除"④。

乌普萨拉的气氛更是压抑。尽管乌普萨拉大学是北欧的名牌大学，但是乌普萨拉城很小，在20世纪50年代仅有七万居民，外加六七千学生。

---

① See Foucault, *Death and the Labyrinth*, p. 174.

②③ Foucault, *Politics, Philosophy, Culture: Interviews and Other Writings, 1977–1984*, p. 5.

④ Macey, *The Lives of Michel Foucault*, p. 73.

这里是瑞典的宗教中心，是路德派信义会瑞典大主教驻地。1435 年建成的哥特式大教堂俯瞰全城，是宗教权威和规范笼罩社会的一个象征。因此，福柯到乌普萨拉不久给巴拉盖写信抱怨：“乌普萨拉的生活与大学生活一样令人痛苦。”

福柯感到最不舒服的是气候。他对北欧的冬季很不适应。不仅严寒使他这样来自南方的人叫苦连天，而且从下午两三点钟就开始的漫长冬夜更使所有的人精神抑郁。他一来就被告知，每逢冬季，学生人数骤减，自杀事件接连发生。“瑞典的长夜”给他留下难忘的印象。

尽管福柯怨声不断，但他还是在乌普萨拉大学教了三年书。实际上他享受着作为一个外国人的“特权”：不必入乡随俗，谨言慎行。他后来也说：“我们往往有在外国比在本国自由得多的体验。作为外国人，我们可以无视所有那些不是法律规定的而是普遍行为方式所隐含的义务。另外，仅仅改变自己的义务，也会感到一种自由。”① 因此，福柯在乌普萨拉过着比在巴黎更轻松愉快的生活。他很快就同几个大学同事结成一个交往甚密的圈子。尽管当时瑞典社会舆论对待同性恋并不比法国的更宽松，但是福柯在这里找到几个同性恋伙伴。据与福柯住在一起的同事回忆，在此期间，福柯也同几个女友交往。尽管福柯的教职是最低的，但是他手头阔绰——他的父母仍在提供资助。他喜爱美酒佳肴，常到餐馆尽享口福。他还购买了一辆豪华轿车，带着朋友兜风，令当地崇尚节俭的居民和大学同事瞠目结舌。

福柯对工作一贯十分认真。在乌普萨拉大学，除了教初级法语外，他还教授法国文学与戏剧，开设有关法国戏剧的公开讲座。

福柯在接受乌普萨拉大学教职的同时，还被任命为法国外交部文化交流处在乌普萨拉设立的“法国之家”的主任。为了办好“法国之家”，扩大影响，福柯曾向法国大使馆提交了一份很长的建议书。他在“法国之家”举办了一系列的文化活动。放映法国电影时，他即兴解说；组织当

① Foucault, *Politics*, *Philosophy*, *Culture*: *Interviews and Other Writings*, *1977-1984*, p. 5.

福柯在乌普萨拉的“法国之家”（1957 年）

地学生用法语表演法国戏剧时，他做导演。他还带着戏剧小组到斯德哥尔摩和松兹瓦尔巡回演出。法国大使馆还委托福柯接待应邀到乌普萨拉访问和演讲的法国名人。他先后接待了自己的老师哲学家伊波利特、著名女作家杜拉斯（Marguerite Duras）、著名作家西蒙（Claude Simon）以及政治家弗兰斯（Pierre Mendes France）。1957 年，加缪获诺贝尔文学奖后，也到乌普萨拉作访问演讲。当时气氛比较紧张，因为加缪在斯德哥尔摩演讲时，曾有阿尔及利亚人对他在法国殖民主义问题上的缄默态度提出质问。福柯在乌普萨拉不动声色地作了安排，使加缪的演讲一帆风顺。福柯的工作得到法国官员的肯定。在总巡视员给外交部的一份报告中有下述赞语；“情况表明，（福柯）以极大的热忱完成繁重的任务。我的印象是，福柯工作极其努力，甚至废寝忘食。”文化参赞担心福柯会被累垮：“福柯是法国文化在国外的极其优秀的代表。……如果他因厌倦北欧的气候而辞职，不知有谁能接替他。福柯是少数能够放心委以国外重任者之一。”

1955 年年底，福柯返回巴黎度圣诞节时，经人介绍结识了后来的结构主义大师之一罗兰·巴尔特（Roland Barther）。巴尔特因早年患肺结核而长期休养，未能参加大学、中学教师资格会考，没有得到常规的学术资格。此时，他是一个自由撰稿人，另外兼任《大众戏剧》的编辑。他当时仅有一部引人瞩目的文集《写作的零度》（1953年）问世。但是，在这部论著中，巴尔特已经开始表露了不同于萨特存在主义文学观的新见解。他认为，文学应被看做写作的一种功能，而不是风格的表达（即作者个人特点的表现）。尽管他承认文学的目的之一是社会政治用途——这与萨特一致，但是他强调文学的首要特征是形式。福柯与巴尔特在思想上有某些共鸣，而且都是同性恋者。福柯每次返回巴黎时，两人交往密切，要么在拉丁区的餐馆吃饭，要么就去圣日耳曼大道的夜总会。福柯还两次邀请巴尔特到乌普萨拉访问和演讲。两人还几次到北非度假。但是，两人的个性都很强，在某些问题上持不同的态度，因此两人的关系也很微妙，有时争吵激烈。例如，当时巴尔特仍然有些亲近马克思主义，而福柯则相反。再有，福柯对朋友和弟弟不掩饰自己的同性恋倾向，他的母亲可能也知道，而巴尔特则竭力保密。

福柯的推荐人迪梅齐尔早在20世纪30年代就曾在乌普萨拉任教。第二次世界大战后，他每年到乌普萨拉大学教两三个月的书。1956年春天，福柯在校园里第一次见到仰慕已久的迪梅齐尔。两人一见如故，成为忘年之交。迪梅齐尔后来同伊波利特一样，也成为福柯学术地位的支持者。这种友谊维持了近三十年之久，直至福柯去世。

迪梅齐尔作为学术界前辈，对福柯的学术发展前途十分关心。正是在他的不断鼓励下，福柯开始并坚持完成《疯癫与文明》的写作。在《疯癫与文明》的法文版序言中，福柯写道："在此感谢对我在从事这项寂寞的工作时给予帮助的所有人士，尤其感谢迪梅齐尔。如果没有他，这项工作就不会进行。"

迪梅齐尔的学术思想也使福柯慑服，从而修正了福柯前一阶段对纯人文的反理性主义的迷恋。迪梅齐尔生于1898年，1948年被选为法兰西学院教授，退休后于1978年成为法国科学院院士。他对印欧神祇的比较研究之作被公认为结构主义形成期的代表作之一。他的著作严谨细密，他的知识兴趣广泛，他对档案资料十分重视。这些都成为福柯的榜样。福柯后来自述："在很长时间里，我陷入一种矛盾，一方面是对巴塔耶和布朗肖的迷恋，另一方面是对诸如迪梅齐尔和列维-斯特劳斯等人的实证研究的兴趣。"①

迪梅齐尔对福柯的影响和帮助是直接的和多方面的。无怪乎福柯多次公开表示对迪梅齐尔的感激之情。1970 年，福柯在法兰西学院的就职演讲中说："我从迪梅齐尔那里获益匪浅，因为在我把写作当成一种娱乐的年龄，是他督促我工作。我从他的著作中更是获益良多。他的著作至今仍支配着我们。……是他教我用完全不同于传统的注释或语言形式主义的方式来分析一种话语的内部结构。是他教我用比较方法来考察不同话语之间的功能联系系统。是他教我如何描述一种话语的转变及其与一种制度的关系。"②

福柯在乌普萨拉的大部分时间都用于撰写博士论文，即后来闻名于世的《疯癫与文明》。他当时在一封信中阐释自己的想法："我的计划不是写一部精神病科学的发展史，而是写一部精神病科学发展的社会、道德与意象背景的历史。因为在我看来，直至 19 世纪，甚至今天，从来没有关于疯癫的客观知识，而只有关于某种（道德的、社会的等等）非理性体验的科学类比阐述。"③

福柯申请到一笔科研基金。更幸运的是，乌普萨拉大学有一个出色的图书馆。迪梅齐尔在征询福柯是否愿意到乌普萨拉大学任教的第一封信中，曾介绍该校的图书馆。这个图书馆是瑞典的第二大图书馆，历史悠久，藏书丰富，以致《简明不列颠百科全书》中只有寥寥几句的"乌普萨拉"词条也要提到它。尤其是，该馆在 1955 年开放了一大批捐赠的资料。其中包括从 16 世纪到 20 世纪的各类书信、珍本书、手稿、医院和教养院档案等，多达两千余种。

福柯每天上午十点到下午三四点埋头于图书馆的资料里，晚上接着写

---

① Habermas, *The Philosophical Discourse of Modernity*, p. 238.

② Foucault, *The Archaeology of Knowledge*, p. 235.

③ Eribon, *Michel Foucault*, p. 84; Macey, *The lives of Michel Foucault*, p. 79.

作与整理。福柯使用的资料还包括他在巴黎国立图书馆、国家档案馆以及圣安娜医院收集的材料。迪梅齐尔对他的写作十分关心，经常询问进展情况和审读已完成的部分。福柯计划写成300页的专著。经过反复修改增删，到1957年年底，写出一半多（175页）的初稿。他一方面通过维尔多联系在巴黎出版，另一方面他试探在乌普萨拉大学争取博士学位。他把未完成的初稿交给乌普萨拉大学的思想与科学史教授林德罗思（Stim Lindroth）。林德罗思教授看后，印象不佳。其原因很复杂。福柯的初稿内容比较杂乱，文字又过于华丽。但更重要的是，他的思想突破了传统的学术规范，普遍保守的瑞典学术界不可能接受。

1958年夏，教学合同尚未到期，福柯递交了辞职书。博士学位计划受挫是一因素。另外，几个好友纷纷离开，也使他感到孤独。

法国同波兰商定在华沙大学建立一个法国文化中心。法国外交部法语教学处的处长恰好是迪梅齐尔的巴黎高师同学。经迪梅齐尔和法国在瑞典大使馆的推荐，福柯被任命为该中心主任和法语教师。1958年10月，福柯走马上任。凭着在瑞典的经验，福柯很快就把中心装备起来。此外，他在华沙大学教授法语课程，举办法国文化讲座。他还结识了一些波兰学者。

法国驻波兰大使对福柯的工作非常赏识。原来的文化参赞告假回国，大使就让福柯暂时非正式地代理文化参赞的工作。福柯因此有更多机会了解波兰。

福柯对波兰的主要印象是：一个“旧式传统社会”外加一个“共产党的压迫政权”①。造成这种印象，除了西方知识分子对东欧共产主义的成见外，恐怕还有福柯个人不愉快的经历。波兰是一个天主教占优势的国家。尽管法律没有限制同性恋，但社会舆论对同性恋极其反感。福柯旧习不改，依然寻欢作乐。他陪同法国教育部一位女官员到克拉科夫访问时，在旅馆里勾搭上一个波兰男青年。女官员撞见后，极为震惊。更糟糕的

① Foucault, *Politics, Philosophy, Culture: Interviews and Other Writings, 1977–1984*, p. 5.

是，1959 年，法国大使准备正式报请任命福柯做文化参赞，福柯也雄心勃勃，想在官场一试身手。就在这时，福柯为片刻风流而中了波兰情报机构的美男计。大使得知，作为保护措施，立即命令福柯 24 小时之内离开波兰。福柯的仕途从此基本断绝，他以后谈起来还不无遗憾。但是，我们却应为此而感到庆幸：法国少了一个候补外交官，但世界将会多一个思想家。

法国驻波兰大使馆给福柯的鉴定报告充满溢美之词，因此法国外交部根据福柯本人的意愿，派他到德国汉堡的法国文化中心工作，另外他还要在汉堡大学拉丁语系教授法语。

福柯轻车熟路，把汉堡的工作搞得有声有色。另外，他也不放弃声色犬马的消遣。

在汉堡期间，福柯完成了他的博士论文的写作。打印出来的正文有 943 页，另外还有 40 多页的注释和书目。他准备在巴黎大学申请博士论文答辩。他先请伊波利特看了论文，伊波利特同意做他的论文导师。当时，博士论文必须先刊印出来才能答辩。已经接替巴什拉担任巴黎大学哲学系主任的康吉兰应邀为福柯写出版推荐报告。康吉兰对论文大加赞赏，并作出相当中肯的评论："这部著作的重要性是十分显然的。福柯全面考察了从文艺复兴到今天，造型艺术、文学和哲学中所体现的疯癫对于现代人的意义。福柯有时条分缕析，有时又把主要线索混合起来。他的论文表明，它既是分析性的又是综合性的著作。因此，读起来并不总是很容易，但对善于思考的头脑则会开卷有益。""福柯实际上力图表明，疯癫是'社会空间'中的一个知觉对象，它是在历史过程中由许多方面建构成的，是由多种社会实践，而不是由一种集体感觉所捕捉到的，更重要的是，它能不简单地成为思辨理解的分析对象。""这部著作的独创性在于，它把被哲学家和精神病学史专家完全遗弃的材料——遗弃给对自己专业的历史或前史感兴趣的精神病专家的材料，重新放置在更高的哲学反思的层次上。"①

① Eribon, *Michel Foucault*, p. 105; Macey, *The Lives of Michel Foucault*, p. 105.

按照规定，福柯还必须提交一篇关于哲学问题的“补充论文”。福柯决定翻译康德的《实用人类学》，并写一篇导言。这篇导言后来没有发表，但是它也显示了福柯的思想进展。

在这篇导言中第一次出现了“文本考古学”的提法，而且第一次涉及“人文科学”的产生问题。在分析康德的作为“世界公民”的人的概念时，福柯是用当时的医学和法律文本，即构成人类学的“整个经验知识网络”来解释的。

尤其重要的是，在论文结尾处，福柯突然转向了尼采：“尼采的工作应该被视为最终对关于人的问题的了结。上帝之死实际上不是表现为双重谋杀吗？即在结束了这种绝对之物之时也杀死了人本身。因为有限之人是同无限之物不可分割的，人是后者的否定与昭示。……（康德的）‘人是什么？’这一问题的轨迹通过这种哲学领域最终获得一个回应并消解这一问题的答案：超人。”①

这段论述与福柯1966年问世的《词与物》最后一节极其相似。

“人的死亡”这一说法并不是福柯的独创。阿尔杜塞在1946年的一个未发表的手稿中有这样一段话：“我们都铭记着马尔罗说过的话：‘世纪末，老尼采曾宣告上帝之死。现在轮到我们问问我们自己关于我们自己的情况，问问我们自己，人是否从此已经死亡。’我是凭记忆引述的，可能不是原话。”马尔罗的这番话是在1946年联合国教科文组织成立大会上讲的。而且他早在20世纪20年代写的小说《西方的诱惑》中就表述过这一思想：“为了摧毁上帝和摧毁了上帝之后，欧洲人的思想摧毁了一切能够同人作对的东西。在完成了这一努力之后，它所发现的只有死亡。”从在巴黎高师读书时起，福柯就非常熟悉马尔罗的作品。可以想见，无论福柯是从阿尔杜塞那里间接地听到，还是从马尔罗的著作中直接看到这一说法，他肯定受到强烈的震撼，产生了强烈的共鸣。② 但是，与阿尔杜塞一样，福柯赋予这一说法的含义不同于马尔罗。马尔罗仍然站在传统人道主义的立场上，忧虑西方文明面临的虚无主义和野蛮态度的威胁。而福柯则

① Miller, *The Passion of Michel Foucault*, p. 89.

② See Macey, *The Lives of Michel Foucault*, p. 90.

站在批判西方传统主流思想的立场上，宣告以西方“逻各斯中心主义”为依托和保障的抽象的人的观念的死亡。经过几年的“尼采式求索”，福柯终于选定这一说法作为自己的主题和时代的主题。他的确抓住了时代的一个主题。他也有能力来阐发这一主题了。

第五章　理性的疯狂

1960年9月，福柯返回巴黎。由于康吉兰对福柯论文的高度评价以及伊波利特的推荐，福柯被克列蒙-费朗大学聘为讲授心理学的哲学讲师。当时，对福柯的专长究竟是心理学还是科学史，曾有过疑惑。经有关部门确定，福柯属于哲学学者。这是人们第一次认真地考虑福柯的学科归属问题，但不是最后一次，尤其对福柯思想的研究者。现代科学的细密分工所遇到的疑难，在福柯身上也体现出来了。

1960年，法国思想文化界又开始活跃起来。年初，加缪因车祸丧生，存在主义运动折了一员大将。但萨特《辩证理性批判》的问世，又造成存在主义思潮的一个高峰。当年9月，一群知识分子和艺术家发表《121人宣言》，支持年轻人拒绝参军到阿尔及利亚打仗。各种报刊都噤若寒蝉，不敢刊登。这种由左拉的《我控诉》开创的法国知识分子斗争方式的复兴，是思想文化界在政治舞台上重新活跃起来的一个标志。

这一年，国民议会通过法案，打击卖淫、酗酒和同性恋。当然，该法案基本上是一纸空文，但是也反映出社会对同性恋的普遍态度。

福柯正忙于自己的事情，顾不上关注外界的变化。他的父亲于1959年去世。他继承了一笔遗产，因此在巴黎最现代的街区购买了一套住宅。母亲安娜有时来巴黎同他一起居住。

一个来自勃艮第的年轻人进入了福柯的朋友圈子，这就是丹尼尔·德菲尔。德菲尔报考巴黎高师失败，考进圣克卢德师范学院。他很早就是一名同性恋者。他的里昂中学老师是巴黎高师毕业生，介绍福柯辅导他准备学位考试和大学、中学教师资格会考。福柯当时对政治有些厌倦，而德菲尔在政治上十分激进，积极参加反对阿尔及利亚战争的运动。由于两人的关系日益亲密，德菲尔的政治态度也逐渐传染给了福柯。

福柯同罗兰·巴尔特的关系仍然很密切。两人经常同一些朋友一起吃饭。巴尔特此时在学术界开始走红运。1957 年，他的论文集《神话学》出版。1960 年，他被高级研究实验学院（Ecole Pratique des Hautes Etudes）聘任，这是一个举办讲座和研究班的学术性机构。巴尔特的成功对福柯也是一个刺激。

福柯最关心的是使自己的论文（定名为《疯癫与非理智——古典时期的疯癫史》）得以出版。福柯首先考虑的是法国最著名的出版社“伽里玛尔出版社”，但遭到拒绝。当然，福柯不是第一个被伽里玛尔出版社看错眼的。普鲁斯特、纪德、列维-斯特劳斯的著作最初都曾有过这种遭遇。

福柯把书稿转到普隆（Plon）出版社，但也石沉大海。几个月后因福柯要求退稿，编辑才从一个抽屉里找到书稿，发现是一本历史著作，便请历史学家阿里耶（Philippe Aries）审阅。阿里耶说：“当我读这部稿子时，我受到强烈的震撼。”在他的坚持下，普隆出版社把福柯的《疯癫与非理智》纳入一套丛书，于 1961 年 5 月面世。

1961 年 5 月 20 日，在巴黎大学举行隆重的国家博士论文答辩会。首先答辩“补充论文”。评委是伊波利特和冈迪亚克（Maurice de Gandillac，巴黎大学中世纪和文艺复兴研究专家，德文学术翻译专家）。冈迪亚克认为，福柯的德文译文是准确的，但还可以仔细推敲。伊波利特认为，译者导言是一部专著的提纲，在精神上更多地体现了尼采的思想而不是康德的思想。

休息片刻之后，开始主论文的答辩。评委会由康吉兰、拉加什和主席古伊叶（Henri Gouhier，巴黎大学哲学史教授）组成。福柯首先对论文作了阐释。他解释说，他的初衷是写一部关于疯人的著作，而不是关于治疗疯人的医生的著作。但是，他发现，这是不可能的，因为疯癫的声音遭到压制，化为沉默。因此，必须收集有关理性同非理性之间不断争执的蛛丝马迹，使某种没有自我表达语言的东西得以表达。这就需要埋头于档案。从尘封的文献中可以发现，“疯癫不是一种自然现象，而是一种文明产物”（这种凝练的表述令人想起尼采的论述，福柯也可能是接受康吉兰在出版推荐报告中的概括)。在任何社会中,疯癫始终是“一种他者(other)行为”,“一种他者语言”。因此,“没有各种文化把这种现象说成疯癫并加以迫害的历史”就不会有疯癫的历史。福柯还解释说,根据这样一种思路,在进行研究时,他首先必须排除当代精神病学的各种概念,因为医学科学不过是“关于理性和疯癫之间关系的各种历史形态中的一种”,会对研究产生干扰。

评委对福柯的论文提出许多尖锐的问题。拉加什指出,福柯不可能完全摆脱当代的概念。康吉兰认为,辞藻过于华丽,有些地方离题太远。但是,他们的问题和批评大多是针对细节。福柯不免有些紧张,但是仍能镇定地为自己辩护。他旁征博引,口若悬河,措辞华丽,给评委和听众留下深刻的印象。最后的评议书对答辩作了总结:“三位主论文评委都承认这项工作的独创性。……答辩留下的印象是一种奇异的反差:一方面,每一位评委都承认候选人具有无可辩驳的才华;另一方面,答辩过程自始至终表现出许多保留意见。……总之,我们认为,主论文的确是创新之作,作者的人格、学术能力以及阐释才华,都证明他有从事高等教育的资格。因此,尽管有保留意见,但一致同意十分荣幸地授予这一学位。”①

不久,《疯癫与非理智》又获得了当年“国家科学研究中心”颁发给哲学学科的最高奖励——铜奖。福柯在克列蒙-费朗大学的身份也改为“教授”。这一年,福柯 35 岁。

《疯癫与非理智——古典时期的疯癫史》法文版有 670 页之多。1964 年,出版了福柯自己压缩的仅有 300 余页的节本,前言也作了删节。1965 年,节本的英译本问世,经福柯本人同意,改名为《疯癫与文明——理性时代的疯癫史》。后一名称更为醒目,也更为流行。另外,福柯还增添了一章,即第四章《激情与谵妄》。

福柯称疯癫史研究是“关于沉默的考古学”。福柯所谓的“考古学”(archeologie,archaeology),不是通常意义上的古代文明发掘与研究或时

---

① 关于福柯的国家博士论文答辩情况,见 Eribon, *Michel Foucault*, pp. 110-115。

间性研究，而是指一种更深入的研究或深层研究。① 它包含两个相互关联的意思。首先，福柯认为，历史学往往流于表面现象和通行文献，真正的历史研究应该探究历史上的深层知识结构。他最初把这种知识结构称为"网络"（reseaux，networks）或栅格（griller，grids），意思是，这些结构对于信息有选择地接受和排斥。后来他在《词与物》中给这种知识结构命名为"知识型"（episteme）："这种知识型完全不同于在科学著作、哲学学说、宗教阐释中的知识，但是它使得学说、信仰和习俗得以显现。"②为此，就必须深入挖掘，"聆听世界的低声絮语"③。其次，福柯强调研究"档案"（archives，archive）。他自己解释："我们必须获得某一时期的所有档案。从严格意义上讲，考古学就是研究这种档案的科学。"④

福柯在书中引用了大量的档案资料和历史文献以及许多文学作品，显示了他的博学多识和研究工作的艰苦。但是这部历史著作读起来并不枯燥乏味，而是使人感到极大的享受。原因在于，它是一部才华横溢、学术性与文学性交融的作品。一方面，哲学思考鞭辟入里，发人深省；分析论证机巧独特，令人耳目一新。另一方面，文字华丽，修辞讲究，意象鲜明。前言凝练优美，几乎字字珠玑。正文铺张扬厉，汪洋恣肆，语言深刻奥妙、双关多义而又形象生动，隐喻、象征俯拾皆是，历史画面栩栩如生，怪诞意象骇人听闻。有的博士论文评委认为，福柯的行文带有"阿尔托的文风"。

福柯本人为该书作了一个内容提要：

"在蛮荒状态下不可能发现疯癫。疯癫只能存在于社会之中。它不会存在于分离出它的感受形式之外，既排斥它又俘获它的反感形式之外。因此，我们可以说，从中世纪到文艺复兴，疯癫是作为一种美学现象或日常现象出现在社会领域中；17 世纪，由于禁闭，疯癫经历了一个沉默和被

---

① See Foucault, *Politics*, *Philosophy*, *Culture*: *Interviews and Othter Writings*, *1977－1984*, p. 31.

② Peter Burke, ed. , *Critical Essays on Michel Foucault*, pp. 3, 18.

③ 《疯癫与非理智》，法文版前言。

④ 转引自 Barry Cooper, *Michel Foucault*: *An Introduction to the Study of His Thought*, New York and Toronto: Edwin Mellen Press, 1981, pp. 34－35。

排斥的时期。它丧失了在莎士比亚和塞万提斯的时代曾经具有的展现和揭示的功能（例如，麦克白夫人变疯时开始说出真理）。它变得虚假可笑了。最后，20 世纪给疯癫套上颈圈，把它归为自然现象，系于这个世界的真理。这种实证主义的粗暴占有所导致的，一方面是精神病学向疯人显示的居高临下的博爱，另一方面是从奈瓦尔（Nerval）到阿尔托（Artaud）的诗作中所能发现的抗议激情。这种抗议是使疯癫体验恢复被禁闭所摧毁的深刻有力的启示意义的努力。"①

这一概括给读者提供了一个线索。它既概述了"疯癫"变成精神病的历程，又提示了历史的吊诡性质。

福柯在前言中表示，他的计划是，"在伟大的尼采式求索的精神下"进行一系列"文化边界"研究。除了这部疯癫史之外，他还准备研究"被绝对分离出来的梦幻"和"性禁忌的历史"。这是因为，"处于西方文化的各种极端体验的中心的，无疑是悲剧体验——尼采曾证明，作为西方世界的历史基础的悲剧结构不过是对悲剧及其沉寂后果的摈斥与遗忘"。但是以这种体验为中心，还有许多其他体验。它们每一种都触及我们文化的边界。"一种文化用画定边界而得以谴责处于边界之外的某种东西。"②正是这些边界或界限，标示出一种文化的性质。

福柯用理性与疯癫的关系作为疯癫史的分析线索。同现代精神病学的观点相反，福柯认为，疯癫不是一种自然疾病，而是一种知识建构、文化建构。"理性—疯癫关系构成了西方文化的一个独特维度。"③ 在古希腊，"张狂"的威胁在某种程度上促成了苏格拉底式理性者的"明智"。自中世纪以来，欧洲人与他们不加区别地称之为疯癫、痴呆或精神错乱的东西有某种关系。也许正是由于这种模糊不清的存在，西方的理性才达到一定的深度。但是在古典时期，疯癫与理性的交流发生了急剧的变化。到 18

---

① Macey, *The Lives of Michel Foucault*, pp. 114－115; Miller, *The Passion of Michel Foucault*, p. 98.

② 《疯癫与非理智》，法文版前言。

③ ［法］福柯著，刘北成、杨远婴据英译本译：《疯癫与文明》，台北，桂冠图书有限公司，1992。本章除特别注出者外，均引自此书，另不再注出页码。

世纪末，疯癫被确定为一种精神疾病，标志着对话的破裂。在现代安谧的精神病世界中，疯癫归于沉默，精神病学的理性独白成为关于疯癫的唯一语言。这种理性就是社会秩序、对肉体和道德的约束、群体的无形压力以及整齐划一的要求。因此福柯说："我的目的不是撰写精神病学语言的历史，而是论述那种沉默的考古学。"他要从疯癫体验的起点，即理性与非理性尚未分裂的时刻开始，考察疯癫体验的变化历程，重点是古典时期的剧变。

疯癫成为一种被现代医学和现代社会断然分离出来的他者现象，正反映了西方现代文化的性质和特点。前言一开始就引用了两段发聋振聩的警句点明西方文化的历史发展悖论："帕斯卡说：'人类必然会疯癫到这种地步，即不疯癫也只是另一种形式的疯癫。'陀思妥耶夫斯基说：'人们不能用禁闭自己的邻人来确认自己神志健全。'"福柯指出，正是由于"这另一种形式的疯癫"，人们把理性与疯癫断然分开；人们出于这种疯癫，用一种至高无上的理性所支配的"共谋"行动把自己的邻人禁闭起来。在福柯看来，理性对非理性的征服并不存在什么"胜利"，不过是"另一种形式的疯癫"。换言之，近代以来的疯癫历史其实是"理性压迫"、"理性疯狂"的历史。福柯认为撰写疯癫史只能是撰写"关于这另一种形式的疯癫的历史"。他最初曾想用《另一种形式的疯癫》（*L'Autre Tourde folie*）作为这部书的标题，但考虑到博士论文答辩，才改用后来的更学术化的标题。

福柯在法文版前言中明确指出，疯癫史是"一项关于俘获疯癫并使其万劫不复的历史整体——观念、制度、治安和司法措施、科学概念——的结构研究"①。他认为，在古典时期，有一种结构正在形成。正是这种结构导致了中世纪和人文主义的疯癫体验转变为我们今天的疯癫体验，即把疯癫完全归结为精神疾病。这个结构……是一个使历史陷入既得以成立又受谴责的地方。

从该书的结构看，近代疯癫历史大体上类似于三幕戏剧，按时序分成三部分。序幕是中世纪后期和文艺复兴时期。戏剧冲突的展开是在古典时

---

① 《疯癫与非理智》，法文版前言。

期（17—19世纪）。现代看到的是暴风骤雨洗刷过的世界。

但是，在考察近代疯癫的命运时，福柯发现，中世纪流行的麻风病的处境是它的原型，疯癫实际上接替了麻风病的角色。因此，他的叙述是从麻风病开始的。

在中世纪时，麻风病在西方基督教世界曾肆虐横行，猖獗一时。西方社会为对付麻风病建立了遍布欧洲的庞大的麻风病院网络。福柯特别注意到这种空间隔离同文化整合的关系。他指出，围绕着对麻风病人的隔离，有一整套社会排斥习俗。“这些习俗不是要扑灭这种疾病，而是要拒之于某种神圣的距离之外，把它固定在反面宣传之中。在麻风病院被闲置多年之后，有些东西无疑会比麻风病存留得更长久，而且还将延续存在。这就是附着于麻风病人形象上的价值观和意象，排斥麻风病人的意义，即排斥那种触目惊心的可怕形象的社会意义。”福柯揭示了这种排斥的巧妙机制：“这种形象必须首先划入一个神圣的圈子里，然后才能加以排斥。”麻风病人被视为“上帝的一个可靠证明，因为这是上帝愤怒和恩宠的一个表征”。“他们是罪恶的神圣证明。他们在自己受到的排斥中并通过这种排斥实现自己的拯救。”因此，社会排斥是社会整合与文化整合的一个必不可少的工具。

由此，不难理解，当麻风病消失之后，“两三个世纪之后，往往在同样的地方（指被废弃的麻风病院），人们将会使用惊人相似的排斥方法。贫苦流民、罪犯和‘精神错乱者’将承担起麻风病人的角色。我们将会看到他们和排斥他们的人，期待着从这种排斥中得到什么样的拯救。这种方式将带着全新的意义在完全不同的文化中延续下去。实际上，这种重大的严格区分方式既是一种社会排斥，又是一种精神重建”。

福柯承认，在中世纪，疯人就处于一种“边缘”（liminal）地位。欧洲大多数城市都有专门的疯人拘留所，如“疯人塔”。这种设施往往是在城关。福柯认为：“这种（边缘）地位既具有象征意义，又变得非常现实：要排斥他就必须把他圈起来。因为除了门津（threshold）之外没有其他适合他的监狱，所以他被扣留在那个渡口。他被置于里外之间。”

但是到文艺复兴时期，疯人突然成为世所关注的文化意象。当时出现了许多以舟船为题材的文艺作品。福柯认为，其中只有愚人船是真正存在过的：疯人被交给商人或水手带走，送到其他城市。另外，还有成船的疯人到圣地朝圣进香。愚人船不仅具有直接的驱逐功能，而且还体现了文化含义。疯人被交给水域。水域是城关的延续与发展，航行成为绝对的过渡。这是因为，疯人被囚在船上，无处逃遁。他被送交给千支百岔的江河或茫茫无际的大海，也就被送交给不可捉摸的命运。他将要去的地方是未知的，他如果下了船，人们也不知他来自何方。历史上，水域在西方人的想象和梦幻中具有神秘的性质。它既具有净化的功能，同时它又是“撒旦的诡计海洋”，是欲望与无理性、奇异知识与无知、忧郁与疯癫的神秘来源。

问题是，为什么在这个时候（15 世纪）突然出现了这种愚人船？福柯的解释是：“原因在于它是一种巨大不安的象征。这种不安是在中世纪末突然出现在欧洲文化的地平线上的。疯癫和疯人变成了重大现象。其意义暧昧纷杂：既是威胁又是嘲弄对象，既是尘世无理性的晕狂又是人们可怜的笑柄。”

福柯发现，在 15 世纪，在文艺作品中，疯癫主题取代了死亡主题。但他认为这不是一种质变，而仅仅是一种体验转向。在 15 世纪下半叶以前，死亡是唯一的主题。人的终结、时代的终结都带着瘟疫和战争的面具。这种万物都无法逃避的结局和秩序威胁着人类生存。生存的虚无是一种外部的威胁和结局。但是到该世纪末，这种威胁变成内心体验的永恒存在。人们发现人必然要化为乌有，而生活本身不过是徒劳无益、蝇营狗苟的争斗，于是便转而戏谑地思考生存本身就是虚无这一思想。人们提前解除了对死亡这一绝对界限的恐惧，把死亡变成一个笑柄，使它变成一种日常的平淡形式。疯癫就是已经到场的死亡，疯人的大笑无异于揭去面具的骷髅。于是对疯癫的嘲弄取代了死亡的肃穆。“过去，人们一直因疯癫而看不到死之将至，因此必须用死亡景象来恢复他们的理智。现在，理智就表现为时时处处谴责疯癫，教导人们懂得，他们不过是已死的人，如果说末日临近，那不过是程度问题，已经无所不在的疯癫同死亡本身别无二致。”

福柯在造型艺术和文学中精巧地分辨出两种疯癫形态。这两种形态的方向大相径庭，显示了西方疯癫体验在未来的重大分裂。一方面，造型艺术的创造者都是极世俗的观察者，他们被周围熙熙攘攘的疯癫所困扰。在博斯、勃鲁盖尔、丢勒等人的绘画中，疯癫是一种骚扰的、诱惑的、危险的意象，揭示着人类的狂野天性和世界的隐秘真谛。它是一种宇宙的形象，包藏着知识的奥秘。另一方面，人文主义者则是站在奥林匹斯山上以神祇的嘲笑目光来观察尘世的疯癫。在文学、哲学等领域中，疯癫是与人的各种弱点、梦幻和错觉相联系，表现出千姿百态，如自恋、愚蠢、贪婪、狂妄、放荡、傲慢、渎神等。"有多少人，就有多少疯态。"在伊拉斯谟的《愚人颂》中，理性同疯癫保持着一种安全的距离，展开对话，嘲讽着各种形式的疯癫。疯癫被包裹在话语的网络中，成为一种普通景观，一个时代的表述。这两种形态的差异，表明了一种裂痕的出现：一方面是深刻的悲剧性的疯癫体验，另一方面是被理性批判所驯服的日常疯癫体验。这两种疯癫体验将由此分道扬镳。后者将用批判意识来废止悲剧性的疯癫体验。福柯引用阿尔托的话："文艺复兴时期的人文主义不是人的扩大，而是人的萎缩。"

进入17世纪前后，戏剧中的疯癫意象显示了这两种疯癫体验的盛衰交替。福柯认为，莎士比亚和塞万提斯作品中的疯癫体验属于前一种。在莎士比亚和塞万提斯的作品中，疯癫依然占据着一个极端的、孤立无助的位置。没有任何东西能使它回归真理或理性。它只能导致痛苦乃至死亡。麦克白夫人、奥菲莉娅都死于疯癫。即便堂吉诃德临终时似乎已回归真理和理性，但这种对自己蠢行的突然觉悟难道不是"一种刚刚进入他脑际的新疯癫"吗？疯癫的消散只能意味着最后结局的来临。然而，生命的结束使生命摆脱了疯癫，但是疯癫仍将超越死亡而取得胜利。堂吉诃德一生疯癫，并因疯癫而流芳百世，而且疯癫还使死亡成为不朽。因此，福柯认为，莎士比亚和塞万提斯"这两人与其说是表现了自己时代正在发展的某种批判的和道德的关于非理性的体验，毋宁说是表现了15世纪出现的悲剧性疯癫体验。他们超越了时空而与一种即将逝去的意义建立了联系，那种意义只有在晦暗中才能延存"。

但是，继之而来的文学作品却发生了变化。在《聪明误》之类戏剧中，表面上，疯癫受到优遇，在叙事和戏剧结构里占据了中心位置。它构成情节纠纷和戏剧高潮而不是结局。但这种位置变化恰恰改变了疯癫体验的性质。疯癫变成最纯粹的错觉形式，而不是悲剧现实，也没有通向彼岸世界的绝对痛苦。喜剧式的结局是真理的显示和理性的复归。当巨大的悲剧性威胁成为记忆、理性能够居高临下地审视疯癫的时候，“疯人院”的题材出现了。疯人成为社会画面上司空见惯的身影，疯癫成为一种被骚扰多于骚扰的生活常态。至此，疯癫失去了昔日的狰狞与神秘，变成理性的随从和仪仗队。

福柯指出，文艺复兴虽然驯化了疯癫的暴烈性质，但仍允许疯癫自由地呼喊。疯癫仍参与对理性的评估和对真理的探索。但是到古典时期，情况急转直下。在古典时期，疯癫与理性之间的交流以一种激进的方式改变了时代的语言。这一变化的标志是 1657 年（法国）总医院建立和对穷人实行“大禁闭”。

禁闭（confinement）是 17 世纪创造的一种制度，就其功能而言，与中世纪的监禁（imprisonment）毫无关联。17 世纪，法国产生了大量的禁闭所。包括原来被废弃的麻风病院都成为囚禁穷人的地方。巴黎每一百人中至少有一个被囚禁。贫苦流民、罪犯和疯人都被不加区分地囚禁在一起。而且，在很短的时间里，禁闭所成为一种遍及欧洲的网络。问题是，导致这种现象的原因是什么？其社会文化意义是什么？另外，为什么 19 世纪的精神病学自吹“解救”了疯人，但依然把疯人禁闭在精神病院里？

1657 年，法国国王下令，把一系列的建筑设施和福利机构合并起来，建立“总医院”（Hospital General，又译为“总收容院”），由国王任命的总监管理，收容所有的穷人，“不论性别、年龄、籍贯、出身，不论其身体状况，不论健壮还是伤残，不论正在患病还是正在康复，不论能否医治”。这些机构向穷人提供基本的生活条件。乍一看，这是一项行政改革措施。但是，从一开始，这一机构就不是医疗机构，而是一个半司法机构，一个独立的行政机构。

福柯认为，从直接意义上看，这是王权同资产阶级合谋，排斥教会、建立君主制同资产阶级联合的秩序。王权借以扩大权力：总医院是国王在警察与法院之间、在法律的边缘上建立的一种奇特的权力机构，是第三种压迫秩序。资产阶级借以实行、贯彻他们的“公正观念与纯洁意图”的管理：总医院完全置于市政权力之下，总监是从“资产阶级最好的家庭”中挑选出来的。

从表面上看，禁闭穷人的动力来自经济和政治压力。17 世纪遍及西方的经济危机造成严重的经济衰退和贫困。禁闭因此而将治安的功能和强迫劳动的功能结合起来。按照古典时期的定义，所谓“治安”就是使所有那些没有工作就无以生存的人能够和必须工作的手段的总和。但是，如果单纯按禁闭所的实用价值来衡量，那么禁闭所的创立就应视为一种失败。因为禁闭所的劳动效率很低，而且会对在业人员构成一种竞争威胁，造成新的失业。因此，福柯认为，更重要的动力来自社会早已悄悄酝酿的社会情感：“这种情感在17 世纪下半叶突然开始表现出来，而且正是这种情感突然将这类注定在禁闭所占据一席之地的人孤立出来。为了让早已被麻风病人遗弃的空间有人居住，他们选定了一批在我们看来其构成奇特的人。然而，那种在今天看来完全是一种混淆不清的情感，对于古典时期的人来说则是一种清晰表达的感受。……那种使禁闭具有隔离作用、并为疯癫提供一个新的归宿的行动……在权威主义的强制形式内把对待贫困和救助责任的新情感、对待失业和游手好闲等经济问题的新态度、新的工作伦理以及对城市将道德义务纳入民法的憧憬组成一个复合体。”

正是这种经济和道德交融的劳动要求决定了在禁闭穷人的同时也把疯人包括进去。但也正是这种禁闭实践改变了人们对疯癫的体验。疯人在强制劳动中一再地表现出与众不同之处：没有劳动能力，跟不上集体生活的节奏。因此，在古典时期，疯癫所以成为“他者”，其原因不在于疯人属于非理性的他乡，不在于他们带有非理性的印记，而在于他们越出了资产阶级秩序的雷池，置身于其神圣的劳动伦理之外。

福柯发现，在古典时期的文化中，理性—疯癫关系、疯癫形态也发生了变化。

17 世纪和 18 世纪是欧洲的理性时代。非理性受到压制，非理性同疯癫的位置也发生了颠倒。在中世纪和文艺复兴时期，疯癫是后来各种非理性形态的总称；而在理性时代，非理性则成为原来被纳入疯癫的各种形态的总称。与此同时，被禁闭的贵族和知识分子被认为体现了这个时代的非理性体验，而疯人则被排斥在非理性世界之外。同样被置于禁闭世界，这些“无理智者”同疯人受到的待遇不同。在一般情况下，禁闭是出于避免和掩盖丑闻。因此，就有了臭名昭著的国王密札。要求禁闭甚至成为贵族家庭维护名誉的一种权利。涉及丑闻的案件也不予公开审理。相反，展示疯人的古老习俗却被发扬光大。医院和收容院收费展览疯人。然而，18世纪有组织地展览疯癫与文艺复兴时期自由地显示疯癫之间毫无共同之处。在文艺复兴时期，疯癫无所不在，通过它的表象或它的威胁与各种体验混合在一起。在古典时期，疯癫被隔着栅栏展示。凡是在它出现的地方，它都被隔开一定距离，受到某种理性的监督。这种理性不再认为自己与之有任何联系。疯癫不再是人自身包含的怪物，而是具有奇特功能的动物，是人类长期受其压制的兽性。因此，不难解释，为什么这个时期人们用惩治和残忍来驾驭疯癫。从进化的远景看，表现为疯癫的兽性总有一天会被视为疾病的症状乃至疾病的本质。但是在古典时期，疯人不是病人。对于古典理性主义来说，最彻底的疯癫不是“非理性”的人性和心理根源，而是人与自己兽性的直接关系，毫不涉及其他。从理性的观点看，疯癫只有相对于非理性才能被理解，或者说，它表面上似乎属于非理性，但实际上有别于非理性，它表明了人堕落到兽性极点的状态，同非理性的最极端形式沟通，从而揭示了潜在的非理性领域。

尽管疯癫被视为兽性的发泄，但是这种兽性不再像中世纪那样具有奇异的形象。谵妄话语是古典时期疯癫的基本存在形式。在古典时期，疯癫与其说是指精神或肉体的某种特殊变化，毋宁说是指在肉体的变化下面、在古怪的言谈举止下面存在着一种谵妄话语。谵妄话语具有两个层次：一方面它专注于荒谬的想象，同幻觉进行交流；另一方面它又是在严密的判断和推理中展开的，因此它在形式上十分符合理性的法则，但其所有表征都十分明显地宣告理性的缺席。

问题是，为什么疯癫以谵妄话语这种形式出现？福柯认为，根源在于古典时期的理性与疯癫的关系。以笛卡尔为代表的古典理性主义带有独断、绝对的性质。它排斥一切辩证关系和妥协，因此它既确立了知识的完璧无瑕的统一，又肯定了人类悲剧生存的不可协调的分裂。它统治着一个没有晨曦暮霭的世界。这个世界既没有热烈的喷发，也没有似水的柔情。

一切事物要么是清醒的，要么是梦幻的，不是真理就是蒙蔽，不是光明的存在就是黑暗的虚无。面对着这种理性的阳光，疯癫就不是理性的扭曲、丧失或错乱，而是理性的炫惑。就是说，疯人也看到阳光，但仅仅看到阳光。疯人直视阳光，结果是什么也看不见，只能看到虚空，看到黑夜。但是他们相信自己看到了什么，于是就把自己想象的幻觉和各种黑夜事物视为现实。

福柯考察了古典时期的精神病学、医学，但是他所关注的不是医学史的进化，而是当时的知识结构及其文化意义。他认为，17、18 世纪，医学理论经历了从性质力学的动物元气理论向动力学和化学的机体理论的转变。其结果，人们开始把疑病症和歇斯底里视为“神经方面”的疾病，把病因归结为“敏感性”（sensibility）概念。但是，这同时也就把“精神疾病”归结为某种道德失误。人之所以生病乃是因为感情过度，因为同周围的一切过于密切。人不再受自身的秘密性质所驱使，而成为世界表面的一切诱惑肉体和灵魂的事物的牺牲品。结果人变得更无辜也更罪孽深重。更无辜，是因为人被神经系统的全面烦躁推入不省人事的状态。更罪孽深重，是因为人的全部生活、包括自己得意洋洋酿造的感情和想象，都汇聚在神经质的烦躁之中。全部生活最终受到这种烦躁的审判。疯癫的各种现象都变成对道德罪恶的自然惩罚。

在“大禁闭”时期，医院的主要功能不是治疗病人，而是隔离或“改造”病人。但在医院之外，形成了一些治疗方法。从手段上看，这些方法或者是单纯的物理治疗，或者是物理治疗同心理治疗双管齐下。纯粹的心理治疗尚不存在。从治疗原理看，整个古典时期有两类并行不悖的治疗方法。一类认为疯癫在本质上是激情，即某种属于灵、肉两者的混合物。另一类认为疯癫是谬误，是谵妄。前一类并不是单纯的生理治疗，因为心灵和肉体都需要清洗。后一类也不是单纯的心理治疗，因为它们所考虑的主要是调节神经元气运动。但是，两者也有区别。前者是把疯癫视为自然本性和疾病，因此实行“性质转变”术。后者是把疯癫视为非理性，实行“话语治疗”术。这种区分的意义在 19 世纪以后才体现出来。属于疾病的将被归于机体范畴，而属于非理性的将被归于心理范畴。心理学才因此而诞生。但是，在心理学里，疯癫已脱离其非理性真理，仅仅是漂浮在自然本性上的一种现象。

福柯认为，从 18 世纪下半叶，情况就开始发生变化。疯人形象重新出现在文化中，如狄德罗所描绘的“拉摩的侄子”：“你知道，我既无知又疯狂，既傲慢又懒惰。”这种文学形象暗示，非理性的幽灵又在社会中开始游荡。当时人们产生了新的恐慌。禁闭所被看成某种邪恶疾病的发源地与扩散中心。道德污染和肉体污染的混合观念，使得非理性与医学交织在一起。另外，笼罩着禁闭所的恐怖也有一种不可抗拒的诱惑力。那个黑暗王国的夜晚充满着外界无法接触到的欢乐，那些憔悴萎靡的面孔背后是恣纵放荡。人们对那里有各种各样的传闻，从那里出来的人比以前更不知廉耻。由此可以看出，禁闭所除了隔离和净化的社会功能外，还有一个相反的文化功能。它们是一个沉默的记忆库。虽然它们是由古典主义秩序建立起来的，但是它们不顾这种秩序和时代，在阴暗处维持着被禁止的事物，从而使这些事物从 16 世纪传到 19 世纪。

18 世纪末出现的意象并不完全与 17 世纪力图消灭的意象一样。非理性被禁闭、被封住声音达一个世纪之久，当它重新出现时，它不再是关于这个世界的意象，也不再是一个形象，而是一种语言、一种欲望。正是在这个时候开始出现了一种大规模的文化现象：萨德病狂（sadism，性虐待狂）。这是西方想象力的一个重大转变：通过本能欲望的无限放纵，非理性转变为心灵的谵妄、欲望的疯狂以及爱与死的对话。绝非偶然的是，萨德病狂这个以人名命名的独特现象就诞生于禁闭之中。萨德全部作品的主调就是城堡、囚室、地窖、修道院和孤岛的意象。这些意象实际上组成了非理性的栖身之地。同样并非偶然的是，所有与萨德作品同时代的有关疯癫和恐怖的古怪文献也都先后出自禁闭的据点。

对疯癫的恐惧也与对非理性的恐惧同时增强。人们发现，随着医学的发展，随着人类的自我完善，人变得日益脆弱，精神疾病日益增多。但是，非理性的回归表现为大规模的重现，不受时间制约而自我继承。对疯癫的意识则带有某种现代分析，竭力在自然和历史的发展范围内加以更准确的确定。18 世纪末，一种新秩序即将来临。在这种新秩序中，将形成医生所说的 alienation（精神错乱）和哲学家所说的 alienation（异化）。自

19 世纪黑格尔之后，这两者就毫无相似之处了。

在一般精神病学史上，古典时期结束的标志是 1794 年皮内尔（Philippe Pinel）解除巴黎比塞特尔收容院疯人的镣铐。19 世纪初，精神病学家和历史学家都异口同声地谴责把疯人同罪犯关押在一起的暴行，伸张人道主义的正义要求。但是福柯发现，要求把疯人分离出来的意识最初同医学进步及人道主义态度都毫无关系。“正是禁闭本身的深层结构产生了这一现象。我们必须从禁闭本身来寻找关于这种新的疯癫意识的说明。”

首先，对禁闭的批判是一种政治批判。最先最激烈地提出抗议的是被禁闭的贵族和知识分子。他们反对把自己同疯人关在一起，以防自己失去理智。他们逐渐意识到，将疯癫同罪犯混在一起的做法既是一种野蛮对待受惩罚者的巧妙手段，又是专制主义施展淫威的象征。疯人不是禁闭的第一个和最无辜的牺牲品，而是禁闭权力的最模糊又最明显、最持久的一个象征。专制暴政一直以这种非理性的可怕形式存在于被禁闭者中间。就在禁闭的心脏、在理性狂欢之地，反对现行政权、反对家庭、反对教会的斗争继续进行着。而疯癫则充分体现了这些惩罚权力，有效地产生一种补充惩罚的作用。对于疯人，则应该保留禁闭制度。“必须将丧失理性的人藏在社会看不到的地方。这是千真万确的真理。”疯人在禁闭世界的存在体现了一种不公正，但这是对其他人的不公正。因此，18 世纪对禁闭的政治批判不是沿着解放病人的方向，也不是让人们对精神错乱者投入更多的仁爱或医疗关注，相反，这种批判使疯癫更紧密地同禁闭联系在一起，一方面使疯癫成为禁闭权力的象征及其在禁闭世界的荒诞的可怕代表，另一方面使疯癫成为一切禁闭措施的典型对象。于是，疯癫既是禁闭的主体，又是禁闭的客体，成为禁闭的唯一理由。

其次，禁闭遇到了更深刻的社会经济危机。人们发现，在经济危机时，贫困变得严重，而且贫困在不断地向被视为道德淳朴的农村扩散。同时，新兴工业对劳动力的需求增加。人口被视为一种十分重要的财富。因此，禁闭受到批评，因为它影响劳动力市场，而且更因为禁闭以及传统的慈善事业是一种有害的财政支出。

疯癫不是解除禁闭的动因，而是在解除禁闭、进行新的社会和经济整合时出现的一个难题。法国大革命之前和期间，立法者在消除禁闭时，对于如何处置疯癫左右摇摆。革命前进行的改革解除了对“道德败坏”的贵族的禁闭，但没有触动禁闭原则，保留了对疯人的禁闭。1789 年《人权宣言》的公布宣告禁闭时代的结束，但真正的罪犯和疯人依然遭到禁闭。这时疯癫的地位依然是十分模糊的：既要保护受禁闭的人免受疯癫的危害，又要使禁闭方式成为对疯人最简便有效的救济方式。1790 年，当局在具体实施《人权宣言》时要求对疯人进行诊断，或者释放，或者送交指定医院。由于根本没有所设想的医院，或者腾不出地方作医院，产生了许多混乱。当局下令“防范和解决由获释的疯人和四处乱窜的凶猛动物引起的不愉快事件”。疯人在法律上又降到等同于动物的地位。当局为应付局面，下令把疯人集中到巴黎比塞特尔收容院。比塞特尔收容院同样混乱，夹杂着各种各样的人。管理部门不断抗议，要求把囚禁者隔离关押，主要是为了区分开犯人和疯人。至于疯人，为了实现“人道”，让他们留在那里吧。“他们是另一种不幸者。他们给人类带来可怕的痛苦。”最终，疯癫成为新的社会整合的弃儿，同时也成为新秩序的社会文化性质的一个表征。

疯癫的现代历史起源于法国的皮内尔和英国的图克（Samuel Tuke）。他们创立了新型的精神病院。他们被称做疯人的“解放者”。但是，福柯认为，这里有一种需要揭穿的神话。在他看来，这些精神病院不是“科学”的医疗单位，而实际上是使用隔离、监视、审判等技术的道德改造所。

图克的休养院是一个实行道德和宗教隔离，以达到道德净化目的的世界。与古典时期从外部强加宗教和道德要求不同，在休养院里，宗教和道德融入环境之中，要求病人在监视和“戒律”的约束下承担起责任，否则以送回社会作为威胁。结果，病人总是处于焦虑状态，担心违反“戒律”。因此，图克实际上是把束缚精神病人的古老恐怖转移到疯癫者的内心。诚然，休养院不再惩罚疯人的罪过，但它的做法比惩罚更厉害。它把那种罪过变成秩序的一部分，使负罪感成为疯人本人的一种意识。使罪过成为有理性的人的他者意识，一种干涉疯人的理由。这样，疯人只有意识到自己的罪过，承认自己的客体地位，才能恢复自我意识，才能成为一个自由而负责任的主体。

皮内尔的疯人院是一个没有宗教的世界，但也是一个道德一律的世界。这里实施的是综合道德教育，以保证疯癫世界和理性世界的道德连贯性。因此，这里的道德标准完全是资产阶级社会的基本价值。其方法同目的是一致的：使疯人在与他人的交往中意识到自己的疯癫。另外，就是对疯人进行无休止的审判，使疯人认识到自己处于一个天网恢恢的审判世界，生活中任何的过失都是罪行，除非悔悟，否则将遭到惩罚，永远不得释放。

图克和皮内尔的疯人院有一个共同点，即对医务人员的神化。在古典时期，医生在禁闭过程中不起作用，而现在他们成为疯人院里最重要的角色。精神病患者被完全交给医生这个具体实在的人。但是，福柯指出，与传统的说法不同，医务人员享有权威，不是因为他们掌握科学知识，而只是因为他们的地位——他们借用了家长和法官的权威。图克和皮内尔建立的疯人院的生活造成一种微妙结构。这种结构是资产阶级社会及其价值观的庞大结构的一个缩影：以家长权威为中心的父子关系，以直接司法为中心的罪与罚的关系，以社会和道德秩序为中心的疯癫与无序的关系。医生正是体现了这些关系而获得医治能力。但是在后来，实证主义给这种能力覆盖上科学的神话后，人们就忘记了它的起源与含义。

福柯认为，弗洛伊德不过是第一个极其严肃地承认医生与病人的这种结合关系的人，第一个严格遵从其发展后果的人。精神分析一方面消解了疯人院的各种观察、缄默、监视结构，另一方面开发了医务人员的魔法师能力，用被观察者的无休止独白、即无回应的语言结构，加倍扩大了观察者的单向观察结构。医生同病人的关系变成了一种绝对的观察，一种纯粹而谨慎的缄默，一位在审判时不用语言进行赏罚的法官。尽管精神分析能够消除某些形式的疯癫，但是它始终不能理解非理性的活动。对于非理性活动的本质，它既不能给予解放，也不能加以转述，更不能给予明确的解释。这样，作为“精神疾病”的疯癫完全被所谓的“现代医学科学”所控制与支配。

福柯最后考察了作为“非理性”的疯癫的现代命运和意义。他指出，自18世纪末起，非理性被剥夺了与疯癫的真理性关系，除了个别情况，非理性的存在已不再表露出来。这种个别情况就是那些如划破夜空的闪电的作品，如戈雅、萨德、荷尔德林、奈瓦尔、尼采、凡·高及阿尔托等人的作品。这些作品绝不可能被归结为那种可以治疗的精神错乱，因为疯癫意味着“没有作品”或者“作品的缺席”。（福柯使用的是阿尔托的定义：l'absence d'oeuvre。福柯在1964年发表的一篇文章标题就是《疯癫，作品的缺席》。这篇文章作为附录收入1972年版的《疯癫史》。）

戈雅和萨德是转折性的人物。他们的作品表达了“悲剧体验”，传达出非理性的临终话语：世界只是疯狂的黑夜和虚无，而虚无本身就是一种自然本性和反自然的狂暴力量。非理性只能继续在漫漫黑夜中窥探，但是它此时获得了新的毁灭性力量。戈雅与萨德的作品的意义在于，西方世界有可能用狂暴来超越自己的理性，有可能恢复超出辩证法的保证范围的悲剧体验。

福柯指出：“自戈雅与萨德之后，非理性一直是现代世界艺术作品的一个决定性因素，换言之，任何艺术作品都包含着这种使人透不过气的因素。”在古典时期的个别艺术作品中，幻象在狂乱和刻薄两者之间交流，语言和谵妄也相互交织。但更多的情况是，艺术作品与疯癫在另一个层面上结合，即相互限制。换言之，要么艺术作品被贬低为疯癫，语言成为谵妄，要么谵妄被称做艺术作品而脱离疯癫范畴。而在现代世界的艺术作品中则无法区分清醒间隙和发病状态，即人们不能作出区分：究竟是疯癫还是艺术作品？尼采、凡·高和阿尔托的疯癫在艺术作品中也有表现，但方式与以前不同。疯癫只存在于艺术作品的最后一刻。当疯癫有所表露时，恰恰是在毁灭艺术作品：没有艺术性，没有作品。反过来说，正是疯癫画出艺术作品的边界和背景，即死亡与虚空，既揭示了作者的悲剧体验，也使艺术作品得以成立。而包围和淹没了艺术作品的疯癫恰恰是我们活动的空间。尼采、凡·高、阿尔托等人的艺术作品频频出现，这一情况既体现了现代世界的矛盾与痛苦，也使世界无法证明自己的合理性。

《疯癫史》是福柯几年潜心于尼采式精神探索的结晶，是他发出的“自己独特的声音”。思想探索的主题已不同于萨特一代知识分子：考察“他者”在西方现代文明中的命运和意义，从而揭示西方现代文明的边界与性质，批判理性至上的西方现代文明，伸张“他者”的权利。学术传统也有别于萨特一代：除了现象学外，福柯的思想主要有三个来源，即尼采主义（通过巴塔耶）、结构主义以及巴什拉等人的科学史研究。①

《疯癫史》也开创了福柯独特的“考古学”研究。福柯后来接连在三部著作的标题或副标题中都明确使用这一概念：《临床医学的诞生——医学感知考古学》，《词与物（英译本改为“事物的秩序”）——人文科学考古学》，《知识考古学》。所谓“考古学”是一种话语分析方法。福柯主要是分析那些制造了“合法真理”的官方的和专家的严肃言语行为，拨开“真理”和“科学”的唯名论面纱，揭示其参与建立和维护权力统治的含义。当然，在这几部著作中，福柯的分析方法有所摇摆。在《疯癫史》中，福柯是把制度分析同话语实践体系的分析结合在一起的。从《临床医学的诞生》开始，尤其是在后两部著作中，他试图把话语看成自主自律的体系，但是他始终认为，社会制度影响着话语实践。②

《疯癫史》也确立了福柯的写作风格。他喜欢使用特别醒目的意象来标示时代的特征：中世纪的麻风病院，文艺复兴时期的愚人船，古典时期的大禁闭，图克和皮内尔的精神病院。他喜欢在一开始就突出用过去不被注意的历史事件来划分历史阶段：疯癫史古典时期始于1657年法国总医院的建立和对穷人实行大禁闭，终于1794年解放比塞特尔收容院带镣囚禁者。与许多思想家一样，福柯后来的著作不如凝聚着青年时代的激情的成名作那样文采横溢，而更注重思想深度和问题本身的探讨，但是基本上保持了上述写作风格。

福柯后来多次抱怨，对他的这部著作的反应“只有沉默”。诚然，《疯癫史》问世时没有引起他所期望的萨特式的轰动。但实际上，《疯癫史》获得了很大的成功。巴什拉写信表示祝贺，称赞它是“关于非理性

---

① 关于福柯所继承的思想学术传统，参见 Habermas, *The Philosophical Discourse of Modernity*, pp. 238−239。

② See H. L. Dreyfus and P. Rabinow, *Michel Foucault: Beyond Stucturalism and Hermeneutics*, The University of Chicago Press, 1982, p. xx.

的社会学研究的杰作”。另外，在一年之内就有七篇书评。《法国新评论》打破常规，连续发表两篇书评。9月号上的第一篇书评既赞扬《疯癫史》是“一部卓越而吸引人的著作”，又批评它“缺乏历史学的严谨”。10月号刊登布朗肖的文章，为福柯辩护，称《疯癫史》内容丰富，结构严谨，而且给读者以巨大的享受。巴尔特在《批判》上撰文，称福柯动摇了法国“知识界的趣味”，《疯癫史》“犹如一个对知识的清洗质疑”。他准确地概括了《疯癫史》的思想：“这部著作把‘自然’的一个片断交还给历史，改造了疯癫，即把我们当做医学现象的东西变成了一种文明现象。……实际上，福柯从未界定疯癫；疯癫并不是认识对象，其历史需要重新揭示；可以说，它不过是这种认识本身；疯癫不是一种疾病，而是一种随时间而变的异己感；福柯从未把疯癫当做一种功能现实，在他看来，它纯粹是理性与非理性、观看者与被观看者结合的效应。”① 《世界报》上的书评赞扬《疯癫史》是“一部惊人杰作”，“所有的人都值得一读”。年鉴学派的创始人吕西安·费弗尔很喜欢福柯的这部创新之作。《年鉴》杂志刊登了由曼德鲁撰写的书评和布罗代尔的短评，对《疯癫史》推崇备至。《法兰西信使报》的书评称《疯癫史》是一个里程碑，而且将其同迪梅齐尔和巴什拉的研究相提并论。无论褒贬，《疯癫史》确实引起了法国学术界的注意，并且使福柯一举成名。

《疯癫史》也引起英、美一些学者的关注。英国一家重要文学刊物甚至用头版评论赞扬福柯这位在英国毫无名气的作者写的著作。

《疯癫史》受到的第一次严重批评出自更年轻也更激进的学者、日后的解构主义大师德里达。德里达于1950年至1956年在巴黎高师读书时曾受业于阿尔杜塞和福柯，而且与他们过从甚密。1963年3月，被巴黎大学（索邦）聘任的德里达在该大学哲学院发表第一次演讲，题目是《我思与疯癫史》，评论福柯的《疯癫史》。福柯也就座于听众席。出乎福柯的意外，演讲的内容主要是批评。

---

① Eribon, *Michel Foucault*, p. 117; Roland Barthes, *Critical Essays*, Evanston: Northwestern University Press, 1972, p. 164.

德里达批评福柯误解了笛卡尔的论述。福柯在笛卡尔的断言——“不管怎么说，他们是疯人”——中读出一种明确表示排斥的粗暴态度。德里达则认为，这种理解太“天真”了。笛卡尔的意思是，疯癫是我思的一个案例，而且包容在我思中。如果把文本重新嵌入一种“历史结构”，那么这将是一种危险的读解。

德里达指责福柯对西方理性中心主义批判得不彻底。首先，福柯想摆脱理性的话语撰写一部关于疯癫本身的历史，即让疯癫基于自身的体验、凭借自己的权威为自己说话。德里达认为，这是不可能的。反对理性的革命只能在理性内部进行。历史概念本身就是一种理性概念，因此，不可能撰写一部反对理性的历史学或考古学之作。或许，“历史”或“起源”（archia）的意义首先应该受到质疑。一种质疑和超越“起源”、“理性”和“历史”等价值的写作不能被包容在一种考古学的形而上学禁地里。

其次，福柯把疯癫的沉默说成古典时期被理性压制的结果。德里达认为，其实，疯癫与理性两者的分裂是西方理性、即逻各斯的题中应有之义。源远流长的逻各斯不仅是福柯的语言的活动背景，而且是古典时期疯癫史的背景。如果说有什么破裂的话，那么这种破裂和变化不过是逻各斯遗产更晚的派生演变。因此，如果追溯疯癫史的起源，就必须从反思这种初始的逻各斯入手。

德里达还批评福柯的“结构主义”方法。他指出，在结构主义的总体（totality）观中，一切事物都被联系在一起。而“结构主义的总体主义（totalirianism，有‘极权主义’或‘全能主义’之意）导致与古典时期的暴力相似的对‘我思’的禁闭。我并不是说福柯的这部著作是总体主义的……但是，就其结构而言，他有总体主义之嫌”①。

《疯癫史》是在 1968 年五月风暴以后开始名噪西方，同福柯的其他著作一起成为左派学生和知识分子的重要读物，随后又进入各人文学科的必读书目。对《疯癫史》的褒贬大多出自不同学派、不同立场的评价。许多学者不赞成福柯的哲学观点，有些人坚持肯定 19 世纪人道主义改革

---

① Jacques Derrida, “Cogito and the History of Madness”, *Writing and Difference*, The University of Chicago Press, 1978, pp. 31–63.

的进步性，18 世纪末和 19 世纪初医学对疯人悲惨处境的改善，但是，他们大都承认福柯才智出色和见解深邃。《疯癫史》成为一部有关欧洲近代文化史尤其是医学史的权威性著作，经常被人引用。

但是，也有一些历史学家对该书的学术性提出质疑。1980 年，美国弗吉尼亚大学教授米德尔福特（H. C. Erik Midelfort）概述了众多历史学家的研究成果，指出《疯癫史》在历史事实方面的错误。择其要者有如下一些：福柯片面强调疯癫与麻风病的历史联系，有意回避疯人院的来源之一是中世纪医院尤其是修道院这一事实。中世纪对麻风病人也不是单纯的排斥。中世纪后期，大多数疯人不是关在城关的塔中。他们有时受到迫害，有时则受到细心的照顾。精神病院（疯人院）不是 19 世纪欧洲人的发明，而是中世纪阿拉伯人的发明，15 世纪在西班牙开始传播，16、17 世纪开始推向全欧洲。愚人船只是一种文学现象，即使有个别疯人被送上船，但没有整船的愚人去朝圣的证据。福柯夸大了“大禁闭”和总医院的黑暗面，总医院实际继承了修道院的传统，不仅强制苦修、劳动，而且照顾老弱病残和孤儿。18 世纪巴黎的精神病人通常先送进主宫医院治疗，只有在治疗无效时才送进比塞特尔等两个收容所。福柯总是讲“古典经验”，其实欧洲各国的情况千差万别。福柯对图克的言论断章取义。在任何一部精神病学史上，皮内尔解放疯人的行动都没有占据显赫的位置，等等。①

美国学者马厄夫妇（Winifred and Brendan Maher）专门考察了愚人船的历史依据，结果一无所获。他们写信给福柯，询问资料来源。福柯 1980 年 12 月回信称，他使用的资料大多出自乌普萨拉。他表示尽力回忆和寻找有关资料，然后寄给他们。但这一承诺并没有兑现。而马厄夫妇从乌普萨拉大学图书馆获得的答复是，馆藏资料中只有 15 世纪诗人布兰特的寓言诗《愚人船》。②

---

① See H. C. Erik Midelfort, “Madness and Civilization in Early Modern Europe: A Reappraisal of Michel Foucault”, *Critical Essays on Michel Foucault*, London: Scolar Press, 1992, pp. 28–41.

② See Macey, *The Lives of Michel Foucault*, p. 432.

《疯癫史》似乎被这些学术考证戳得千疮百孔、遍体鳞伤。但是，《疯癫史》风骨犹存，意义隽永。它拓宽了话语分析、知识分析的领域，深化了西方的文化反思，福柯为非理性的权利而抗辩，对启蒙理性主义霸权提出了质疑和挑战，深刻地触及资本主义现代性矛盾的文化根基。即便从历史学的角度看，从 20 世纪 50 年代起，西方史学界对社会下层和边缘现象愈益关注。《疯癫史》无疑属于其中开创性的杰作。

第六章　语言的迷宫

自1960年秋到1966年春，福柯在克列蒙-费朗大学任教。克列蒙-费朗是法国中南部奥弗涅大区多姆山省省会。这个城市历史悠久，可追溯到希腊化时代。17世纪的大思想家、科学家帕斯卡就出生于此。这是一座大学城和旅游、商业中心。该城距巴黎四百多公里，乘火车需要六小时的时间。同当年在里尔大学任教一样，福柯每星期在克列蒙-费朗和巴黎之间往返穿梭。他的全部课程都安排在一天，因此他只在当地旅馆住一夜，就返回巴黎。

福柯的主要活动天地在巴黎。由于《疯癫史》的出版，福柯成为巴黎知识文化界的一名小名人。他同学术界的老前辈保持着密切联系，如伊波利特、康吉兰。但他的交往圈子更多的是法国最活跃的新潮文化人，包括巴尔特、罗伯-格里耶（Robbe-Griller，法国“新小说”的代表作家和主要理论家）、克洛索夫斯基（Pierre Klossowski，作家和艺术家，后来曾翻译荷尔德林、尼采和维特根斯坦的著作）等。1962年，他加入了巴塔耶于1948年创办的《批判》杂志编辑部，成为一名重要的编委。他同前卫派文学团体“太凯尔”（*Tel Quel*）小组及其同名杂志也一度交往甚密。福柯的学术活动很多，除了同时为《批判》、《法国新评论》以及《太凯尔》撰稿外，还经常应邀在各种会议和研讨会上发言。

1965年2月和3月，福柯两次在电视教育节目露面。第一次他与巴迪乌（Alain Badiou）讨论哲学和心理学。巴迪乌当时在兰斯公立中学教书，刚刚有了一部小说问世，几年后成为知名的“毛主义分子”。第二次，福柯与保罗·利科（解释学专家）、伊波利特、康吉兰等交谈，中心议题是康吉兰和伊波利特提出的命题：“没有哲学真理”和“哲学中没有谬误可言”。福柯与康吉兰都认为，不存在评判哲学体系真假的标准，因此，在哲学话语中也无所谓真理。但福柯认为，存在着一种“求真意志”。

福柯在国际上也开始小有名气，曾应邀到哥本哈根和比利时发表学术演讲，为国外杂志撰稿。

著书立说是福柯的主要目标。他制定过一系列的写作计划。有些并没有兑现，但我们也可以从中看到福柯的兴趣所在。例如，他曾准备为一套丛书写一部囚徒的历史。当时已登出预告：“疯人。从巴士底狱到圣安娜医院，从 17 世纪到 19 世纪，米歇尔·福柯重现这一黑夜历程。”福柯还曾签约为布罗代尔主编的一套丛书写一本《歇斯底里史》。但是，他随即改变了主意，准备为另一出版社写《堕落观念》。

从 1961 年到 1966 年，福柯发表了大量的文学评论，只有一篇短文是评论一部科学史著作的。他先后评论了卢梭、萨德、奈瓦尔、福楼拜、马拉梅、荷尔德林、巴塔耶、布朗肖、克罗索夫斯基、罗伯-格里耶、韦尔纳（Jules Verne）等人的作品及思想。这些文学评论进一步显示了福柯在文学方面的广博知识和新锐见地。有人称这个时期为福柯的“文学时期”。但是，这个时期福柯也在紧张地进行着有关人文科学史的研究。他在这两个方面的思想实际上是《疯癫史》的探索在两个角度的延续，它们之间存在着一种深刻的联系。

在这个时期，福柯最关注的是语言问题。他发展了海德格尔关于“语言乃存在之家，人以语言之家为家”的思想，把人的历史文化归结为语言，强调语言对人的制约，实际上把人在历史文化中的处境概括成“你以为自己在说话，其实是话在说你”，从而颠倒了人与语言关系的传统看法。他在对《世界报》的谈话中讲：“我们生活在一个符号和语言的世界。……许多人包括我自己在内都认为，不存在什么真实事物，存在的只是语言，我们所谈论的是语言，我们是在语言中谈论。”① 他在评论罗

① Barry Cooper, *Michel Foucault: An Introduction to the Study of His Thought*, p. 28.

伯-格里耶的文章中指出："罗伯-格里耶的重要性可以用他的著作向同时代的所有著作提出的问题来衡量。这个问题就是语言的内部结构和表达的可能性。"在罗伯-格里耶的"君临一切而又有魅力的语言"中，人们"发现了自己的迷宫"①。

走出语言的迷宫乃是打破现代性束缚的关键。福柯评论布朗肖的文章标题是《从界外思考》（"La pensee du dehors"）。这个标题集中体现了福柯的思想。在他看来，根本性的思维必然会发现自己处于界外。这首先就意味着承认语言占据着主宰地位。由于人处于一个语言世界，因此，人的现实基础是"我说"（I speak）而不是"我思"（I think）。从"我说"向"我思"转移，反映了人的现实从界内向界外的位移，即人对现实的突围。

在福柯看来，语言的历史在18世纪末经历了一次根本性变化。语言获得了自己的生命，变成一种"客观现实"。这种新型语言获得了一系列的补偿，其中最重要的是，现代人文科学的创立和作为一种特殊语言的"文学"的诞生。正是在文学中，语言第一次使自己得以体现，而写作者发现自己受制于语言的陌生逻辑。而人文科学的创立，则源于对这种"文学性"语言经历的抹杀以及对语言的征服，以便确定人的身份性质或编织人类记忆。在这种同语言完全对立的关系的发展过程中，自19世纪起，文学转变为一种"反记忆"（counter-memory）或者说"反文化"（counter-culture）。福柯指出："文学逐渐脱离理念的话语，把自己封闭起来，根本不可转移。它逐渐脱离古典时期能够使之普遍流通的所有价值（趣味、快乐、天然、真理），在自己的空间里创造一切将会嘲笑地否定它们的东西（耻辱、丑陋、不可能）。"②"文学"显然是一种颠倒，但其效应远远超出19世纪艺术家对旧传统的局部反抗，因为它意味着"自在"的语言的恢复。从这种语言发展出来的主题——冒犯、僭越、疯癫、性、死亡和有限性——展现了我们自身的他者性质（otherness）的历史。③

---

① Miller, *The Passion of Michel Foucault*, p. 128.

② Foucault, *The Order of Things: An Archaeology of the Human Sciences*（以下简称：*The Order of Things*）, London: Tavistock, 1970, p. 300.

③ See Foucault, *Language*, *Counter-Memory*, *Practice*, preface, introduction.

福柯的文学评论循着《疯癫史》的主调，致力于恢复被人文科学长期压制而沉寂的另一种传统、另一种声音。他说："我们今天的任务是把我们的注意力集中于这种非话语语言。这种语言在近两个世纪的时间里在我们的文化中顽强地维持着其断裂的存在。"① 这种"反记忆"或"反文化"传统，首先体现在自萨德起到荷尔德林、福楼拜，尤其是尼采这样一些作家身上。这些作家经历了19世纪最复杂最令人困惑的现实。他们通过自己的作品和生活逐渐认识到，造就了荒诞、释放出我们身上的他者的，不是理性的安睡，而是警觉的学术、不眠的知识、阴沉的系谱学。从这些作家身上，福柯发现，在人文科学最清醒的时刻存在着疯癫。因此，他们在福柯的历史叙述中获得显要地位，成为我们智性混乱的象征。

在关于巴塔耶的爱欲僭越的论文里，福柯认为，语言的"自主性"和"本体权力"表明，文学是对西方文化强加给生命和非理性的界限的僭越。他指出，在现代西方，并不是像人们所说的那样，"性欲"（sexuality，又可译为"性态"，见本书第十四章）这一概念恢复了关于自身真理或自然过程的语言，相反，通过这种语言的冒犯，性欲的内涵被"非自然化"了。自萨德以来性欲一直同我们语言的最深刻的决定相联系，这一事实表明了性欲在西方文化中的重要性。性欲作为一个基本问题的出现具有多种意义："它同上帝之死、同上帝之死在我们思想的界限所确定的本体虚空有联系；它也同依然在沉默中摸索的一种思想形式有联系——在这种思想里，对界限的探究取代了对整体的探索，僭越行为取代了矛盾运动。最后，它还涉及在一个范围里语言对语言的质疑——色情文学的'丑恶'冒犯从使用第一批词句开始就展示了这个范围。性欲被谈论，对于我们的文化是极其重要的。它之所以被谈论，不是因为我们的语言在近两个世纪里色情化了，而是因为自从萨德以来和上帝死了以后，语言的世界吸收容纳了我们的性欲，改变了它的性质，把它置于一个虚空，在那里它建立了自己的主权，在那里它逐渐设立了它所僭越的界限。在这个意义上，性欲作为一个基本问题的出现，标志着关于劳动者的人的哲学转变为

---

① Foucault, "Preface to Transgression", *Language*, *Counter-Menory*, *Practice*, p. 39.

基于言说者的哲学。”① 哲学从属于语言了。这不是标志着哲学的终结，而是标志着哲学语言的统治的终结。语言不再是思想的表达，语言的重心转移到愈益沉默的空间，即被排斥的非理性领域。

由此，福柯指出，巴塔耶的“言词困难”（difficulty with words）并不是辩证语言范围内的“失语”（loss of language），而是由于上帝之死，普遍适用的表现和调解语言已经一去不复返，从而使得言语再也不能在语言的无限可能性中找到依靠。由于无限话语的消失，巴塔耶这样的作家面对自己的语言时就面对一个实践界限（“他的有限性”、“他本人死亡的现实”），从而面对着自己言说的不可能性。

在对一部论述布朗肖的著作所做的书评中，福柯阐释了语言与死亡的关系。他以荷马史诗《奥德修纪》和《一千零一夜》为例，证明：“写作是为了不死，甚至说话也是为了不死。”由此，福柯认为，自荷马以来，死亡同语言的自我表现有着密切关系。死亡对于语言是最本质的事件，是它的界限和中心。从人开始面对死亡和为了抗拒死亡而说话的时候起，就产生了一种无限重复的嘟嘟囔囔。古典修辞学不是阐释语言的法则和形式，而是建立两种言语之间的关系：第一种是哑然的、不可译解的、完全自我显示的和绝对的；第二种是喋喋不休的，但只能是按照规则来表达第一种言语。从荷马史诗到荷尔德林的《恩培多克勒》，语言作品是自我封闭的对自身光荣的表达，借助喋喋不休的自我重复来抗拒死亡。但是从18世纪末，语言作品变成“文学”。说话为了不死，这种意义对于我们变得陌生了。在我们今天，写作则愈益无限地接近于其源泉，接近于从语言深处发出的令人不安的声音。转变的标志是18世纪末萨德的作品和恐怖故事的涌现。这种语言不仅讲述打破禁忌，而且讲述可能性的界限。语言丧失了具有双重联系的修辞学基础，表达变成对疯癫和死亡的直接揭示。②

---

① Foucault, “Preface to Transgression”, *Language*, *Counter-Menory*, *Practice*, p. 50.

② See Foucault, “Language to Infinity”, *Language*, *Counter-Memory*, *Practice*, pp. 53–67.

1963年，福柯应邀主持“太凯尔”的一个研讨会。他在开幕词中说：“在我读过的小说（指‘新小说’派的作品）中我发现了一个惊人的现象，即不断地指涉某些体验——这种体验可以称之为‘精神体验’——诸如做梦、疯癫、无理性、反复重复、时间飞逝、回归等等。这些体验出自一种可能十分紧密的格局。”他认为，这种格局类似于超现实主义。福柯认为，“新小说”与超现实主义的不同之处是，由于巴塔耶、布朗肖和罗伯-格里耶的贡献，体验观念脱离了心理学，体验变成思想对象；语言不再是表达体验的纯粹工具，而变成目的本身；文学现在负载着“说话的思想”。①

福柯（1963年）

福柯对语言的关注同样鲜明地体现在他评论鲁塞尔的那本著作中。1963年由伽里玛尔出版社出版的《雷蒙·鲁塞尔》是福柯唯一的文学评论专著。这部著作几乎没有引起评论界的注意。英译本《死亡与迷宫：雷蒙·鲁塞尔的世界》是在1986年即福柯死后才在美国问世。福柯生前曾对英译者调侃地说：“没人太关注这本书。对此我感到高兴。因为它是我的一个情感秘密。”②

鲁塞尔（Raymond Roussel，1877—1933）是法国现代文学史上的一大怪。他生于富贵之家，早年学习音乐，17岁时转而埋头写作，20岁写成一部6 000行的诗体小说，声称自己与但丁和莎士比亚并驾齐驱。他周游世界，但总是躲在窗帘紧闭的船舱或旅馆的房间里，不愿观看外面的景色。他自己出资出版作品。但是，除了个别超现实主义作家，如布列东曾予以赞赏外，几乎无人感兴趣。他花钱把自己写的剧本搬上舞台，但观众不是扫兴而归，就是喧闹哄场。鲁塞尔孤僻、忧郁而躁狂，而且还是同性恋者。他多次就诊于当时巴黎最著名的精神病专家雅内（Pierre Janet）。雅内根本看不出鲁塞尔有什么文学才华。他认为，鲁塞尔的文学自大狂类

① See Miller, *The Passion of Michel Foucault*, pp. 129－130.

② Foucault, *Death and the Labyrinth*, p. 185.

似于宗教迷狂，称他为“可怜的小病人”。鲁塞尔后期完全依赖巴比妥（镇静药物）生活。1933年，他去瑞士宾斯万格的诊所就诊，途中神秘地死于意大利巴勒摩的一家旅馆。警方认定鲁塞尔是服用巴比妥过量致死，但有些人猜测他是被同性恋伙伴所害。

鲁塞尔死后逐渐被人遗忘。他的著作也早已绝版。到20世纪50年代，前卫派小说家开始对鲁塞尔产生兴趣，把他视为超现实主义先驱。1945年，莱利（Michel Leiris）在《批判》上撰文评论鲁塞尔，引起一些人的重视。但是，福柯自己说，他以前从未听说过鲁塞尔，1957年夏天从瑞典回法国度假时第一次偶然在一家旧书店看到鲁塞尔的著作，马上就被其优美的文风所吸引。他开始搜集鲁塞尔的著作。他在《疯癫史》中第一次提到鲁塞尔，认为他与“拉摩的侄子”和阿尔托一样，是非理性体验的代表。福柯为了写评论鲁塞尔的专著，曾拜访莱利，了解鲁塞尔的生平，因为莱利的父亲是鲁塞尔父亲的财务顾问，莱利同鲁塞尔也相知甚久。莱利早在1948年出版的一部自传中就曾用很多笔墨描述鲁塞尔。

《雷蒙·鲁塞尔》是一部极其个人化的著作。福柯自称这本书是“我写得最轻松、最愉快、也是最快的一本书。因为我写作通常非常缓慢，一般都反复写几稿，最后还要作许多修订和润色”①。这部著作是对鲁塞尔的文字的玩味，没有提供较多关于鲁塞尔本人及其著作的材料。另外，福柯的分析带有强烈的主观色彩。一般不熟悉鲁塞尔的读者很难接受这部著作。

福柯对鲁塞尔的喜爱，透露了福柯的两种迷恋的交织，一是对“非理性体验”的热衷，一是对语言游戏的偏好。而鲁塞尔这个不太为人所知的作家也恰恰将这两个特点集于一身。福柯最欣赏的是鲁塞尔的语言游戏。他认为鲁塞尔在《我是如何写我的一些书的》一书中极其清晰地揭示了“符号游戏的一般法则，这也是我们的理性历史所遵循的法则”。所谓“游戏”是指，语言是人类活动的一部分，生活的一种方式，其规则不是固定的，各种新的语言游戏（科学的、文学的、道德的）不断产生，而旧的则不断被废弃和遗忘。福柯认为，鲁塞尔的作品充满了语言游戏，

---

① Foucault, *Death and the Labyrinth*, p. 184.

而且还发明出新的语言机制。但是，这些语言游戏并非简单的文字花样，而是直接涉及非理性。福柯认为，鲁塞尔的疯癫、对死亡的恐惧、各种怪癖、隐秘的性生活等等与其著作一起，不是证明了“语言自身建构了存在形式”，而是证明了我们生活在一些由语言与世界的关系所决定的结构里。这些结构就是重复、差异和稀少，简言之，就是有限性。鲁塞尔使用了大量同形异义的表述。这表明，语言和世界之间存在着裂痕。符号太少，意义太多，符号远远不能再现这个世界，而这也恰恰是符号的能指力量的源泉。福柯指出，鲁塞尔的语言“在物的迷宫里无限地推进，但是其根本性的明显贫乏使它只能回到自身，但却赋予它变形的力量：用同样的词说某一事物，却赋予同样的词以不同的意义”①。

莱利对福柯的分析很不以为然，他认为：“福柯把许多鲁塞尔根本没有的哲学思想强加给他。”罗伯-格里耶写了一篇长文论述鲁塞尔，只是提了一句福柯的著作。布朗肖则十分欣赏福柯的分析，在论述鲁塞尔时大段引用福柯的话。

1963 年 5 月在《雷蒙·鲁塞尔》问世的同时福柯还推出另一部学术著作：由法国大学出版社出版的《临床医学的诞生——医学感知考古学》。无论主题还是文体，这两部著作表面上迥然不同，其实两者正反映了福柯学术研究的两个互补的方面：如果说《雷蒙·鲁塞尔》是挽救和恢复被湮没的“反记忆”或“反文化”的语言，那么《临床医学的诞生》则是对支配性科学话语的剖析与批判。

与福柯的另一些著作一样，这部著作的书名 *Naissance de la clinique: Une Archeologie du regard medical* 翻译起来也有些棘手。clinique 既有“临床医学”的意思，又有“诊所”的意思。而福柯选择这个多义词也正是为了同时包含这两个词义。regard 的意思是注视、目光，英译本的副标题将这个词译为 perception（感知），但在正文里则一般译为 gaze（注视、目光、观察）。

福柯本人从未谈过《临床医学的诞生》的写作情况。这部著作可能

---

① Foucault, *Death and the Labyrinth*, p. 124.

是在写作《疯癫史》的同时开始着手的。

从主题上看，《临床医学的诞生》是《疯癫史》的姊妹篇。《疯癫史》探讨的是近代西方的心灵历程，而《临床医学的诞生》探讨的是近代西方的肉体经历。换一种不严格的说法，前者追溯的是现代精神科学（心理学）的起源，后者考察的是现代肉体科学（生理学）的起源。19世纪，西方对疯癫的认识导致精神病院的诞生，而对疾病的认识则导致现代诊所和现代临床医学的诞生。

但是，这两部著作也有许多差异：

就时间范围而言，《疯癫史》（以及福柯后来的著作）具有宏大的历史视野，而《临床医学的诞生》则仅限于考察数十年间的转捩。

从"学术性"看，《临床医学的诞生》是福柯所有著作中"学术味"最浓的一部。《疯癫史》大量地引用原始材料，但是同时也依赖文学艺术作品。而《临床医学的诞生》则主要依赖过去的医学文献，而且还使用许多医学专业术语，甚至直接引用拉丁文原文。书后附有近二百种参考书目，都是18、19世纪的医学文献。

在哲学方法论上，《临床医学的诞生》显然受到此时正在兴起的结构主义更多的影响，强调"话语的结构分析"、"结构研究"。为了弥补传统史学的线性时间意识之不足，福柯引进了空间概念。他还使用结构主义者爱用的"能指"、"所指"等概念。

更重要的差异大概是，研究角度和对象发生转换。或许可以说，《疯癫史》考察的是近代以来西方的"异质性"体验，主角是"疯癫"；而《临床医学的诞生》主要探讨的是近代西方（具体地说是法国）社会—政治同质化的主要因素之一，主角是一种"科学话语"——现代医学。

《临床医学的诞生》在前言中开宗明义地指出："这是一部关于空间、语言和死亡的著作；它是关于观看行为，即观察的著作。"①

与《疯癫史》相似，《临床医学的诞生》首先用十分怪异的意象来提

① Foucault, *The Birth of the Clinic: An Archaeology of Medical Perception*（以下简称：*The Birth of the Clinic*），New York: Pantheon, 1973, p. Ⅸ.

出问题。福柯引述了18世纪中期一个名叫波姆（Pomme）的医生在医学论文中举的病例：医生让癔病患者每天在澡盆里泡10个小时到12个小时。经过十个月的治疗，医生看到，神经系统干燥的膜性组织剥落，随小便排出。输尿管也发生同样的情况。后来，肠道的内膜剥落，从直肠排出。再过一些时候，食道、动脉管和舌头也发生同样的情况，病人在呕吐和咳嗽时排出各种碎片。接着，福柯又引述了1825年贝勒（Bayle）关于精神疾病新理论的著作。这部著作报告了医生在解剖脑病灶时看到病灶形成的“假膜”。

在我们现代人看来，波姆的报告没有任何认识依据，完全是一种奇谈怪论，而贝勒的论述是准确的，恢复了事物的本来面目。但是，问题在于，我们怎么能断定，波姆没有看到他自以为看到的东西？换言之，我们的自信是怎么产生的？为什么波姆相信他自己的观察？传统观点是把从波姆到贝勒的医学感知的变化归因于经验主义的作用。具体地说，从古典时期到现代，医学经历了从“分类医学”到“临床医学”（后者又分为两个阶段：“症状医学”到“组织医学”或“解剖—临床医学”）的发展。一般医学史书把医学的这种演变说成不断地向更客观、更准确地把握疾病的“真相”的进步，其解释是，医学打破了道德和宗教的禁忌，以解剖尸体的实证观察为基础。但是，福柯指出，这种历史描述是一种虚假的神话，不过是一种“回溯性证明”。至少在临床医学诞生前一个世纪就有尸体解剖，而临床医生对这种知识不感兴趣。因此，历史需要重新解释。

福柯认为，感知变化的原因在于话语的变化，而观察几乎完全取决于话语。具体地说，从哲学思想看，对于17世纪的哲学家笛卡尔和马勒伯朗士及其18世纪的后继者来说，观看就是感知。对于医学来说，这就意味着肉体是展示给思想的。思想之光能够减少和消除模糊的阴影。但是到18世纪末，观看意味着承认事物本身的复杂性，让观察逐渐客观地集中到事物上，使之显露出本身之光，从而形成关于事物的“科学”语言。福柯指出，话语的变化取决于时代条件的“深刻改组”。福柯在这里提出一个有关观察能力的问题，这个问题则涉及我们的“科学知识”的合法性问题，即是不是“几千年来似乎是第一次，（现代）医生终于摆脱了理论和奇想，同意用纯粹无偏见的眼光来对待他们的经验对象”。福柯的观点是："应该倒过来分析：发生变化的是可见性的形式；新的医学精神……不能归因于心理学和认识论的净化行为。它不过是在文法上对疾病的重新组织，使可见物与不可见物的界限遵循着新的范式；疾病背后的隐蔽世界——其实就是疾病本身——暴露在语言之光下——毫无疑问，这是照亮（萨德作品）《所多玛的120天》、《朱利埃特》和《索雅的灾难》的同一光亮。"①

正如有的研究者指出的："福柯的策略是使我们惊异地发现，我们完全不懂得这种曾经被认真地当做客观说明的描述有什么意义，然后把这种发现变成对我们沾沾自喜的假定——医学科学现在终于集中于客观真理了——的毁灭性批判。"②

福柯表示："我在此尝试对一个时期的一种话语进行分析，即分析当时的医学经验。在那个时期，即19世纪重大发现之前，这种话语主要不是改变了体系形式，而是改变了素材。而临床医学既是对事物的一种新'切割'，又是以一种方式表述事物的原则，我们已经习惯于把那种方式说成一种'实证科学'的语言。"③

福柯声明，他的分析"既是历史的，又是批判的"。他指出，为了理解话语的转换，我们必须考察"物与词"尚未分裂的时刻，即在最基本的语言层次上看与说尚且浑然一体的时刻。这里福柯提出了他将在《词与物》一书中探讨的主题。而在《临床医学的诞生》中，他仅限于探讨医学中看与说从古典时期到现代的历史转变，具体地说，是18、19世纪之交的转变。

福柯首先考察分类医学。在1770年前后，分类医学依然占据统治地位。所谓分类医学是用林奈（Linnaeus）的生物分类方法对疾病进行分类。其基本假设是，疾病是各种各样的独立实体，与人的身体没有什么必

---

① Foucault, *The Birth of the Clinic*, p. 195.

② Dreyfus and Rabinaw, *Michel Foucault: Beyond Structuralism and Hermeneutics*, p. 13.

③ Foucault, *The Birth of the Clinic*, p. XVIII.

然的联系。这种医学认识对疾病实行三种“空间化”。第一种是各种疾病之间的关系。在这方面，疾病被视为医学目光可见的自然结构。第二种是疾病在人体中的状况，疾病对机体的影响。但是，“相对于折磨他的东西，病人只是一种外在事实。医学解读在考虑病人时只是在把他放在括号里。当然医生需要了解‘我们身体的内部结构’，但只是为了排除它，为了使医生的目光获得自由，只观察伴随疾病的症状、危象以及其他情况的性质和组合。”① 也就是说，病人的身体被视为认识疾病本身的障碍。第三种是疾病在社会中的分布以及适宜治疗疾病的社会空间。在古典时期，疾病、生命（生活）和自然这几个概念是联系在一起的。疾病的某些“质”与人的性情结合，导致疾病的发生。“非自然的环境”促使疾病传播。因此，淳朴的乡下人患的病比城里人简单，神经性疾病在自然的生活环境——家庭——中最容易治愈。相反，在“人造的地点”医院里，病人会被传染上其他疾病，从而使原有的疾病变得更复杂。因此，医学实践主要是致力于以最少的干预让疾病自然痊愈。

福柯分析了古典时期医院与诊所的差别。医院是由济贫院转化而来的，主要任务是治疗穷苦病人。诊所是在 17 世纪产生的，最初设在医院里，主要任务是教学、培养医生。医院面对的是碰巧患这种或那种病的个人，医院医生需要诊断和治疗个人的疾病。诊所面对的是碰巧由这个或那个人患的疾病，它关注的是疾病的完整过程。在医院里，病人是疾病的主体；在诊所里，病人只是教学的病例。

福柯指出，18 世纪的社会政治意识与医学有着密切关系。这是因为疾病逐渐成为一种需要集体行动的政治和经济问题。

一方面，分类医学及其实践与当时的经济理论相辅相成。当时的医院被认为是一种经济上的浪费。医院收容的是贫苦病人，这既增加了传染的可能性，又无助于其贫病交集的家庭。另外，医院被看做非生产性的固定投资，而贫困与疾病则是随时随地变化的。人们主张废除医院，把捐助给医院的资金直接补贴给有病人的家庭。按照这种理论，医生就将负有一种

① Foucault, *The Birth of the Clinic*, p. 8.

社会责任和政治功能，即判断病人家庭的经济困难。

另一方面，传染病医学及其实践，更导致医生政治化。在18世纪，关于时疫、瘟疫的认识处于边缘地位。传染病医学与分类医学不同，它不把时疫看做各种固定的实体，而是看做各种环境因素（饮水、食品、封闭污浊的空气、气候等等）的产物。时疫作为一种集体现象，其政治影响是很明显的。医生的地位也因此发生变化。他们受命监视本地区的时疫流行情况。医生的权威同国家结合起来。“一种传染病医学的存在必须借助于一种治安措施：规定矿场和墓地的位置，尽量把更多的尸体火化而不是土葬，控制食品（面包、酒类和肉类）销售，监督屠场和染坊的作业……”①

无论18世纪的分类医学和传染病医学有什么差异，但两者至少有一个共同点，即都承认国家干预的必要性。至此，我们看到，18世纪的医学实际开辟了两个方向。一方面是要求基于临床研究和个别治疗的“自由”医学，从而赋予医生以道德和科学的权威。另一方面是医学与政治的结合，导致了一种关于健康与疾病的政治。医生是健康的制造者，因此应该成为立法者的顾问。由此，产生了“健康社会”的梦想。在法国大革命前后，出现了两种迷思（myth）。一种主张组织全国性的医生行业，为维护人的肉体健康而行使权力，如同僧侣对人的灵魂行使权力。另一种声称，如果建立一个无忧无虑、清心寡欲、恢复到原始健康状态的国家，疾病就会消失。福柯认为：“这两种梦想是殊途同归：第一种从正面表达了通过一种准宗教的转换和建立一批医疗僧侣来实现社会的严格的、军事性的、教条的卫生化（medicalization）。第二种则是从反面、从胜利的角度表达了同样的卫生化，即在一种有规矩的、有组织的、不断受到监督的环境中，疾病被过滤挥发，同时医学本身也随着其对象和存在理由一起消失。”②

福柯认为，法国大革命期间社会历史条件的深刻改组导致了医学及其

① Foucault, *The Birth of the Clinic*, p. 25.

② Ibid., p. 32.

实践的转变。但是这种转变并不是以后人所想象的方式。

1789年的理想是："一种各地同质的形式——各个地区都是能够维持同整体的稳定关系的相等项，一种自由沟通的空间——部分与整体的关系是可以随时置换和颠倒的。"① 医生与政治家的要求极其一致。结果导致废除一切阻碍医生的"自由目光"和国家的监视目光的中间结构（医生行会、大学教师组织以及医院）。然而，直至1794年，经过长期的辩论和各式各样的改革方案，革命政府虽然废止了各种旧的机构，但是未能建立起新的机构。从政治角度看，革命政府无法解决这样一种矛盾，即一方面满足废除特权组织（如医学院）的要求，另一方面保护公众免受江湖庸医之害。从医学角度看，医生要求在一种自然环境中自由地观察疾病，因而阻碍建立新的机构。这种情况反映出启蒙思想以及革命的内在矛盾："这些摇摆不定的论调确实要求知识的统一和医学实践的统一：它们为这种统一指明了一种理想的空间，但是它们也是阻碍它实现的原因。……启蒙的宇宙价值观在这里依然起作用。尽管医学目光的权力开始得到承认，但医学目光还没有在临床组织中获得技术性结构，仅仅是启蒙辩证法的一部分进入医生的眼睛。"福柯进一步指出，"至于谈到那种历史观——把诊所的繁衍归因于一种科学的、政治的和经济的自由主义——的优越性，人们忘记了在若干年里正是这种意识形态论调阻碍了诊所的组建。"②

只是在各种实际压力之下——战争造成大量的伤病人员，缺乏合格的医生，几乎没有医院，江湖庸医引起普遍的不满等等，革命政府才最终开放了诊所。这些诊所不是原来诊所的简单复兴，而是新的政治和医疗机构。政治上，这些诊所绕过了过去的特权行会组织，同时确立了国家对医学的监督控制。同当时经济领域的情况一样，这种控制是施加于生产者（医生）身上，而不是施加于产品（医生的实践）上（福柯指出，这违背了经济自由的原则），也就是说，国家应该不时地检查医生的能力和道德。道德问题是当时的一个重大问题。因为诊所既负有治疗病人的责任，又要向学生展示病人，所以医生的教学同他保护病人的义务是冲突的。为

---

① Foucault, *The Birth of the Clinic*, p. 38.

② Ibid., pp. 51-52.

此，达成一些妥协。教学只能使用穷人和社会不良分子（如未婚怀孕的女子）。这就从经济角度认可了医疗护理与医学研究的交换（穷人用自己的肉体支付医疗费用）。

从医学上看，新诊所也不同于过去的诊所。过去的诊所并没把医学理论与经验实践结合起来。尽管它们是教学单位，但是学生是学习如何观察疾病而不是观察病人，学习如何按照固定的疾病分类表来区分疾病。因此，过去的诊所实际上是干扰了现代临床医学的发展，而不是有助于其发展。然而，“18 世纪最后几年，诊所经历了急剧的重建：脱离了其借以产生的理论背景，成为一个应用场所，不再局限于已经说明的知识，而是具有与之共同扩张的能力。它将与整个医学经验合为一体”①。也就是说，新诊所负有治病救人的职能，被授予决定和干预的权力，因此它必须基于实践经验而不是陈因旧说。这就使得诊所的活动从临床教学变成临床医学，从而使得医学知识发生全新的变化。分类医学依然存在，但已不再占据支配地位了。在经历了内部改造之后，新的医学范式开始出现。在这种新范式里，“不仅疾病的名称、系统分类发生变化，而且应用于病人身体的基本感知符码、观察的对象领域、医生目光扫视的表面和深层、这种目光的整个定向系统也都发生了变化”②。

福柯把这一阶段的医学称之为“症状医学”。以卡巴尼斯（Cabanis）的著作为代表的症状医学认为，疾病不是固定的实体，而是动态现象，是症状的综合体。这种“知识符码”“有两种主要形式：象征（sign，迹象、符号）的语言结构和个案（case，病例）的堆砌结构”③。一方面，疾病症状因而变成复杂的病理发展的象征符号（能指），变成了病理语言的词汇。所指的实体完全消失在能指的读解语法中。基于符号的症状医学给医学认识引进了新的时间维度。古典医学把每一种疾病都限定在边界固定的分类表上，而症状医学则确定了新的连续的疾病系列，只有生死的两极时间界限。另一方面，症状医学的病例研究结构也受到这种新的时间关系的

---

① Foucault, *The Birth of the Clinic*, p. 62.

② Ibid., p. 54.

③ Ibid., p. 90.

影响。18 世纪的症状医学依然只把病人看成“病理实例”，其系列主要是基于概率统计。

很快，在进入 19 世纪时，症状医学转化成“组织医学”或“解剖—临床医学”。福柯认为，这种转变绝不是通常所说的理性战胜宗教的结果——因为在 18 世纪宗教并没阻碍尸体解剖实践。在尸体解剖的基础上，一种器官医学也在逐渐发展。但是，器官医学与以分类医学为指导思想的医疗实践是脱节的。因此，阻碍解剖—临床医学的形成的，不是科学与宗教的对立，而是医学思想的迷思。症状医学否定了分类医学，但是只有打破了症状医学的认识论迷思，才有可能重新认识器官医学，并且把解剖学纳入新的组织医学。

在症状医学里，暗含着四种认识论迷思。这些迷思都假设，视觉和听觉足以提供医学认识的基础。第一个迷思是，疾病类似语言的字母表结构，是由一些数量有限的基本元素组成的，医生的眼睛能够看到这些因素。第二个迷思是，疾病与词一样，本身没有实体，而是体现了一系列的关系，只要了解了病理语言的“音素”，就能理解这些关系。第三个迷思是，疾病与化学化合物一样，可以用医生目光的“火”来分解。第四个迷思就是医生的目光。

转变的关键是这些迷思的发展和突破：到 18 世纪末，医生的 gaze（注视、目光、观察）逐渐被另一种感知方式所取代，即 glance（根据福柯的用法，可译为“透视”或“洞视”）。福柯认为：“注视意味着一个开放的领域。……它加以记录和总括。……它扫视的是一个已经成为语言世界的世界。……相反，洞视不是扫视一个领域。它切入一点，一个中心点或关键点，因而超出了它所看见的东西。它不被直接的感觉方式所迷惑……它实际上具有破除迷思的能力……它没有背负任何滥用的语言。审视是沉默的否定，就好像用一个手指指点。……从此，医生将不断地用‘触觉’的比喻来说明他们的洞视。”① 也就是说，这种转变是视觉、听觉和触觉关系的变化。在临床医学里，医生既看，又问，又听：他的观察

① Foucault, *The Birth of the Clinic*, pp. 121-122.

是一种“说话的眼睛”的观察。经过一系列复杂变化，触觉变成感知的主要方式，医学目光从身体表面转移到不可见的、无声的身体内部。由于有了这种洞视能力，临床医学围绕着一种新的空间——“身体的有形空间”——重新组建起来。“临床医学完全按照病理解剖学加以组织。比沙（Bichat）的时代来临了。”①

比沙于1801年出版的《普通解剖学》建立了身体内部的分类系统，但是这种系统不是基于对器官的认识，而是基于对分布于全身的21种组织的认识。在组织医学里，疾病不再被视为特殊实体或症状综合体，而是表示某种组织的损伤。疾病不再被视为“词”（症状）或“物”（疾病体），而是被看做身体的畸变、失常。而医学认识的锐利武器是尸体解剖。在比沙的著作中，被福柯认为标志着“西方医学史的重大突破”的一段论述是：“你在二十年间每天从早到晚站在病人床边记录心、肺、胃等的病状。对于你来说，这些都是混淆不清的症状，给你呈现的是一系列互不相干的现象，而不吐露它们的意义。然而，只要解剖几个尸体，你就会立刻驱散单凭观察所不能驱散的黑暗。”② 这样，临床经验就转变为解剖—临床感知，从而将人体的内部呈现给医生。

在福柯看来，在19世纪的解剖—临床医学中最重要的是死亡观念的转变。在医学感知中，死亡承担起新的角色，成为疾病和生命的关系的澄清者。在18世纪的医学中，疾病具有自然和反自然的二重性。死亡既被看做生命的终结，也被看做疾病的终结。因此，死亡是医学知识的界限和威胁。生命知识则基于活生生的生命的实存。在19世纪的解剖—临床医学中，疾病也不再被视为一种偶然事件，而是成为生与死之间的经常性遭遇。也就是说，疾病依然具有二重性，但这是生与死的关系。“人会死不是因为人会生病，人会生病是因为人会死。”③ 死亡过程变成一种特殊的生命过程，先于病人的实际死亡而存在，而且在实际死亡瞬间之后依然存

---

① Foucault, *The Birth of the Clinic*, p. 122.

② Ibid., p. 146.

③ Ibid., p. 155.

在。死亡提供了认识疾病和生命的最佳角度。“生命知识在生命的毁灭和它的对立极端发现了自己的起源。正是在死亡之时，疾病和生命说出它们的真理。”① 由此，活人也被当做死人看待。我们不能对活人进行解剖，但是通过对死人的解剖可以揭示身体内部的真理。

空间概念也发生变化。“诊所医生的目光集中于一种连续性，一种病理现象的领域。后者必然既是共时性的，又是历时性的，但无论哪种情况，它都屈从于时间。它是分析一种系列。解剖—临床医生的目光则要扫视一种立体。它处理的是复杂的空间数据，后者第一次在医学中成为三维的。”②

解剖—临床医学也改变了医学知识的标准。18 世纪的医学不是从分析机体的“正常”机能入手，因而更强调“健康”而非“正常”（normality）。而 19 世纪的医学在建立概念和制定医疗措施时，是基于器官和组织的结构（生理学逐渐成为全部医学思考的中心），因而更偏重于“正常”而非“健康”。③

临床医学也改变了医学实践的技术。对于病人的治疗是对活人身体的一种病理解剖，需要通过器械来实现。这就带有了一种道德色彩。对成熟女人进行诊断和治疗，导致听诊器的发明。技术与道德——权力/知识的盔甲——已臻于完备。

这样一种结构性变化也体现在语言中：“18 世纪医生总是用这样一个问题开始同病人对话：‘你怎么了?’但是这种问法被另一种问法所取代：‘你哪儿不舒服?’我们从中可以看出临床医学的运作及其整个话语的原则。”④

从更宏观的思想史的角度看，解剖—临床医学的诞生具有重大意义。福柯指出，按照亚里士多德主义，科学话语不得应用于个人。然而，解剖—临床医学首先克服了这种禁律，使得主体在死亡时能够成为科学的对

---

① Foucault, *The Birth of the Clinic*, p. 145.

② Ibid., p. 163.

③ Ibid., p. 35.

④ Ibid., p. XVIII.

象。在医学里最先出现了既作为知识主体又作为知识客体的人。“这种重要性不仅是方法论意义上的，而且是本体论意义上的。”由此产生的现代医学科学，福柯称之为“第一个关于个人的科学话语。”

解剖—临床医学的诞生不是孤立的。它借以产生的历史条件是由空间、语言和死亡组成的结构。这种结构是现代文化的结构。因此，医学不仅在整个人文科学大厦中占据着奠基的位置，而且同从荷尔德林到里尔克的激情体验息息相关。福柯在结语中写道：“无疑，这将是关于我们文化的一个关键事实，即其第一个有关个人的科学话语不得不通过这种死亡阶段。西方人能够在自己的眼中把自己当做一个科学对象，用自己的语言把握自己，通过自己和借助自己使自己获得一种话语存在，只是在由消灭自己而造成的开放空间中才实现：从无理性的经验产生了心理学，通过把死亡整合进医学思想才产生了作为关于个人的科学的医学。一般地说，现代文化的个体经验是同死亡经验联系在一起的：从荷尔德林的恩培多克勒（Empedocles）到尼采的查拉斯图拉，再到弗洛伊德的人，一种与死亡难解难分的关系赋予这种普遍之物以单一的面孔，从而给予个人以前所未闻的权力。个人则给死亡赋予了永远与他同在的意义。”“乍一看似乎很奇怪，维持19世纪激情主义（lyricism）的运动居然与借以获得关于自己的实证知识的运动是同一运动。然而，知识的图形与语言的图形都应该服从同一深层法则，有限性（finitude）的侵入应该以同样方式支配人与死亡的关系。在前者，以理性方式批准一种科学话语的权威；在后者，打开了一种语言的源泉，这种语言在因诸神缺席而留下的虚空中无限地展开。对此有什么值得大惊小怪的呢？”①

在《疯癫史》里，福柯告诫我们，当人们说“这个人是疯人”时，这句话包含着丰富复杂的历史文化内容。在《临床医学的诞生》里，我们同样看到，当人们说“这个人是病人”时，这句话也不是一个简单的事实陈述。《临床医学的诞生》与《疯癫史》一样，对西方的线性进步历史观提出质疑。所谓“理性进步”其实是很暧昧的，甚至是不光彩的。

---

① Foucault, *The Birth of the Clinic*, pp. 197–198.

那些被归因于人道主义或追求真理精神的历史，其实可以从别的方面来解释。但是，如果说《疯癫史》主要是试图转变人们对事物的评判标准，那么《临床医学的诞生》则主要是要转变人们对历史的传统思考方式。①后者主要是对医学话语的分析。福柯后来曾经解释说："我是想搞清楚，话语领域本身发生了哪些必要而充足的变化，使得人们选用某些词句而不使用另一些词句，为什么会从某一角度而不从另一角度来观察事物？"②《临床医学的诞生》在方法论上更接近于结构主义。福柯在进行话语分析、考察话语嵌入社会的方式问题时，承认话语的自主性，认为话语决定着医学观察。但是，"福柯从来不是完全的结构主义者。他不是寻找非时间性结构，而是寻找'历史的……可能性的条件'"③。换言之，在他看来，话语结构不是共时性的，而是历时性的。福柯本人也一直否认自己是结构主义者。为了划清界限，《临床医学的诞生》的法文第二版作了许多修改，在许多地方把"语言"一词改为"话语"，并且尽量删减结构主义者所偏爱的"能指"、"所指"等术语。

另外，福柯在《临床医学的诞生》中提出了 gaze（注视、目光、观察）概念。这一概念在他后来的著作《规训与惩罚》中发展成"全景监视"，从而成为福柯的"权力、知识和肉体"思想的一个重要因素。

与《雷蒙·鲁塞尔》一样，《临床医学的诞生》没有引起太大的反响。第一篇书评竟然是 1964 年英国《科学史》杂志第三期发表的。书评对《临床医学的诞生》给予了肯定。法国只有一位科学史学者撰文评论《临床医学的诞生》，但他批评该书"康德味"太重，认为福柯的兴趣不在于医学本身的情况，而在于导致医学的假设和条件。但是，拉康对这部

---

① See Pamela Major-Poetzl, *Michel Foucault's Archaeology of Western Culture: Toward a New Science of History*（以下简称：*Western Culture*），The University of North Carolina Press，1983，p. 148；J. G. Merquior，*Foucault*，London：Fontana Press，1985，p. 33.

② Dreyfus and Rabinaw，*Michel Foucault：Beyond Structuralism and Hermeneutics*，p. XIX.

③ Barry Cooper，*Michel Foucault：An Introduction to the Study of His Thought*，pp. 34－35.

著作很感兴趣，在他的研究班上组织讨论。还有一些年轻的医学工作者喜欢这部著作，并以此为医学史研究的范本。

拉康的妻子记得，由于拉康赞扬《临床医学的诞生》，福柯曾几次与拉康共进晚餐。一次，福柯在谈话时突然提高语调说："只要男人和男人的婚姻不被承认，就谈不上什么文明。"话出有因。此时，福柯已经与德菲尔同居，而且相约白头偕老。他们的关系在自己的小圈子里不是什么秘密，但是，当时法国社会，具体地说，法国学术界对同性恋依然难以接受。因此，福柯和德菲尔的关系当然会遭到一些冷眼，更谈不上取得社会的合法地位了。

福柯与德菲尔的关系也导致了福柯同巴尔特的疏远。有的朋友回忆说，巴尔特很嫉妒德菲尔在福柯心中的重要位置。但德菲尔后来说，不仅是这个原因。当时，他和福柯的工作都很繁重。他正准备教师资格会考，福柯正忙于《词与物》的写作。两人每天通宵达旦地工作。为此，福柯不得不放弃了每星期与巴尔特的三次晚餐。

1964 年夏，德菲尔通过了大学、中学教师资格会考。他应该服 18 个月的兵役。但是，德菲尔是反对阿尔及利亚战争的活跃分子。他对军队十分憎恶，不愿当兵。幸好当时有一条规定，可以用到发展中国家工作来顶替服兵役。德菲尔选择到突尼斯的斯法克斯教哲学。1964 年和 1965 年，福柯经常到斯法克斯看望德菲尔，圣诞节期间和德菲尔一起游览突尼斯。

第七章　人的死亡

1964年7月，福柯在巴黎以北的罗瓦尤蒙（Royaumont）召开的尼采研讨会上宣读了著名论文：《尼采、弗洛伊德、马克思》，鲜明地揭示了支配法国乃至西方当代批判思想包括他自己思想的三个根本来源。

从20世纪50年代末起，法国哲学的批判意识及方法更直接、更明确地源于这三位大师的思想，借助于这三位大师来反抗主流意识形态，超越当时的各种流行思潮，尤其是现象学和存在主义，随后又超越了结构主义。① 福柯明确认识到这三位大师的启示意义。综观福柯的多次论述，正如有的研究者概括的，福柯认为这三位大师对于西方当代批判思想的意义在于，他们“各自发挥了一种根本性的去中心（decentering）作用。这三人都抨击起源的观念。这三人都使用了某种方法，以使思想摆脱一种组织和创始原则。这三人都对一系列关系作出解释：在马克思那里是生产关系和价值学说，在弗洛伊德那里是欲望关系和释梦学说，在尼采那里是价值关系和永恒回归。这三种方法都否定绝对的有控制力的符号。在这三种价值观中，合理性与意识都失去王冠，而被置于一系列关系中。这三个人都揭示了无限性问题。因此，这三人都受到自由主义意识形态的捍卫者直接而顽强的抵制。后者维护这样一种观念，即历史‘是活生生的和连续的，对于有关的主体来说，它是一个栖息、确定与调和之地，一个安睡之处’。马克思、弗洛伊德和尼采反对这种人类的安睡，而把人看做超越人的关系的产物。人是在死亡的背景下被考察的：在马克思那里表现为异

① 福柯指出：“最早一批诉诸尼采的人不是寻求摆脱马克思主义的出路，而是寻求摆脱现象学的出路。”（Foucault，*Politics*，*Philosophy*，*Culture*：*Interviews and Other Writings*，*1977–1984*，p. 24）

化，在弗洛伊德那里表现为欲望，在尼采那里表现为游荡。生命则是‘那种永远需要超越自身的东西’”①。

在1964年的这篇论文中，福柯主要是分析三位“解释大师”马克思、尼采和弗洛伊德所代表的现代解释方法。他首先概述了西方解释方法的历史。他认为，从古希腊到现代的解释方法可以编成一部百科全书。但是，其中至少贯穿着一个基本因素，即总是怀疑在语言背后有另外一个实体，或者有另外一个完全脱离语言的实体。换言之，语言掩盖着“更深层的”意义，其他事物，如自然、客观和姿态，也都会“说话”。这些语言的意义取决于解释符号的系统。每一种文化都有自己的解释系统。在文艺复兴时期（16世纪），解释系统是基于相似性原理。任何事物都属于一个有着神圣起源的相似性系统。人们只需辨认特殊的相似性类型。17、18世纪的古典时期，再现系统取代了基于相似性的解释系统。但是到19世纪，再现系统被新的解释方法取而代之。新的解释方法与以往不同之处在于，它不是解释世界，而是解释人。它为人提供了一面或一些镜子。然而，福柯认为，西方文化的这种自恋主义遭到一系列痛创，第一次打击来自哥白尼，第二次打击来自达尔文。马克思的《资本论》、弗洛伊德的《释梦》以及尼采的《悲剧的诞生》和《道德的系谱》构成了第三次“去中心”的打击。福柯称马克思、弗洛伊德和尼采为“怀疑大师”，认为他们开辟了现代解释学。福柯指出，他们并没有为以前就没有意义可言的事物提供新的意义，而是从根本上改变了符号的性质以及解释符号的方式，他们的解释方法实际上否定了通常所谓的“深层意义”或“真理”。

福柯认为，现代解释学有四个特点。尼采、马克思和弗洛伊德的解释策略都不同程度地包含着这些特点。

第一个特点是，深刻改变了“符号的分布空间”。16世纪的解释空间是同质的，符号均匀地分布在相似性系统中。19世纪的解释空间则变成

① C. C. Lemert and G. Gillan, *Michel Foucault: Social Theory as Transgression*, New York: Columbia Uuiversity Press, 1982, pp. 23—24. 关于尼采、马克思和弗洛伊德对法国思想的影响，还可参见约瑟夫·祁雅理著，吴永泉等译：《20世纪法国思潮》，165页。

围绕着人和社会的符号群的分化空间。道德、金钱和症状等都是暗示着一种深层关系的表层符号。但是，尼采、马克思和弗洛伊德证明，这些深层空间不过是毫无内涵的表层的折皱，不过是把日常权力冲突神秘化。尼采发现，善恶观念不过是掩盖统治集团的私利和弱者的不满与虚伪的面具。马克思发现，资产阶级的价值观念不过是对日常金钱价值的掩饰，毫无深度可言。弗洛伊德发现，日常生活的精神病理学所谓的症状不过是半遮半掩的心理层面。在分析者居高临下的目光下，梦幻言语的含义一览无余。

第二个特点是，“解释最终变成了无止境的任务”。16 世纪的符号是有限的，而 19 世纪出现了不可穷尽的符号网络。尼采、马克思和弗洛伊德以不同方式考察了这种解释不可能彻底的意识。他们三人都拒绝“起源”观念。尼采和弗洛伊德（比马克思更明确地）认识到这种刨根问底的探索的危害和不可能性。这两人认为，解释越深入，就越接近于绝对的危险区，解释不仅会产生自我矛盾，而且解释乃至解释者都会在解释中消失。在弗洛伊德看来，病人情感向精神分析者用于治疗的新客体的转移，既表明精神分析的不可穷尽性，又标志着进一步的分析无法进行的界限。尼采敏锐地意识到，解释有可能以疯癫或死亡告终。对于尼采来说，“由于存在的基本性质，一种彻底的知识将会摧毁人”。福柯解释说：“在解释中断之处，在解释愈益向无法进行之点集中时，最可能出现的是类似疯癫体验的东西。”

第三个特点是，现代解释学相信，没有什么是最终的需要解释的东西，因为被解释物（interpretandum）已经是一个解释者（interpretans）。解释是无限的，因为符号不是消极地等待解释，它们本身就是对其他符号的解释。例如，马克思是在解释资产阶级对生产的解释，而不是解释生产本身。弗洛伊德是在解释病人对梦的解释，而不是解释梦本身，因此他揭示的是幻想，而不是病症。在尼采看来，哲学是语言学的无限操演；词语并不表示一个所指，而是强加一种解释。因此他也没有解释词语的“真正”意义，而是解释以前对于词语的解释。所有这些解释都基于一个信念，不是萨特所说的存在先于本质，而是解释先于符号。因为符号本身就是试图证明自身的解释，所以它们变得可疑。16 世纪，符号很简单，不过是上帝规定的相似性。19 世纪，符号变得狡猾了，“货币”、“症状”和

“道德”都成为面具。它们掩盖负面观念，但它们本身就包含矛盾和对立。

第四个特点是，解释变成无限的自我解释。对解释本身的解释陷入一种循环，不是由所指之物造成的，而是由于解释者的功能造成的。因此，现代解释学提出的问题不再是：“解释什么?”即：“符号意指什么?”而是：“谁在解释?”即：“是谁说的?”人们对解释者进行解释。例如，阿尔杜塞解释马克思，拉康解释弗洛伊德，德勒兹解释尼采。另外，解释变成循环的。由于解释不断地解释自身，就出现了解释的不断回归。只有当符号不再是解释，变成独立的对象时，这种循环才会被打破。

福柯最后指出：“解释的死亡就在于，相信符号是原始的、最初的和真正的存在。解释的生命就在于，相信所存在的只有解释。在我看来，有必要懂得这样一点（许多人都忘了）：解释学和符号学是势不两立的。”①

在马克思、弗洛伊德和尼采这三人中，福柯无疑倾向于尼采。在他看来，马克思的学说能够被嵌入共产党人建构的“实体”，弗洛伊德的学说能够被嵌入精神分析学家建构的“实体”，而尼采的解释理论则迥然有别，不能被嵌入任何建构的实体。福柯所赞赏的正是尼采学说的这种天马行空、不可归类的性质，从而把尼采学说看成思想解放的希望。在宣读论文后的讨论中，福柯更是不加掩饰地表明自己对尼采的欣赏。有人问：“你刚才说，疯癫体验最接近于绝对知识。你是否确实这样看?”福柯答：“是这样。”“你是否真的认为一个像尼采那样具有伟大头脑的人能够有‘疯癫体验’?”“的确如此。”②

这次研讨会由盖鲁尔（Martial Gueroult）主持。与会者还有克罗索夫斯基、德勒兹、鲍夫莱、瓦尔（Jean Wahl）以及意大利的科利（Giorgio Colli）和蒙梯纳利（Mazzino Montinari）等。两位意大利学者报告了编辑《尼采全集》的进展情况。会上确定根据意大利学者编辑的《尼采全集》出版法文版的《尼采全集》，法国方面的负责人是福柯与德勒兹。福柯后来解释，新版的必要性在于“摧毁那个狂热的第三者（指尼采的妹妹）

① Foucault, “Nietzche, Freud, Marx”, *Critical Text* Ⅲ, 2 (Winter, 1968); Major-Poetzl, *Western Culture*, pp. 31−35.

② Eribon, *Michel Foucault*, pp. 150−151.

造成的虚假建筑，尽可能按照尼采本人的想法重新整理尼采的文稿”。1967 年法文版第五卷首先问世，但整个十四卷的工程直到 1990 年，即福柯去世后才完成。

尼采发聋振聩地宣布上帝死了。出于对尼采思想以及整个西方文化的理解，福柯在为康德的《实用人类学》写的导言中以及在评论巴塔耶的“僭越”观念的论文中都一再引申尼采的思想，指出，随之而来的必然是“人”的死亡，因为人（有限之物）的一切价值最终以上帝（无限之物）为依据，如果没有上帝，西方人就不能生活，至少不能像以前那样生活了。1964 年，福柯再次写道：“那种已经气息奄奄的东西，那种在我们中间正在死去的东西（其死亡本身支撑着我们现在的语言）是辩证人（homo dialectitus）——出走又回归的时间性的存在，丧失了自己的真理而又重新发现被照亮的真理的动物，使自己感到陌生而又重新变得熟悉的畸人。这种人在很长时间里曾经是一切宣告人、尤其是异化的人的情形的话语的主体。不幸的是，他正在那些喋喋不休的话语背后死去。”① 这些论述只是前卫派小圈子里的话语或者说边缘话语。但是时过两年，福柯一部相当艰深的纯学术著作《词与物》问世，阐述“人的死亡”思想，并出乎意外地产生了轰动效应。

1965 年 8、9 两个月，福柯应巴黎高师校友、他教过的学生勒布伦（Gerard Lebrun）之邀到巴西圣保罗大学讲学。他请勒布伦为自己的一部书稿提意见，并以书稿为基础发表讲演。福柯的名气还不够大，讲演反响平平。但是，福柯对巴西印象颇佳，20 世纪 70 年代曾 4 次访问巴西。回国后，福柯把书稿送交伽里玛尔出版社。经过专家审读，该稿纳入“人文科学文库”丛书于 1966 年 4 月出版。丛书主编与福柯对书名曾几经商榷。福柯最初拟用《世界的散文》（*La Prose du monde*），但是在 1961 年梅罗-庞蒂死后发现的一篇遗作就是这一名称。在主编的建议下，“世界的散文”改作第二章的标题。福柯又提出两个方案：《事物的秩序》和

① Foucault，“La Folie，l'absence d'oeuvre”，转引自 Macey，*The Lives of Michel Foucault*，p. 169。

《词与物》。他本人倾向于前者。但是当时正在刊印中的一部著作的书名也是《事物的秩序》。为了避免雷同，福柯只得选择了《词与物》。（有意思的是，1970 年英译本问世时又遇到相似的问题：已经有两部英文著作使用“词与物”作书名。因此，英译本书名按照福柯的意愿改为《事物的秩序》。）副标题也有改动。最初福柯用的是《结构主义考古学》，后改为《人文科学考古学》。最值得注意的是，《词与物》的第一章“宫娥”原来是 1965 年发表在《法兰西信使》上的一篇文章，分析马德里普拉多艺术博物馆收藏的 17 世纪画家委拉斯开兹（Velasquez）的名画《宫娥》。由于主编的提议和坚持，福柯才勉强同意将该文修改后作为第一章收入《词与物》。这一章“文学性太强”（这也是福柯最初不同意的理由），与其他部分的风格不一致。这正是主编用以吸引读者的一个策略——确实奏效了。但是，有些研究者也误入迷阵，在这一章里钩玄钓沉，探究微言大义。① 当然，按照现代接受美学的观点，“文本”是能指按照任意指涉的意指规则多重扩散的过程。读者也是一篇文本的联合作者，可以自由地读解文本。

《词与物》出版之后的福柯（1966 年）

① 例如 Dreyfus and Rabinow, *Michel Foucault: Beyond Structuralism and Hermeneutics*, Part Ⅰ, ch. 2; Merquior, *Foucault*, ch. 4。

在法文版前言中，福柯自称写这部著作的灵感出自阅读阿根廷讽刺作家博尔赫斯的短篇小说。小说中引述“一部中国的百科全书”对兽类的分类：“(1) 属于皇帝的，(2) 长生不老的，(3) 家畜，(4) 乳猪，(5) 海怪，(6) 传说中的，(7) 野狗，(8) 其他可纳入各类的，(9) 猛兽，(10) 数量庞大的，(11) 有细绒尾的，(12) 诸如此类的，(13) 打破水罐的，(14) 来自远方、形如苍蝇的。”这种滑稽可笑的分类通常会使人对“中国人”的思维产生质疑。但是作为一个敏锐深刻的思想家，首先要对自身提出问题的方式和原则进行反思。福柯正是通过这“另一种思想体系的奇异魅力”想到“我们自己思想的界限，那样思维的绝对不可能性”①。换言之，博尔赫斯所写的“中国的百科全书”可以被视为各种相互陌生的概念化方式的一个象征，各种整理事物的体系不可通约的一个寓言。由此就产生了问题：“我们自己”（现代西方人）的思维的界限是什么？现代西方人是如何整理各种现象的？现代西方人的思维方式是一成不变的吗？

《词与物》旨在研究近代西方思想演变的历史，以确定现代西方思想的特征和命运。但是它不同于一般的科学史或思想史。首先，福柯在英译本前言中指出，至少在法国，科学史和思想史注重更严密的、体现“真理和纯粹理性”的学科，如数学、宇宙学和物理学。而福柯研究的是相对被忽视的人文科学，即“非形式知识”（non-formal knowledge）。福柯选择了三个学科作为研究对象：关于生命、语言和经济的三个学科。其次，一般科学史或思想史的研究层面是科学话语或哲学，而福柯的研究层面是“文化的基本代码”，“知识的实证无意识”——他为之杜撰了一个术语：“知识型”（episteme）②。最后，一般的科学史或思想史把科学或思想的发展看成几乎不间断的过程，福柯则认为不同时期的知识型之间是大断裂，几乎毫无关联。因此，《词与物》实际上可以说是“知识型史”或

---

① Foucault, *The Order of Things*, p. xv.

② “知识型”也可以理解为“知识密码”（code of knowledge），见 Richard Kearney, *Modern Movements in European Philosophy*, Manchester University Press, 1986, p. 284。

“知识型考古学”。

“知识型”是《词与物》的核心术语。许多研究者都指出，知识型类似于美国科学哲学家库恩（Kuhn）在1962年问世的《科学革命的结构》中提出的“范型”（paradigm）。它们都是科学没有意识到的，但都是科学话语的组成部分，而且决定着一个时代的科学话语。它们都具有不相容性、不可通约性，都会随时代而变化，但都不会消亡。但是，两者也有差异。库恩的范型属于科学的理论层面，而知识型属于更深的经验层面，是一个时代的“文化代码”。知识型的涵盖性比范型的要大得多。福柯在考察知识型时，基本上围绕着两个坐标轴，一个是同异关系（same-other relations），另一个是时间与空间。① 按照福柯的知识型概念，各个时期的知识之间存在着断裂的鸿沟。他完全局限于考察知识型史本身，既不解释这种断裂的历史条件，也不承认知识的进化与连续性。

概括地说，在福柯看来，自16世纪以来，西方文化先后出现过四种知识型。16世纪文艺复兴时期知识型：词与物统一；17世纪至18世纪古典时期知识型：用词的秩序再现物的秩序；19世纪以来的现代知识型：词的秩序不表示真实事物，而表示人对物的表现。西方知识型已经经历了从文艺复兴到古典时期、再到现代的两次大裂变，现在面临着一次新的裂变，将会出现新的知识型。在知识型之间的断裂处都有典型的转变形象：堂吉诃德标志着从文艺复兴的到古典的知识型裂变，萨德标志着从古典的到现代的裂变，而尼采则预示了当代知识型的诞生。当代知识型的特点是，词只表示其他词，或者用结构主义者的术语说，符号仅指涉其他符号，而不指涉外界。②《词与物》主要考察了前三种知识型。

---

① See Merquior, *Foucault*, ch. 3.

② 有的研究者认为，福柯的知识型阶段的划分，可能受维科（Vico）的历史哲学启发，以同一种语言理论为基础，建构四阶段周期，首先是隐喻（福柯的文艺复兴知识型与维科的众神时期），接着是转喻（福柯的古典再现知识型与维科的英雄时期），然后是提喻（福柯的现代以人为中心的知识型与维科的人的时期），最后是讽喻（福柯的当代知识型与维科的堕落时期）。参见 Hayden White，“Foucault Decoded：Notes from Underground”，*History and Theory*，12（1973），pp. 23－54。

文艺复兴知识型 福柯认为："直至16世纪末，相似性在西方文化的知识中起着建构性作用。"① 当时的相似性语义网络极其丰富，但主要是四种。首先是空间相连的相似性（convenientia）。如动物与植物、大地与海洋、灵魂与肉体等凭借距离和运动相联系。其次是形象相仿的相似性（aemulatio），这是一种无须考虑距离和运动的镜像相似性。如天空像人脸，因为天空也有两只眼睛：太阳和月亮。第三种是类比关系相似性（analogy），这种相似性既不考虑空间位置也不顾及形象，仅考虑相似之处。它包容前两者，又比前两者更宽泛。如星星与天空、植物与大地、生物与地球、钻石等矿藏与包裹它们的岩石、感觉器官与人脸等都存在这种相似关系。最后一种也是最强大的相似性形式是共鸣、同感（sympathy）。共鸣或同感是无所不在的，"通过宇宙的深层自由地发挥作用"②。同感能够摧毁一切差异。它的引力非常大，"若没有平衡力，它将把世界简化到一点，简化为同质物，简化为无特征的同一形式。"因此，同感也有反题，即反感（antipathy），后者使事物分开，保持其特征，使其能继续存在。"同感—反感对偶的统治产生了所有形式的相似性。前三种相似性都可以被它包容和解释。"③ 由于相似性的中介作用，世界保持同一。

但是，如果仅仅是这四种相似性，"相似性的世界只能是一个符号世界"④。因为人们不知根据什么来辨认相似性。因此需要有进一步的相似性形式才能使相似的网络天衣无缝。这最重要的一环就是"印记"（signature）。上帝给万物打上印记，即相似性或相互联系的符号，使得万物彼此相似。换言之，由于印记，小宇宙和大宇宙是统一的，词与物也统一起来，因为它们都是符号，都表示上帝的神圣秩序。但是印记往往是隐蔽的。因此知识必然是对这种秘密印记的揭示。福柯打破了科学/巫术（神话、迷信）的传统划分，认为在16世纪，学问（eruditio）和神示（divinatio，感悟）不是对立的，而是互相补充的。"自然巫术"是知识的重要成分。可以

---

① Foucault, *The Order of Things*, p. 17.

② Ibid., p. 23.

③ Ibid., p. 25.

④ Ibid., p. 26.

说，知识（认识）就是猜测。知识既不是观察，也不是论证，而是“注释”。

这个时期对动植物的研究包括“一切看到的和听到的”，即一切观察到的和传说的。福柯认为，与博物学家阿尔德罗万迪（Aldrovandi）记载的传说相比，被后人视为比较解剖学先驱的贝隆（Belon）的研究说不上更合理、更科学。它们属于“同一种类宇宙学”①。他甚至认为：“阿尔德罗万迪作为一个观察者既不优于也不逊于布丰（Buffon）。”②

文艺复兴时期的知识是把一种语言同另一种语言联系起来。词与物一样是符号，书写的词是可见的和持久的，因此比言说的词有更大的意指能力。福柯认为，无论是把各种文字比做宇宙秩序的不同形象，还是语法学，都没有什么差别。因为“16 世纪的语法研究也基于与自然科学或神秘学科同样的认识格局”③。

文艺复兴的知识系统，或者说符号系统，依然遵循着斯多葛派的“三段式”规则，“包含着能指、所指和‘联结’（conjuncture）”④。所指是原初的秩序，即原初的文本。中间的联结项就是相似性。因此，语言的研究就是对文本的无穷解释。“语言自身就包含着繁衍的原则。”⑤ 也就是说，要不断地探求巴比伦塔修建之前的词语的印记，原初的意义。

福柯没有特意分析这个时期的经济话语，只是在后面分析古典时期时顺带说到，货币既被看做符号，也被看做对其他符号的能指：“表示财富与衡量财富的符号本身必然带有真实的记号。”⑥

文艺复兴知识型相似性法则不是福柯的发现。海德格尔早在 1938 年写的《世界景象的时代》一文中就提出前现代思想的“相似性”（Entsprechung）法则与现代知识的“再现”规范的区别。⑦ 但福柯是最先对

---

① Foucault, *The Order of Things*, p. 22.

② Ibid., p. 40.

③ Ibid., p. 35.

④ Ibid., p. 42.

⑤ Ibid., p. 40.

⑥ Ibid., p. 169.

⑦ See Martin Heidegger, *The Question Concerning Technology and Other Essays*. Trans. by William Lovitt, New York: Harper and Row, 1977.

此展开分析的。

古典知识型 17世纪，相似性知识型突然崩溃了，再现（representation，表象）知识型取而代之。“这涉及一种巨大的文化改组。古典时期是这种改组的第一个、或许也是最重要的一个阶段，因为它造成了我们至今仍置身其中的新格局……正是古典时期使我们脱离了一种文化，在那种文化中，符号没有意指功能……它们难以捉摸的、单调执拗的原始存在散射光芒，茫茫无尽。现在，在我们的知识或我们的思考中没有任何东西能唤起关于那种存在的记忆，除非在文学中，而且也是闪烁其词的，而非直截了当的。”① 在古典时期，“所有的语言只有作为话语才有价值”，只能有再现的功能。只是从19世纪到今天由荷尔德林、马拉梅、阿尔托为代表的文学获得独立存在，形成一种“反话语”（counter-discourse），才“从语言的再现或意指功能回到自16世纪后被遗忘的这种素朴存在”②。

堂吉诃德这个疯人形象标志着两个时代的嬗替。但是我们不应把堂吉诃德看成疯子，他是“一个异化于相似性的人”③。他的全部游历都是寻找相似性：词（骑士小说）和物（现实世界）的统一。结果，他处处碰壁，自己夹在词的秩序与物的秩序之间。“《堂吉诃德》是对文艺复兴世界的一个否定；书写不再是世界的散文；相似性与符号的联盟瓦解了；相似性变成欺骗，濒临幻觉和疯癫。”④ “书面词语和事物不再彼此相似。”⑤ 新的知识型产生了。“由于西方世界发生了一次根本断裂，变得重要的东西不再是相似性，而是特性（identities）与差异。”⑥

在新的知识型中，分析（analysis）取代了类比（analogy），彻底的归纳取代了无限的相似性游戏（有限的差异取代了无限的相似性），比较获得了完全的确定性（确定的知识取代了可能的关系），对特性的确定和对

---

① Foucault, *The Order of Things*, p. 43.

② Ibid., p. 44.

③ Ibid., p. 49.

④ Ibid., p. 47.

⑤ Ibid., p. 48.

⑥ Ibid., p. 50.

差异的区分取代了相似性的聚合，历史学与科学分离。①

古典知识型最核心的变化是，符号不再是世界的形式，而是对其他符号的“再现”。用一种符号秩序来再现另一种符号秩序，在绘画中表现得最明显。福柯认为委拉斯开兹的《宫娥》是古典知识型的一个绝妙图解。在这幅画上，正在作画的画家侧脸面对我们，油画上的其他人也朝我们这个方向看。占据画面中心的小公主和其他人并不是他的模特儿。真正的模特儿是通过镜像反射出来的：在画面的背景处一面镜子映照出盛装的国王和王后，他们凝视着前方，也间接地凝视着画面上的人和我们。他们才是模特儿。这样，在这幅画上就包含了几方面的目光：画家、画面上其他人、国王夫妇以及我们这些观众。所有的人既是观看者也是被观看者。另外，这些目光都是暂时的，不稳定的。“观看者和被观看者参与了一种无休止的交流……主体和对象、观看者和模特儿无限地颠倒着他们的角色。”② 因此，委拉斯开兹的这幅画不是仅仅再现一幅图像或一系列图像，而是表现了再现过程本身。

福柯认为，古典时期再现知识型有三种结构，规定着古典时期知识的一般形构（configuration）：可计算秩序的科学——数学（mathesis），基于经验系列的秩序结构分析——起源学（genesis），以及在这两者之间的非数量差异符号的领域或表格领域——分类学（taxinomia）。但这三者不是截然分立的领域。分类学也属于数学，但数学是等式科学，是自明的真理科学，而分类学处理的同一性和差异，是关联（articulation）和分类的科学。同样，起源学也包含在分类学里，但分类学建立的是可见差异的表格，而起源学则设定了一种看不见的连续系列。福柯认为，分类学在古典时期占据重要地位，既相当于一种本体论，又相当于一种符号学。“古典思想的基本问题在于名称与秩序的关系：如何发现一套术语（nomenclature），即分类法，或者说，如何建立一个能够对连续的存在开放的符号系统。”③

① See Foucault, *The Order of Things*, pp. 54-55.

② Ibid., pp. 4-5.

③ Ibid., p. 208.

福柯认为,《波特-罗雅尔逻辑学》(*Logique de Port-Royal*, 1662 年)代表了古典时期知识型的基本符号理论。他引述波特-罗雅尔的论述:"符号包含两个概念,一个是有表示作用的事物的概念,另一个是被表示事物的概念。符号的性质就在于用第二个概念激发第一个概念。"① 古典知识型的符号系统是两段式。词(符号)与物分离了。词(符号)变成能指,物变成所指。两者之间没有任何中介,既没有需要揭示的隐蔽联系,也无须解释。词的秩序表示物的秩序,这两种秩序并行不悖,再也不互相缠绕,难解难分。但是,符号与其所指的关系并不是由事物的秩序来保障的,"将两者联系起来的是在知识内部建立的一个事物的概念与另一个事物的概念之间的纽带"②。也就是说,习惯(人为)符号比自然符号更重要。习惯符号是人为的,因此更容易组合与分析。这些符号是古典思维的范型。所有的符号系统都力求成为严密的"语言"。这恰与 16 世纪的情况——语言仅仅被视为世界中的另一种物——相反。这又与现代符号理论——语言在其中占首要地位——相似。

福柯认为,尽管波特-罗雅尔逻辑学派自觉地表达了古典符号系统,但是这一系统是在其他话语的无意识层次起作用,从而造成了"一种必然性网络(network of necessities)"。正是这种网络造成了福柯侧重分析的三种分类学话语:自然史,财富分析和一般语法。这些话语都是基于再现知识型。而且这些不同话语之间也有一种思想的相互渗透。哲学家兼逻辑学家孔狄亚克(Condillac)和德斯蒂·德·特拉西(Destutt de Tracy)把贸易和经济分析纳入自己的知识和语言理论;经济学家杜尔哥(Turgot)和亚当·斯密也撰写语言学论文;杜尔哥第一个对货币与词语做了系统的比较。博物学家阿当松(Adanson)不仅创造植物命名体系,而且力图根据语音音素整理整个书写领域;林奈(Linnaeus)则设想揭示囊括自然和社会所有具体领域的同样秩序。③ 在这些有意识的尝试背后体现出在无意识层次上同一种知识型的作用。

---

① Foucault, *The Order of Things*, pp. 63-64.

② Ibid., p. 63.

③ Ibid., p. 76.

因为古典时期语言负有“再现（表现）思想”的任务和权力，所以语言研究、即一般语法享有突出地位。“一般语法是对词语秩序及其同时性（simultaneity）的研究，其任务就是再现这种同时性。因此，其对象既不是思想，也不是个别语言，而是话语，即言语符号系列。”① 一般语法是论述思想的逻辑，力图描述一种再现方式的运作过程。这就使得语言脱离了事物的世界而置身于独立的领域，同时使它既是彻底的再现，本身也是彻底的透明。但是语言和思想并不是同一的，而是不同的再现，因此语言变成对一种再现的再现。语言不是单纯地表达思想，而是对思想的一种分析。它把思想分解成要素。因此语言是一种深层空间秩序的建构。一般语法的中心和首要因素是命名。“命名就是给一种再现赋予言语的再现，同时又把它置于一个一般的表格中。一般语法体现了知识型的基本问题，因此它是再现的一般分类学。”②

古典时期最鲜明地显现分类学特征的话语是自然史。自然史也是按照命名原则建立起来的。“历史”这一古老名词改变了含义。文艺复兴时期的传说和寓言被排除出去，历史的因素被归结为特性和差异。“自然史不过是对可见物的命名。”③ 也就是说，味觉也被排除在外，甚至触觉和颜色也只是在有限的条件下被考虑。自然史的命名主要根据结构和特征。构成生物可见结构的只是四个变量：形状、数量、空间分布关系以及相对规模。对这些变量的分析能够确定一个物种。但是还需要用性质来对物种进行分类。特征就是“用以表示和区分一些物种的一组特性”④。结构和自然中应该有一种连续性，但自然本身并不能使观察者看到这种连续性。因此需要用历史上的灾变来解释自然中的断裂和空白。这种起源分析补充了自然史的分类学，但是这种灾变系列并不是进化论的前身，因为时间因素是外在于本质的不变的生物。

福柯用以证明古典知识型的第三种话语是财富分析。在16世纪，贵

---

① Foucault, *The Order of Things*, p. 83.

② Ibid., p. 116.

③ Ibid., p. 132.

④ Ibid., p. 189.

金属之所以被视为财富的符号和衡量手段，是因为它们本身是财富，具有内在价值。这种价值最终归因于上帝创造的秩序。在古典时期，货币本身不是财富，而是财富的一种体现，一种符号。它的价值来自它在交换和流通体系中的功能。它取代金银而成为价值的衡量手段。货币与金银的关系是人为的，不取决于材料的性质。货币功能支配了17、18世纪重商主义，从而在更一般的财富分析中居重要地位。这是因为“所有的财富都可以用钱币表示（coinable），通过这种手段而进入流通——正如任何自然生命都可以用特征表示（characterizable），从而在一种音节语言中找到位置；任何再现都可以用符号表示（signifiable），从而能在一种特性与差异的系统中找到位置，使人理解”①。货币交易系统与语法系统或生物分类系统之间存在着一些差别。货币系统与社会实践的关系更密切。商品和货币流通的时间产生了“在其他任何秩序理论中都没有的”时间参数。但是，财富分析遵循着与一般语法和自然史相同的范式。

福柯对古典时期知识型做了如下总结：“对于古典思想来说，自然史体系和货币或贸易理论具有与语言本身一样的可能性条件。这意味着两件事：首先，对于古典经验来说，自然界的秩序和财富领域的秩序具有与由词语体现出来的再现秩序相同的存在模式；其次，词语构成了享有充分特权的符号系统。”②

现代知识型 站在古典知识型和现代（modern）知识型之间的是萨德。福柯认为：“或许，（萨德的作品）《朱斯蒂娜》和《朱利埃特》在现代文化门槛的地位与《堂吉诃德》在文艺复兴和古典主义之间的位置相同。……这不再是再现对相似性的滑稽胜利，而是欲望对再现的界限反复进行的模糊攻击。”③ 在萨德之后，欲望不再局限于再现的界限之内，一种新的概念诞生了。现代知识型重建了关于生命、劳动和语言的话语，把思想的轴心从再现的空间转移到欲望（性欲）和冲突（生与死）的时

① Foucault, *The Order of Things*, p. 175.

② Ibid., p. 203.

③ Ibid., p. 210.

间。历史（时间）成为重要因素。当然，不是说以前的知识中没有时间维度，而是说历史（时间）成为知识对象的内在因素，知识对象脱离了外在的历史（时间）。因此，福柯甚至说，从 19 世纪初各知识领域经历了“非历史化”。与文艺复兴和古典知识型不同，福柯没有明确地提出现代知识型的核心特征。有的研究者将其概括为“历史知识型”；但也有研究者认为，实际上“人”占据着现代知识型的中心。也就是说，标志现代知识型的不是知识的形式，而是知识的中心问题。这样就形成了“相似性、再现、人”这样一个奇怪的西方知识型历史系列。①

古典和现代知识型的断裂发生在 18 世纪和 19 世纪之交，包括两个阶段。第一阶段大体上从 1775 年到 1795 年，其标志是，时间概念突然支配了各种话语。历史的连续取代了同时性秩序。古典知识型所建构的知识是空间性和可见性的，此时被时间性和不可见性取而代之。朱西厄（AL. de Jussieu）、拉马克的器官结构概念，亚当·斯密的劳动价值学说以及威廉·琼斯的语言研究都体现了新的方向。但是，福柯认为，他们都不是革命性的思想家。例如，“亚当·斯密的分析与杜尔哥或坎特龙（Cantillon）的分析之间的差异并没有人们设想得那么大”②。斯密的劳动概念依然是在再现系统中运作。

真正的变异发生在第二阶段，大体上从 1795 年到 1825 年，产生了分别以李嘉图（David Ricardo）、居维叶（Georges Cuvier）和葆朴（Franz Bopp）为代表的政治经济学、生物学和历史比较语言学（philology）。福柯指出，不能以为这三个学科是一般语法、财富分析和自然史的直接延续，因为“它们脱离了自己的前史”，变成全新的话语。不仅历史作为新的存在方式出现，“成为我们思想中不可回避的因素”，而且先验主体同先验对象分离了。“在世纪之交发生变化的而且后来经历无可挽回的变化的，是作为知识主体和知识对象之间的先在和不可分的存在方式的知识本身。……生产、生命、语言——我们不应把它们当做从外面强加的对

① See Merquior, *Foucault*, p. 52; David R. Shumway, *Michel Foucault*, Boston: Twayne Publishers, 1989, p. 81.

② Foucault, *The Order of Things*, p. 222.

象。……它们是知识的基本方式。”①

在政治经济学中，作为分析对象，生产取代了流通，既意指生产者的主观活动，也意指产品。劳动不是再现商品，而是再现商品的价值，这种价值是随着历史过程而变化的。这些历史过程需要阐明。在古典分析中，劳动是同短缺概念相联系的。18 世纪经济学家认为，土地和劳动能够克服短缺。李嘉图则认为，劳动即经济活动只是当人口增加太多、以致土地的天然果实不能使人维持生命时才出现在世界历史中。物质短缺主要不是因为人的需求造成的，而是由于自然界不是无限富饶的，而人口却不断增长的结果。在历史的每个阶段，人类都是在死亡的威胁下劳作。人作为“经济动物”（homo oeconomicus）就是“在躲避死亡威胁的过程中度过、消耗和浪费自己的生命”②。因此，经济学必须要考虑人作为自然的有限存在这一事实。李嘉图和马克思分别提供了两种解决方案。在李嘉图看来，生产的历史性存在于人的有限性之中，因此人口的稳定将能制止短缺，用一种人为的财富分配方式将能使劳动适应需求。在马克思看来，贫困是一种历史的结果，是有限存在的异化，必将导致现存发展历史的颠倒。

福柯贬低马克思主义的意义，认为马克思主义不过是把李嘉图的悲观主义转化成一种乌托邦的“革命承诺”。“马克思主义只是在 19 世纪的思想环境中才如鱼得水，换到其他地方就不能呼吸。”李嘉图和马克思的差异是微不足道的。他们的争论“不过是孩子们的戏水池中的风暴”。“最重要的是，在 19 世纪初，一种新的知识格局建立起来。它同时包含着经济（在生产方式方面）的历史性、人类存在（在短缺和劳动方面）的有限性，以及一种历史终结的实现——无论是不确定的减速还是根本的颠倒。根据一种图式，历史、人类学和发展的中断三者被联系在一起。这种图式决定了 19 世纪主要的思想网络之一。”③

在生物学中，自居维叶开始，对器官的解剖结构内部的功能关系的研

① Foucault, *The Order of Things*, pp. 252–253.

② Ibid., p. 257.

③ Ibid., p. 262.

究取代了对孤立器官的研究，对生命的研究取代了对“存在”的研究，从而取代了平面、静止的古典分类学。在古典分类学中，各种生物（“自然存在”）及其关系可以用一个表格再现，在分类表上各种生物之间的空间是同质的。福柯把这两个特征称为“再现性”和“存在连续性”。他指出：“正是这种既是本体的又是再现的结构被居维叶坚决地打破了。”① 居维叶的比较解剖学确定了有机体内的连续性，同时也确定了不同有机体之间的不连续性。生命本身就决定了生物之间的绝对分离。“诚然，在居维叶的时代，还不存在进化论所描述的生物史，但是从一开始就是从使之能够拥有历史的条件来考虑生物了。……历史性被引进自然界，更确切地说，是引进生物界。”② 因此，福柯认为，拉马克的物种变异论依然是基于古典自然史的本体连续性概念，与后来的进化论相去甚远，而居维叶的物种不变论则是思考生命历史性的最初形式。生命历史性的概念与经济历史性一样，对于欧洲思想有重大影响。有生必有死。“死亡从各方面包围了它（生命）。而且，死亡也从内部威胁着它，因为有机体会死亡。正是从生物生命的深处，死亡侵袭击了生命存在。”③

历史比较语言学的诞生也体现了与生物学同样的意义。葆朴的著作表明，语言被视为能够基于共同的系谱加以分类的有生命的形式。语言是一种声音现实，是音素总和。因此，对语言的变化，完全可以根据它们自身考察，而无须考虑外界的影响。因此，语言有自己的演变历史。葆朴对梵文、波斯文、希腊文、拉丁文和德文的比较研究特别重要，因为它表明印欧语系各语言有着共同的祖先。这样，语言不再是思想的再现，而变成一个历史对象。它也不再像古典时期那样是其他话语的范式，而是弥散在现代知识型的整个网络中。

语言的泛化具有重大影响。在哲学领域，语言起着不同的作用。在形式哲学中，语言的形式化导致创立价值中立语言和非言说语言（象征逻辑）。解释哲学则竭力在语言中揭示文化传统。福柯认为：“《资本论》第

---

① Foucault, *The Order of Things*, p. 272.

② Ibid., p. 276.

③ Ibid., p. 277.

一卷是对‘价值’的解释，尼采的全部著作是对几个希腊词的解释，弗洛伊德是对所有未说出的词语的解释——那些词语既支撑着又破坏着我们的表面话语、我们的奇想、我们的梦幻、我们的肉体。历史比较语言学本来是对话语深层所说的东西的分析，结果变成现代批评考证形式。”①

更重要的影响是文学的诞生。福柯承认：“当然，我们称之为文学的语言形式自但丁、荷马起就存在于西方世界。”但是，他指出，只是在近代这个词才表示一种独立的语言形式。“这是因为在19世纪初，语言把自己作为一个对象埋葬在自己的密林中……它也在其他地方重建自己，以一种独立的、使人很难进入的形式，转向自己的起源之谜，完全依据纯粹的写作行为。”② 现代文学不再表示思想或具体事物，而是表现意识到自己是一种说话的存在的人。因此，文学变成一种“自我表现”形式。

“人”的诞生 福柯认为，由于历史、时间进入知识，成为知识对象的内在因素，我们现在所理解的“人”诞生了。“现代人——可在生理的、劳动的和言说的存在中加以规定的人——只能是对有限者（finitude）的型塑。现代文化能够设想人，是因为它能在有限者本身的基础上设想有限者。……文艺复兴‘人文主义’和古典‘理性主义’确实使人类（human beings）在世界秩序中占据一个特权地位，但是它们不能设想人（man）。”③ 福柯认为，按照现代理解，人具有双重角色——“既是知识对象，又是知识主体。”④ 在文艺复兴时期的知识里，没有这样的人的概念，占据中心地位的是小宇宙和大宇宙的概念。古典知识承认人的存在，但是自然史把人看做一个物种、一种静态“自然”，一般语法和经济学考察的是需求、欲望、记忆和想象等抽象“人性”。在认识中没有现代“人”的意识，也不可能产生关于人的科学。只有现代对有限者的分析才产生出这种“现代人”。

---

① Foucault, *The Order of Things*, p. 298.

② Ibid., p. 300.

③ Ibid., p. 308.

④ Ibid., p. 312.

福柯认为，现代的“人”是由三个哲学上的二元性（double）确立的。每一个二元性都从一个方面体现了人的双重角色。第一个，“在对有限者的分析中，人是一个奇怪的经验—先验二元体”①。这是因为：一方面，对有限者的分析取决于对具体的人的存在，即对劳动、生命和语言的经验事实的把握。“人的有限性是通过知识的实证性宣布的。”“在某种意义上，人是受劳动、生命和语言支配的；他的具体存在取决于它们；只有通过他的言语、他的有机体、他所创造的对象才能接近他。”② 另一方面，人又是“使一切知识成为可能的”先验条件。真理话语必须先于经验真理而存在，才能保证对有限者的发现的稳定性。孔德的实证主义把这种真理话语说成对对象真理的归纳，马克思主义则把它变成一种从人的话语产生的客观真理（承诺）。无论哪种情况，经验和先验都表现为一个吃掉一个。因此，在福柯看来，现代思想注定要无止境地寻求一种把经验和先验分开的方式。

第二个二元性是“我思”（cogito）和“否思”（unthought）。它是经验—先验二元性给人类主体设置的条件的产物。由于人的知识是通过对人的经验状况的认识获得的，因此，笛卡尔的“我思故我在”就被颠倒过来，变成“我在故我思”。人是被阴影所包围。我思不再是那种明察秋毫的顿悟。人因此会去考察“从来不能被他的思考、甚至他的意识所接近的东西：晦暗的机制、无形的决定因素、阴影的领域……即无意识”。无意识就是否思的一般形式。但是，否思是人的他者，不存在于“人”之中，而是“人”的孪生兄弟，是与人的诞生同时诞生的。否思或他者被黑格尔称做“自在”，叔本华称之为“无意识”，马克思称之为“异化的人”，胡塞尔称之为“非事实”、“积淀”。“整个现代思想浸透着思考否思的必要性——或否思以自为形式存在的自在的内容，或通过使人与自己的本质协调来结束人的异化……或揭去无意识的面纱，或被其沉默所吞噬，或竭力抓住其无休止的低语。”③ 福柯认为，由于否思（无意识、他

① Foucault, *The Order of Things*, p. 318.

② Ibid., pp. 313-314.

③ Ibid., pp. 327-328.

者）的存在，“现代思想从来不能提出一种道德。这并不是由于它是纯粹的思辨。恰恰相反，现代思想从一开始就是一种行动方式”①。他认为，萨德、尼采和巴塔耶懂得这一点，黑格尔、马克思和弗洛伊德也在一定程度上懂得这一点。正如有的研究者指出的，福柯这里的论述是对包括萨特在内的现代思想家强调道德主体性以及重建人文主义道德的观点的批判。原因在于，有关人的话语面临一种困境：正因为人的实践的背景是无思，才使思想和行动成为可能，但也使思想和行动的来源和意义超出我们的控制。试图占有这种背景的努力注定令人失望，因为每进一步都重新面临同样的问题。这是一种西西弗式的工作。②

第三个二元性是起源的后退与回归。由于历史性的被引入，起源成为真正的历史问题。但是，随着经验研究的深入，起源越来越远地向过去后退。这样，只能把希望寄予未来。“起源——正在成为思想有待思考的东西——永远被允诺在越来越近但永远不会实现的迫近之中。在这种情况下，起源就是那种正在回归的东西……那种总是已经开始的东西的回归，自时间开始就一直闪耀的近在咫尺的光源。结果，起源通过时间第三次变得可见了。但这一次，它是退向未来。”③ 但是，福柯认为，寻找起源问题的彻底解决，只能导致用历史的“完成”或“颠倒”或“倒退”来消灭时间。只有在相反的方向上才能找到真理：“在荷尔德林、尼采和海德格尔的经验里，回归仅仅位于起源的极端后退中……通过不断地开放，使得起源被放开的程度恰恰是它后退的程度。”④ 也就是说，他们认为，在神秘的过去曾经有过对人的更深刻的理解，现在只有通过清楚地意识到他所失去的东西，即起源是纯粹的缺席，才能接触到这种最初的理解。这样一种回归尽管令人不愉快，但毕竟能够实现。福柯指出：“在现代经验中，起源的后退比其他所有的经验都更重要……在此我们再次遇到最初的有限者主题，但是这种有限者……是出现在一个更基本的层次上：这是人

---

① Foucault, *The Order of Things*, p. 328.

② See Dreyfus and Rabinow, *Michel Foucault: Beyond Structuralism and Hermeneutics*, p. 37.

③ Foucault, *The Order of Things*, p. 332.

④ Ibid., p. 334.

的存在与时间之间的不可超越的关系。”①

这三种二元性确定了人作为“知识主体和知识对象”的暧昧地位：被奴役的主人、被观察的观察者，从而产生人文科学（关于人的科学）：社会学、心理学、文学和文化研究（语言分析）。经济学、生物学和历史比较语言学等经验科学不是人文科学，因为它们的对象不是自然人，而是人的活动（生命、说话和生产）的表象。但是，由它们所导致的对有限者的哲学分析，促成了人文科学的诞生，而且它们为人文科学提供了模型和范畴（生物学的“功能”和“规范”、经济学的“冲突”和“规则”、语言学的“意义”和“系统”），使得人文科学成为“科学”。然而，由于人文科学处理的问题与其他学科不同，因此，“人”的出现和人文科学的建构在某种意义上是与“非数学化”相联系的。当然，人文科学也不是直接以人为对象。“人文科学不是存在于讨论人的问题的地方，而是存在于有关无意识的维度中对规范、规则和意指实体——它们向意识揭示其形式和内容的条件——进行分析的地方。”② 由于上述的二元性，人不再是世界的主宰，人文科学也极其不稳定。它与经验科学的“毗邻”只是使它成为后者的投射，而不能因此获得真正的科学地位。

“人”的死亡　福柯认为，自康德以来，人类学（对人的分析）在现代思想中起着支配性的建构作用。现代思想一直沉溺于“人是什么”的问题中，陷入经验和先验的二元迷雾之中。福柯称这种情况为“人类学的沉睡”。他认为，我们正处于一个过渡时期，其标志是人文科学中出现了“反科学”。它们之所以被称做“反科学”，不是因为它们不如其他人文科学那么“理性”或“客观”，而是因为它们沿着相反的方向。人文科学背对着无意识，而这些“反科学”则是面对无意识（无思、他者）。首先是精神分析和文化人类学（ethnology）。精神分析致力于使无意识话语通过意识来得到表达。它发现了无意识也有某种结构。文化人类学研究的是各种文化的结构常项，即集体无意识。除此之外，还出现了第三种探索

① Foucault, *The Order of Things*, p. 335.

② Ibid., p. 364.

更基本、更深层次的学科：结构语言学（linguistics）。这一学科更有威力。首先，它使得一切能够成为意指系统的因素结构化。也就是说，其对象散布于人的所有领域，因此它是“原始读解的原则”。其次，结构化本身使得数学化再次成为可能。最后，语言问题同西方文化的基本问题有着极其密切的关联，因为它包围着人的概念，涉及尼采提出的“谁在讲话”这一问题。也就是说，作为现代知识型的支点的“人”，既是知识主体又是知识对象的“人”受到质疑。取而代之的是无意识结构。总之，“这三种反科学危及了使人被认识成为可能的事物本身。因此我们看到人的命运在我们眼前编织，但是在向后编织。它是被那些奇怪的线轴拖回到其诞生的形式、使其成为可能的发源处。难道这不是一条导致它的终结的道路吗?”①

福柯认为，新的转折点是由尼采宣告的。与其说尼采宣告了上帝的死亡，不如说他宣告了杀死上帝的“人”的死亡。因为人杀死了上帝，就得直接面对自己的有限性，体验死亡、疯癫、不可思议的思想。

《词与物》的最后结论是：“无论如何有一件事是确定的：对于人类知识来说，人既不是最古老的问题也不是最常见的问题。仅就一个有限的领域中一段较短的历史实例——16世纪以来的欧洲文化——而言，我们可以确定，人是其中一个较近的发明。知识在黑夜中的很长时间内并不是围绕着他及其秘密徘徊。……（人的出现）是基本知识格局的一次变化的结果。正如我们思想的考古学很容易证明的，人是一个近期发明。而且他或许正在接近其终结。如果说（以前）那些（知识）格局既然会出现也必然会消失……那么我们可以断言，人将会像海边沙滩上画的一副面孔一样被抹掉。”② 这段话后来经常被人引用，而且被浓缩为一句口号：“人的死亡”。

《词与物》是福柯继《疯癫史》之后又一部西方现代话语分析的力作。在这部著作中，“人”也与疯癫一样，不是一种自然事实，而是一种

---

① Foucault, *The Order of Things*, p. 381.

② Ibid., pp. 386–387.

历史性的知识概念，是现代人文科学的知识建构。福柯强调历史性话语结构对人类认识的制约，从而证明现代人文科学的非理性和暂时性。由此，他进一步否定人的主体性，否定“理性”的永恒权威，否定知识的“科学性”和“真理性”。福柯自己解释说，《疯癫史》是关于差异的历史，《词与物》是关于相似性和同一性的历史。他在研究古典时期向 19 世纪的转变时惊异地发现：“在古典知识中不存在人。在我们发现人的那个地方存在的是表现事物秩序的话语的权力，或者说表现事物秩序的词语秩序的权力。”①

《词与物》出版后获得令人炫目的成功。它立即进入畅销书行列，风靡法国。初版 3 500 册很快售罄。6 月加印了 5 000 册，还是供不应求。7 月、9 月和 11 月又都分别加印了 3 000 册。1967 年到 1969 年，每年数次加印。总计印数超过 11 万册。一部佶屈聱牙的哲学著作在很短时间内达到如此高的印数，是极其罕见的。

当然，首先是学术圈子作出热烈反应。各方面不论赞成还是反对都不甘沉默，纷纷发表评论。一些学术刊物还讨论福柯以前的著作。有人还发现，在当年大学、中学教师资格会考的笔试试卷中，考生提到次数最多的人名是阿尔杜塞和福柯。不仅如此，阅读《词与物》也成为一种时髦。有人曾描述道：“尽管这部著作部头很大，也很难读，但它是有文化的突出标志之一，因此训练有素的眼睛在每一个私人藏书架上都会发现它。您读过它吗？根据回答就可以判断一个人的社会地位和文化层次。”据报纸报道，在海滩上，无论是真的阅读还是装模作样，人们都在身边放一本《词与物》。有的小说里，主人公的谈话也涉及《词与物》。

这种轰动效应有其文化背景。20 世纪 60 年代初期，以列维-斯特劳斯为代表的结构主义思潮兴起，结构主义同存在主义以及马克思主义的关系日益成为思想界尤其是青年知识分子的热点，掀起一浪接一浪的论争。

---

① Macey, *The Lives of Michel Foucault*, p. 170. 福柯在 1977 年的一次访谈中对《疯癫史）和《词与物》的关系做了更清楚的阐释：“把表面上迥然不同的《疯癫史》和《词与物》结合起来的是这个最重要的权力问题。当时，我不过是简略地提出这个问题。”（转引自 O'Farrell, *Foucault: Historian or Philosopher?* p. 95)

1965年，阿尔杜塞的《保卫马克思》和《读解〈资本论〉》出版，批判法国共产党党内用人本主义解释马克思主义、协调基督教人本主义和马克思主义的倾向，强调成熟的马克思同人本主义的决裂。这种观点在知识分子中引起轰动。1966年3月法国共产党中央专门开会点名批评阿尔杜塞。这年夏天，结构主义的另一员大将拉康的《文选》（*Ecrits*）也成为一本热门读物。

《词与物》对知识深层结构——知识型的探索，与结构主义对各种无意识结构的探讨同声相应，同气相求。它所称赞的结构语言学、文化人类学和精神分析，也正是“结构主义革命”的核心领域——索绪尔、列维-斯特劳斯和拉康的领域。《词与物》自然被视为结构主义的又一力作。而且，《词与物》在理论上揭示了西方现代人文科学的暂时性，宣告了“人的死亡”，更明显地揭橥了“反人本主义”的旗帜。

不仅如此，羽翼丰满的福柯还借《词与物》问世之机，表明立场，公开向萨特和“庸俗马克思主义”发出挑战。

在《词与物》问世前后，他在杂志上发表了三篇谈话，明确提出《词与物》的“政治意义”：“我们目前的任务是彻底摆脱人本主义，在这个意义上，我们的任务是政治任务，无论在东方还是在西方的任何体制下同打着人本主义旗帜的赝品做斗争。……我们必须否定一切神话，就像法国共产党党内阿尔杜塞及其勇敢的同志与庸俗马克思主义做斗争那样。”他的矛头主要指向以萨特为代表的存在主义人本主义。他批评人本主义：“所有这些内心的呼声，这些对人及人的存在提出的要求，都是抽象的，也是与科学技术世界割裂的，后者毕竟是我们的实在世界。我反对人本主义，因为它是遮掩反动思想的屏幕，在幕后结成了可恶的、难以置信的同盟。”他表示，他们这一代已经远离萨特那一代。新一代关注的是“系统”。“面对着被资产阶级传统视为荒诞的这个历史世界，萨特却想证明处处存在着意义。”“当列维-斯特劳斯在分析社会时、拉康在分析无意识时证明：‘意义’可能只是一种表面效果、一种浮光、一种泡沫，而那种穿越我们的、支撑我们的、在我们之前就已存在的、把我们在时空中凝成一体的东西是系统，这个时候出现了决裂。‘我’被消灭了。……在某种意义上，我们又回到17世纪的观点，但有一个区别：我们不是用人，而是用无作者思想、无主体知识、无同一性理论来代替神。”福柯甚至出言不逊：“《辩证理性批判》是一个 19 世纪的人设想 20 世纪的悲壮努力。在这个意义上，萨特是最后一个黑格尔主义者，甚至可以说是最后一个马克思主义者。”①

因此，许多结构主义学派的或新潮的青年学者极力推崇《词与物》。沙普萨尔（Madeleine Chapsal）欢呼：“自存在主义以来最伟大的革命来临了。”德勒兹称赞说，福柯的分析雄辩有力，观点和语言新颖独特，以致读者立即意识到这部著作体现了一种“新的思考方式”。还有人称福柯的考古学是一种新的“差异学”（heterology）和“欧洲知识的文化人类学”。

当然，《词与物》的轰动效应不单是由学术变革造成的。它反映出法国知识文化界的一些特点。法国的文化和学术集中于巴黎。这个知识分子的“巴黎村”很小，不同领域的学者交往密切，相互熟知。不论哪个领域出现了最新的成果或著作，都会引起普遍的关注。报刊、电台等媒体也热衷于报道最新出版消息，提供争论舞台，制造和推动文化时尚。这固然有助于文化学术的传播发展和各学科之间的交叉渗透。但是，另一方面，法国知识分子刻意标新立异，故作惊人之语，追求轰动效应，为此极力同其他人划清界限，公开或隐晦地批评别人，否定自己思想的继承性，标榜自己思想的独创性和“革命性”。一部新作问世后，人们唯恐赶不上时尚，争相借题发挥，形成推波助澜之势。“人们并不认真讨论，而是要占据整个舞台。”无怪乎，一些对此不满的人，如布尔迪厄、勒韦尔（Jean-Francois Revel）等，指斥这种风气造就了一批批“知识暴君”，造成“时尚恐怖”（terrorism of fashion）。② 受到新潮冲击的“权威”也不甘示弱，严阵以待，上纲上线，反而为新潮火上加油，造成“批判效应”。

“人的死亡”、“反人本主义”的呼声，更广泛地看，结构主义取代存在主义的思潮变迁，还有着更深刻的时代文化危机作为背景。正如当时有

---

① Eribon, *Michel Foucault*, p. 161；［比］J. M. 布洛克曼著，李幼蒸译：《结构主义》，89、13 页。

② See O'Farrell, *Foucault*: *Historian or Philosopher*? pp. 12－13.

人在解释《词与物》的轰动原因时所论述的："我们再也不知道'说出真理'是什么意思。由此产生了匿名的权力——它被那些自称懂得如何引导我们到一种必然命运正在引导我们的地方的人所利用：科技文明制造了生存条件，人必须适应它们。……因为即便人因上帝死亡而消失，但命运依然如故。"① 西方现代文明是在启蒙理想的旗帜——人本主义、人的主体性——的旗帜下展开的，滚滚向前，势不可挡，但是人本主义却愈益显得苍白无力，人的主体性也愈益丧失，或者说，人的异化即使不是越来越严重，至少也没有根本改变。历史的悖论愈益尖锐地撞击着思想界。在这种情况下，正如康吉兰指出的，"颠覆关于历史的话语"就成为必要了。

① Macey, *The Lives of Michel Foucault*, pp. 177-178.

第八章　逃避喧嚣

《词与物》在理论界掀起轩然大波。萨特派存在主义者、法国共产党和天主教人士都按捺不住，愤然声讨福柯。

由萨特主持的《现代》杂志不再像《疯癫史》问世时那样保持沉默，而是用48页的篇幅刊登了两篇批评文章。波伏娃的养女勒邦（Sylvie le Bon）斥责福柯的“绝望的实证主义”，尖锐地指出《词与物》的缺陷：仅仅描述了三个阶段，而不关心对历史的演变作出解释。勒邦认为，福柯的著作是对马克思主义的进攻，福柯没有接受《辩证理性批判》所总结的教训：“自称超越马克思主义的‘思想流派’其实都低于马克思主义。”另一篇文章认为，福柯的思想是斯宾格勒与海德格尔的混合，不过是“历史悲观主义的变种”。萨特随后在一次谈话中公开表态，批评福柯的非历史主义：“福柯这部著作的成功足以证明人们在期待着某种东西。但是真正有创见的思想是绝对无法预期的。福柯给了人们需要的东西：一种离经叛道的综合体。罗伯-格里耶、结构主义、语言学和‘太凯尔’都先后据此证明历史思考的不可能性。”萨特指出，福柯用走马灯的方式即静止画面的联结取代历史运动，“排斥历史”实际上是排斥马克思主义。“这是要建构一种新的意识形态，即资产阶级所能修筑的抵御马克思的最后一道堤坝。”①

法国共产党杂志也连续刊发文章批评福柯：“福柯的反历史偏见完全是因为得到一种新尼采主义意识形态的支撑。”有人甚至认为，福柯以及其他结构主义者是对“专家治国”思想、崇拜美国的思想及戴高乐主义

① Macey, *The Lives of Michel Foucault*, pp. 172－176；Eribon, *Michel Foucault*, pp. 163－164.

的支持，总之，对“系统”的强调是对资本主义经济制度的支持（在西文中，系统和体系、制度都是一个词：system）。

天主教学术界也加入讨论，专门组织了一次结构主义研讨会。会上，《词与物》是一个热点。

另外还有许多学者也对《词与物》持否定态度。瑞士心理学家皮亚杰表示对福柯的论述大惑不解，称《词与物》是“没有结构的结构主义”。另外还有些人则简单地斥责《词与物》是“文化堕落的象征”、“无理性的意识形态”；甚至有一位精神病学者斥之为“与希特勒的《我的奋斗》相差无几”，认为福柯是否定现在的父权权威，而渴望回到已经一去不复返的过去的母体内。①

目睹这种情况，福柯的老师和朋友、从不参与这类争论的康吉兰拍案而起，于1967年7月在《批判》杂志发表长篇论文，为福柯辩护。他以嘲讽的口吻写到：福柯的批评者应该建立一个以“一切人本主义者联合起来”为口号的“人权同盟”。他对自己巴黎高师老同学萨特的态度表示惊讶：“难道这个一直拒绝遵循学院派常规的人居然会像一个学院院士那样因为自己的权威地位将被取代而愤怒?”康吉兰准确地指出争论的理论症结：“历史在今天是一个巫术领域。对于许多哲学家来说，在这个领域中，存在与话语合二为一，历史的行动者与各种历史的作者合二为一。……这就是为什么一项颠覆关于历史的话语的计划会被斥责为颠覆历史过程的宣言，对进步论的颠覆只能被视为一个保守的工程。而且这也是为什么说你（指福柯等‘结构主义者’）的结构是新资本主义的。”康吉兰还复原了福柯所继承的法国思想系谱。他指出，早在二十年前，卡维叶就反对“存在意义上的历史”，力图“用概念、系统和结构的首要性取代曾经有过的或被反思的意识的首要性”②。换言之，福柯的著作是这一对抗现象学和存在主义的思想系谱的发展。

---

① See Miller, *The Passion of Michel Foucault*, pp. 158 – 159; Major-Poetzl, *Western Culture*, p. 197.

② Macey, *The Lives of Michel Foucault*, p. 178; Eribon, *Michel Foucault*, p. 165.

面对喧嚣，福柯保持沉默。他由最初的胜利喜悦转而陷于困惑和沉思。

《词与物》给福柯带来了荣誉：他早已渴望的轰动。最初几个月，他因成为知识界的热门人物而踌躇满志，得意洋洋。他还被邀请到匈牙利做学术讲演。按原定计划，福柯应在大学礼堂做报告，但是当局得知他要讲结构主义后改变计划，让他在校长办公室与几个专家座谈。

但是很快福柯就变得消沉了。对于《词与物》，学术界唱和者寡，声讨者多。再者，自命不凡的福柯也忍受不了他的高雅学术变成并不理解他的公众挂在嘴边、脱口而出的时髦词句。更重要的是，他自己也觉得，造成广泛误解的原因是《词与物》本身有严重缺陷。为此他惴惴不安，甚至请求丛书主编不要再加印这部著作。私下里他多次对德菲尔讲不喜欢《词与物》。十几年后他在访谈中也表露了这种情绪。他说："这是我写的一本最难懂、最令人厌烦的书。它本来是写给大约两千名对一系列有关思想史的问题感兴趣的学术界人士看的。这本书为什么如此成功？这完全是个谜。"每年发行几十万册的《小拉鲁斯词典》写道："米歇尔·福柯：关于不连续性的历史哲学的创始人。"对此，他抱怨人们没有理解他的思想："把这种不连续性思想同《词与物》联系起来，的确已经成为一个公式。尽管如此，这本书所讲的恰好相反。……我试图根据这种明显的不连续性提出疑问：这种不连续性是不是真的不连续性？或者更确切地说，从一种知识类型过渡到另一种知识类型需要什么样的转变？我认为，这根本不是宣告历史的不连续性，相反，这是把不连续性作为问题，特别是作为有待解决的问题提出来。因此，我的做法与'不连续性哲学'背道而驰。然而，由于这本书确实难懂，而且人们最容易留下印象的是关于表面上不连续性的描述，所以许多读者浅尝辄止。他们没有看到，这本书的全部工作恰恰在于从这种表面的不连续性出发，力图用某种方式来消除它。"① 福柯在另一次谈话中也说，《词与物》论述的"是我最没兴趣的问题。……疯癫、死亡、性欲、犯罪，这些是最吸引我的论题。反之，我一

---

① Foucault, *Politics, Philosophy, Culture: Interviews and Other Writings, 1977-1984*, pp. 99-100.

直把《词与物》看做一份循规蹈矩的作业”①。

1966年9月，正当围绕《词与物》的热潮方兴未艾之时，福柯离开了巴黎，前往突尼斯大学任教。他自己解释说：“纯粹是因为个人原因，1966年至1968年我在突尼斯待了两年。”② 这首先是因为福柯早已对克列蒙-费朗大学感到厌烦。这不仅是因为他嫌那里太沉闷，而且他在那里的人际关系也越来越紧张。

1962年，原来聘请福柯到该大学任教的哲学部主任维耶曼（J. Vuillemin）被选进法兰西学院，福柯接替了哲学部主任之职。福柯推荐他还不曾谋面的新尼采主义者德勒兹接替维耶曼留下的教授空缺。但是，当时的教育部长蓬皮杜却任命了自己的老同学、法国共产党理论家、法国共产党政治局委员迦罗蒂（Roger Garaudy）。迦罗蒂被许多知识分子视为多变的斯大林主义者。当时，他从拥护斯大林转为拥护赫鲁晓夫，从人道主义观点出发批判斯大林，在国内力主与基督教对话，倡导马克思主义的人道主义。在党内，他是阿尔杜塞的对头，阻挠阿尔杜塞著作的出版。1970年因“宗派主义”被法国共产党开除后，他转向基督教，最后又转向伊斯兰教。福柯对迦罗蒂充满敌意，既厌恶他的斯大林主义历史，又反对他的“温和”人道主义。福柯凭借权力，一有机会就在公开场合嘲笑迦罗蒂“无知”，说他“根本不是哲学家”。两人之间经常发生激烈的冲突。迦罗蒂最后被迫转走。1965年，福柯以权谋私，在学校里造成丑闻。他坚持要任命德菲尔为助教，否决另一个更有资格的女候选人。他声称：“我们这儿不喜欢老处女。”结果，福柯的意见遭到普遍反对。

早在1963年，福柯就曾考虑去日本。当时东京的法国文化研究所所长职位空缺，福柯因有在瑞典、波兰和德国工作的经历，被认为是最佳的人选。福柯自己对日本也很向往。在他看来，东方是西方理性的一个界限和对照：“东方，被视为发源地，被梦想成产生了回归的思念与希望的旋

① Miller, *The Passion of Michel Foucault*, p. 158.

② Foucault, *Politics*, *Philosophy*, *Culture*: *Interviews and Other Writings*, *1977–1984*, p. 4.

涡中心……它是起源之黑夜，西方在这种黑夜中形成……东方对于西方来说就是西方所没有的一切。”① 但是，福柯犹豫再三，举棋不定。一个原因是克列蒙-费朗大学教务长盛情挽留，写信给教育部申述寻找合适接替人选的困难。更重要的原因是福柯同德菲尔的关系。福柯建议德菲尔与他同行。这给德菲尔出了一个难题：放弃目前的学业和志向，改学自己不感兴趣的日本文化。福柯最终给外交部一个否定的答复。

在任命德菲尔受挫后，福柯决计离开克列蒙-费朗大学。巴黎大学的社会学教授古尔维奇（Georges Gurvitch）曾建议他申请到巴黎大学（索邦）任教。但是，熟悉情况的康吉兰告诫福柯，古尔维奇在巴黎大学（索邦）人缘很差，经他推荐，成事不足，败事有余。福柯接受康吉兰的忠告，转而请外交部负责对外法语教育的西利涅利为他在国外寻找职位。后者20世纪50年代与福柯一起在巴黎高师教书，又是巴尔特的朋友。恰好一位在突尼斯任教的法国教授思乡心切，想找人接替自己。西利涅利为福柯安排好一切：福柯作为法国专家按照文化交流协定派到突尼斯工作三年，对克列蒙-费朗大学来说是“出公差”。这样，他不仅享受法国政府付给的两倍工资，而且回国后工作有保证。

此时，德菲尔已回到巴黎。两人关系甚笃。据德菲尔解释，福柯远走北非也是为了使德菲尔更轻松些，因为福柯意识到，自己突然成了知识界名人，会使德菲尔感到压抑。另外，福柯自己也对突然开始处处受到媒体的关注感到不自在。福柯一生似乎都处于这种矛盾中：一方面追求学者的荣耀，另一方面又想过一种不受关注、无拘无束、匿名的私人生活。

突尼斯大学有一半教师是法国籍。其中许多人住在离突尼斯城不远的西迪布赛伊德。西迪布赛伊德位于丘陵之上，俯视大海。小城历经许多世纪的建设，十分优美，是一个旅游胜地。自20世纪50年代起，小城成为法国艺术家和知识分子的一个移民聚集地。福柯抵达突尼斯后也住在这里。他非常喜爱突尼斯的自然与历史风光：地中海的宜人气候，浩渺的大海和明媚的阳光，迦太基的遗迹。他曾经对人讲：“这是一个受历史恩惠

① Foucault, *Histoire de la Folie*, p. iv.

的国家。在这里可以安居乐业，因为汉尼拔和圣奥古斯丁都曾在这里生活过。”

福柯在突尼斯大学开授多门课程：一门课专讲尼采；一门课专讲笛卡尔；还有一门课讲美学，分析从文艺复兴到马奈的绘画。另外，他还讲授心理学。福柯还参与学生的哲学俱乐部活动，开办讲座。他讲课旁征博引，生动活泼，再加上《词与物》的名气，给学生留下深刻印象。后来有的学生回忆起来，还赞不绝口，称他是“西方思想的大师”。在星期五下午，他还多次举办讲座，吸引了许多校外听众。突尼斯城的文化界对他的讲座评价很高。

1967 年，福柯邀请伊波利特来讲学。演讲的题目是《黑格尔与现代哲学》。福柯在介绍时说：“今天所有的哲学思考都是同黑格尔的对话。编写黑格尔哲学的历史，就是在实践现代哲学。”伊波利特在开场白中则指着坐在身边的福柯说：“你们请我来讲，大概是搞错了，因为现代哲学就坐在那里。”①

尽管学生们欣赏福柯的教学，但是对他的政治倾向颇为怀疑。在很长时间里，他们认为福柯是“戴高乐专家治国论的代言人”，认为福柯“太西方化，不懂突尼斯”。福柯对尼采的推崇、对马克思主义的敌意也引起学生的反感。他们私下把福柯归为“右翼分子”。

福柯的住所原是奥斯曼帝国总督的府邸，宽大而豪华。福柯的穿着颇像日本武士，举止也谦恭有礼，令人觉得不可捉摸和难以接近。但实际上，他交往甚广，与一些人关系亲密。他经常和新结识的朋友一起长时间地散步。当他伏案工作时，左邻右舍的孩子经常在一旁喧闹玩耍。福柯同巴黎的老朋友保持着联系。德菲尔有时也来看望他。在人们的记忆中，福柯在突尼斯过得很快活。

福柯勤奋工作的习惯在当地十分有名。每天东方破晓，他就在面对海湾的房间里开始工作。有人说，福柯太喜爱阳光了，一点阳光也不愿浪费。当地有些老太太则盛传：“哲学家”就是“巫师”的同义词，这个“哲学家”每天清晨面对桌子上的一个人头骷髅练功作法。

---

① Eribon，*Michel Foucault*，p. 189.

虽然人在国外，但福柯继续参与《批判》的编辑工作，同时他继续与德勒兹合作编辑法文版的《尼采全集》。另外，福柯还有自己的写作计划。他对印象派大师马奈一直很有兴趣。他那次匈牙利之行的目的之一就是想亲眼看看布达佩斯艺术博物馆收藏的马奈作品。他认为，与福楼拜开创了现代文学一样，马奈不仅开创了印象派，而且开创了整个现代美术。在离开法国前他与出版社签订了一个写作合同，写一部关于马奈的著作，名为《黑色与表面》。但是，这部著作从未问世，手稿也被福柯在临终前销毁了。

福柯在突尼斯的大部分时间都埋头于写一部方法论著作，对《词与物》在分析人文科学的“话语生产”时所使用的概念和方法作出说明，兑现他在《词与物》中作出的承诺——“稍后的一部著作将考察‘考古学’所导致的方法问题”①。这部著作就是 1969 年问世的《知识考古学》。

福柯有时返回巴黎参加学术活动。1967 年 3 月，他应邀到巴黎的一个建筑师团体讲演，题目是《别样的空间》（“Autre Espac”）。他首先概述了西方思想的演变：19 世纪人们热衷于周期性危机概念，参照热力学第二定律编织这种危机的神话。20 世纪人们主要关心空间组织概念。由此可以把结构主义看做在一种空间中确定表面上分布于时间的因素的尝试。它不是对历史的拒绝，而是一种处置时间和历史的方式。接着福柯回溯了西方思想中的“空间史”。他认为，伽利略用一种无限开放的宇宙取代了中世纪的封闭宇宙。福柯区分了两种空间概念；一种是“乌托邦”（utopia，不存在的理想空间），另一种是“异托邦”（hetero-topia）。他把后者称做“别样的空间”。他认为，后者对于一切社会的运转都极其重要。第一种异托邦是为处于危机期或过渡期的个人（青春期少年或产妇）准备的特殊空间或神圣空间。其中也包括蜜月旅馆，新婚女子将在那里变成妇人。第二种异托邦是墓地。直至 18 世纪，墓地都紧贴着教堂，但后来逐渐转移到城镇以外的空间，从此变成了“另一个城市”，所有的家庭都在那里有一个归宿。福柯最后列举了其他的异托邦：花园、流动集市、

---

① Foucault, *The Order of Things*, p. xxii.

拉美的耶稣会移民地、斯堪的纳维亚的桑拿室、地中海风格的夜总会等等。①

《词与物》出版后，福柯被视为“结构主义家族成员”。1967 年 7 月，法国《文学半月刊》刊发了莫里斯·亨利的一幅漫画《结构主义者草地上的野餐》。在画面上，福柯、拉康、列维-斯特劳斯和巴尔特四人赤裸上身，腰系草编物遮羞，围坐侃山。由此产生了“结构主义冒险四巨头”之说。（阿尔杜塞没有被列入，是因为他的影响主要局限于巴黎高师，公众不甚了解。）

《结构主义者草地上的野餐》（1967 年）
（左起：福柯、拉康、列维-斯特劳斯、巴尔特）

在遁居突尼斯期间，福柯本人对这一标签持摇摆态度。最初，他明确地把结构主义看做一种应该被超越的方法。1967 年 2 月，他在突尼斯大学学生哲学俱乐部作讲演时，论述了广义的结构主义。他指出，结构主义不是一种哲学，而是各种分析“大量文献资料”的努力的总和。这些“文献资料”是由人类遗留的和依然包围着人类的符号、痕迹和标记构成的。他认为有两种分析文献的方法：一种是研究其产生的规律，另一种是研究文献本身。他为后一种方法杜撰了一个名称“阐明学”（deixology）。所谓阐明是指用声音表达。这就涉及说话行为及其中的主体。他认为，结构主义作为一种方法已经达到顶点，该消亡了，因为它仅仅发现了一个客体。结构主义将被阐明学所取代，正如病理解剖学被生理学所取代一样。②

不久，福柯又表示自己以与结构主义结盟为荣。1967 年 4 月，他接

① See Macey, *The lives of Michel Foucault*, p. 186.

② Ibid., p. 190.

受突尼斯一家报纸的采访。记者问："为什么公众认为你是结构主义的牧师?"福柯答道："我至多是结构主义的一个'祭童'。形象地说，我只是摇了摇铃，教徒就下跪，非教徒就大喊大叫。但是，弥撒早就开始了。"他接着阐述了结构主义的两种形式：一种是在具体领域十分有效的方法，如在语言学、宗教史和文化人类学领域。另一种是一种活动方式，"理论家（并非具体门类的学者）凭借这种活动力图确定现行关系，这些关系可能存在于我们文化的某些因素之间，也可能存在于某些学科、某些实践领域或某些理论领域之间。换言之，这将是一种普遍化的结构主义，并不局限于某一特定科学领域。"他指出，正是这种结构主义"关系到我们的文化、我们今天的世界、整个决定我们的现代性的实践或理论关系。只要我们承认哲学的作用是诊断，结构主义作为一种哲学活动的价值也就在于此"①。如果按照第二种广义解释，那么福柯等于承认自己是结构主义者。即便如此，他也没有完全把自己划入列维-斯特劳斯等人的圈子里，而是与之保持着一定的距离。

很快，福柯又回到原来的出发点。1968 年 3 月，福柯在突尼斯大学举办的语言学和社会科学研讨会上发表讲演。他自称对结构主义达到了新的科学性极限的说法表示怀疑。他认为，现代语言学只是为话语分析提供了新的认识可能。②

在五月风暴以后，即从突尼斯返回巴黎以后，福柯的态度变得更为明朗了。1969 年出版的他的《知识考古学》被人称做"结构主义的《圣经》"。福柯则坚决予以否认。1970 年，福柯在《词与物》的英译本前言中明确地写道："在法国，有一些呆头呆脑的'评论者'硬要给我贴上'结构主义者'的标签。我无法让这些冥顽不灵的脑袋明白，我根本没有使用结构分析特有的方法、概念和重要术语。"③

无独有偶，阿尔杜塞在 1967 年也被德勒兹划入结构主义圈子，但阿尔杜塞本人也一直不予认可。列维-斯特劳斯后来也说，当年福柯拒绝这

---

① Eribon, *Michel Foucault*, pp. 167－168.

② See Macey, *The lives of Michel Foucault*, p. 190.

③ Foucault, *The Order of Things*, p. xiv.

一分类是对的。因为在福柯和他的著作之间没有任何联系，围绕着一小伙学者的喧哗不过是过眼烟云，是一种暂时的社会时髦。但是这些说法都不能使人释然。问题是，什么是结构主义？福柯同结构主义是什么关系？

当时以及至今许多研究者把这些思想家归为结构主义流派并非毫无根据。这些所谓的“结构主义思想家”至少有两个共同点。首先，他们都是“反人本主义”和“反主体论”的。他们的基本哲学思想可概括为：“一切社会现实最终可看成迄今未发觉的共同心理结构的相互作用。”① 列维-斯特劳斯提出：“神话自己在思考，而人并不知道这一点。”② 拉康也从无意识中抹去主体的中心地位。阿尔杜塞认为：“马克思不再把人的本质当做理论基础……他把主体……等哲学范畴从它们统治的所有领域里驱逐出去。”③ 巴尔特宣布在文学批评中作者死亡：“说话的是语言而不是作者。”其次，他们都是“反历史主义”的。他们强调的是历史的“断裂”或“不连续性”，强调结构或系统的“共时性”或“同时性”而抹杀或贬低“历时性”。④

福柯在以《词与物》和《知识考古学》为代表的20世纪60年代后期，明显地带有上述特点。因此，他本人最初也对是否接受结构主义这一标签犹疑不定。但是，这只是他的思想发展的一个阶段。即使在这一阶段，他也没有完全放弃“历史性”。他在《词与物》中批评列维-斯特劳斯把文化人类学规定为“对无历史的社会的研究”⑤。列维-斯特劳斯强调深层结构的稳定性，试图发现从氏族部落社会到现代工业社会普遍有效的思维结构，而《词与物》虽然强调各时期知识型的断裂，没有涉及断裂的历史条件，但毕竟肯定了各时期的变异。因此当1968年五月风暴来临后，政治结构和社会结构的“崩溃”使人们对以列维-斯特劳斯为代表

---

① ［美］库兹韦尔著，尹大贻译：《结构主义时代：从莱维-斯特劳斯到福科》，5页。

② 转引自［法］祁雅理著，吴永泉等译：《20世纪法国思潮》，169页。

③ ［法］路易·阿尔都塞著，顾良译：《保卫马克思》，198页，北京，商务印书馆，1984。

④ See O'Farrell, *Foucault: Historian or Philosopher?* pp. 10-11.

⑤ Foucault, *The Order of Things*, p. 379.

的结构主义所谓的“结构稳定性”概念发生怀疑，从而结束了结构主义的短暂盛世。而福柯本人经过五月风暴的洗礼和反思，更明确地超越了结构主义思潮，继续在思想界领风气之先。

《词与物》引发的“小型理论战争”在法国仍在继续。1967 年 2、3 月，蒙彼利埃大学组织了三次关于《词与物》的讨论。同年，《精神》杂志在组织了题为“结构主义、意识形态和方法”的研讨会后，编辑部给福柯提出了 11 个书面问题，请他澄清自己的观点。对于这种对话式讨论，福柯表示欢迎，但他认为，如果回答全部问题，不啻又写了一部书，因此他仅想对第 11 个问题作出回答。这个问题是，如果一种思想把“体系的界限”和“不连续性”引进思想史，就会破坏进步的政治干预的基础，因此，它是否会造成一种困境：要么接受体系，要么把外界的暴力作为推翻体系的唯一手段？福柯在答复中并没有澄清人们对“资本主义体系”与“思想体系或话语体系”的混淆，但他否认自己引进体系概念。他指出：“进步政治就是承认实践的具体历史条件的政治，而其他政治则只承认理念的必然性、单一的决定论以及个人首创性的任意作用。”

1968 年 3 月，福柯偶尔参与了关于《词与物》的争论。他在一次法国电台采访中回击萨特。福柯对萨特把他称做“资产阶级的最后堤坝”耿耿于怀，他反唇相讥：“可怜的老朽的资产阶级！如果他们需要用我的书来当堤坝，那他们早就完蛋了！”他指出，十分滑稽的是，当年他是法国共产党党员时，萨特自己正是被指责为“资产阶级帝国主义反对马克思主义的最后一道堤坝”。他对萨特信口开河表示遗憾：“萨特这个人忙于许多极其重要的工作——文学、哲学和政治工作，没有时间读我的书。他从来没有读过这本书。因此，他所说的与我毫不沾边。”至于“排斥历史”，福柯回答说：“没有一位历史学家这样指责我。哲学家有一种关于历史的神话。……对于哲学家来说，历史是一种宏大的连续性，在这种连续性中，个人自由以及经济与社会的决定因素相互纠缠在一起。只要有人触动这些庄严主题中的一个，即连续性、人的自由的有效行使以及个人自由如何同社会决定因素结合，只要有人触动这三个神话中的一个，这些好人就会开始大喊大叫：历史被强奸了或被谋杀了。实际上，很长时间以来，一些重要人物，如马克·布洛赫、吕西安·费弗尔、英国历史学家以及其他一些人已经终结了这种关于历史的神话。他们以一种完全不同的方式对待历史，他们做得十分出色。因此如果说我杀死了这种关于历史的哲学神话，我感到无比快乐。……人们不可能杀死历史，而只能杀死哲学家所谓的历史。的确，我绝对想杀死这种历史。”① 这次谈话只在电台中播出片断，但是《文学半月刊》未经福柯本人同意就刊发了全文。福柯立即写信给编辑部表示抗议。其原因大概有两个：一是福柯不愿造成与萨特公开对抗的局面，二是福柯不愿公开自己参加过法国共产党的历史。

法国1968年风暴还未到来，福柯平静的书斋生活就被突尼斯的学潮打断了。

福柯刚到突尼斯不久，突尼斯的政局就开始显露出动荡迹象。布尔吉巴的执政党实行党政合一的技术官僚统治，致力于民族的现代化。教育体制也逐渐世俗化。但是，与此同时，欧洲激进思想也传入大学。马克思、托洛茨基以及阿尔杜塞的著作开始在一部分大学生中流传。大学首先成为政治反对派的基地。大学生联合会要求摆脱执政党的控制，而且反对政府奉行的亲美反共外交政策。1966年12月，一些大学生乘公共汽车拒绝买票，遭到警察殴打。随后激进学生鼓动罢课，警察进入校园抓人。1967年，中东爆发“六五战争”，以色列侵占大片土地。突尼斯首都群情激愤。游行示威转变成反犹活动。数百家犹太人店铺被洗劫。

福柯一直置身事外。按照文化协定，法国教师不得干预突尼斯内政。但更重要的是，福柯对突尼斯的学生运动有反感。他不喜欢学生的马克思主义口号，而且极其厌恶任何反犹暴行。

1968年3月起，酝酿已久的反政府学潮爆发了。美国副总统汉弗莱访问突尼斯引起大规模骚动，美、英的大使馆遭到冲击。政府采取强硬手段镇压。此时，福柯对学潮的态度变为同情。其原因在于，福柯发现，突尼斯学生运动中的马克思主义实际上体现的是一种道义力量，一种“十分明显的激情”。福柯后来回忆说：“那是在1968年3月。然后整个一年

---

① Miller, *The Passion of Michel Foucault*, p. 159; O'Farrell, *Foucault: Historian or Philosopher?* p. 11; Eribon, *Michel Foucault*, pp. 164-165.

都动荡不安。先是在 3 月，罢课以及因搜捕而停课，接着是学生的总罢课。警察闯入校园，袭击学生，把一些学生打伤，并把一些学生投入监狱。然后是审讯。一些学生被判处 8 年、10 年、15 年监禁。我是一个受保护的法国人，当局对我还比较客气，因此我能够做一些事情，并且观察事态的发展。……那些青年男女冒着极大的危险印刷和散发传单或号召罢工，他们实际上冒着失去自由的危险。这给我很大的震动。……我开始给学生提供一些具体的帮助。……我不能不卷入政治斗争。"① 当时，法国教师联合起来抗议逮捕和拷打学生。一部分教师甚至主张采取更积极的行动，福柯也在其中。包括福柯在内的几名教师不顾劝告，利用自己的外国专家特权，亲自开车接送被通缉的学生，把他们藏在自己的住所。福柯还允许学生在自己的花园里用油印机印制传单，并且让德菲尔偷带出境，传递给在巴黎的突尼斯人。9 月，当局审讯被捕学生。福柯到法国大使馆，请大使出面干预。大使以不介入突尼斯内政为由加以拒绝。福柯要求出庭为一个学生辩护，因审讯不公开，未获成功。

福柯引起突尼斯当局的注意。他怀疑电话受到监听。他发现，常有可疑的乞丐赖在门前。据他自己说，有一次开车，路上被人拦截，停车后遭到殴打。他认为，这是突尼斯当局对他的警告。有一名法国教师因帮助学生而被驱逐出境。另有一名教师合同期满回国，否则可能会被判处 5 年监禁。或许是因为福柯名气较大，当局没有触动他。但福柯也不能继续留在突尼斯了。他于 1968 年 10 月返回法国。

突尼斯的经历对于福柯很重要。他后来回忆说："这是我的思想形成经历之一。"② 这是他主动卷入政治活动的开端。从此，政治也和艺术及性一样，成为福柯的一种"极限体验"。而且，突尼斯学生运动中马克思主义与道德激情相结合的倾向也刺激了福柯。他开始重新研读各种马克思主义著作。此外，他还阅读罗莎·卢森堡和托洛茨基的著作。有一次，德菲尔感到吃惊的是，福柯居然声称自己是托洛茨基主义者。

---

① Eribon, *Michel Foucault*, pp. 194－195; Miller, *The Passion of Michel Foucault*, pp. 170－171.

② Miller, *The Passion of Michel Foucault*, p. 171.

第九章　作者是什么

福柯回到巴黎后就卷入以五月风暴为起点的“日常生活革命”。随后两年间，他发表的东西不多，但也有值得注意的作品。这些作品主要是在突尼斯的思考产物。

“话语”问题越来越成为福柯的思考中心。他后来解释说：“我所感兴趣的是话语形式，不是造成一系列言语的语言结构，而是这样一个事实，即我们生活在一个凡事都要说出的世界。这些说出的词语实际上不是像人们想象的那样是不留痕迹的过眼烟云。实际上，无论这些痕迹多么分散，它们毕竟会保留下来。我们生活的这个世界完全是被话语所标示，与话语相交织。话语是指被说出的言语，是关于被说出的事物的话语，是关于确认、质疑的话语，是关于已经发生的话语的话语。在这个意义上，我们生活的这个历史世界不可能脱离话语的各种因素，因为话语已经扎根于这个世界而且继续存在于这个作为经济过程、人口变化过程等等的世界中。因此，说出的语言既然是已经存在的语言，就会以这种或那种方式决定以后将会说出的东西，无论后者是否脱离一般的语言架构。”① 如果对照本书第六章中福柯说过的类似的话，就会发现，福柯用“话语”取代了“语言”。另外，在《词与物》中，“话语”是特指古典时期的知识语言，而现在，“话语”被泛化了。在福柯看来，人实际上是受话语支配的。这是从语言这一人类存在的基本方式入手消解人的主体性。有人把福柯的这种思想概括为“不是人说话，而是话说人”，并将其视为结构主义的一个箴言。②

---

① Foucault, *Death and Labyrinth*, p. 177.

② See Kearney, *Modern Movements in European Philosophy*, p. 6.

1969年2月22日，福柯在法国哲学会的讲台上作了题为《作者是什么?》的演讲。① 这篇演讲既是对《词与物》所引起的问题的解答，也是对即将面世的《知识考古学》的一个注释。

《词与物》出版后，有人批评福柯在论述人文科学史时对代表人物（"作者"）及其著作注意不够，或者没有充分展示"作者"的整体思想。福柯解释说："他们忽略了我为自己确定的任务：我无意描述布丰或马克思，无意复述他们的言论或解释其意义，相反，我是想确定构成他们著作中的一些概念及理论关系的规则。……我绝没有想建立杰出人物的系谱表……相反，我是想确定特殊话语实践的功能条件。"

福柯认为应该从更深的层次，即话语实践的角度考虑"作者"问题。他否定"作者是自由的创造主体"的观念，而把"作者"看做"话语的功能"。

福柯一开始就用贝克特的话定下基调："管他是谁在说话。"他指出，这种冷漠态度确立了当代文学写作的一个基本原则。这个原则表现在两个流行观点上。首先，"今天的写作摆脱了'表达'的要求"，变成一种符号游戏，不是受制于所指的内容，而更多地受制于能指的性质。写作仅仅是指涉自身。因此，写作成为一种不断逾越规则、最终抛弃规则的游戏。结果，写作不是把主体嵌入语言，而是创造出不断使写作主体消失的空间。其次是写作与死亡的关系。"我们的文化改变了把口头或书面叙述作为抵御死亡手段的观念。写作现在是与牺牲、牺牲生活本身联系在一起的。它是一种自我的自动泯灭。自我不需要体现在书本中，因为它出现在写作者的日常存在中。……另外，写作与死亡的联系还表现为（在作品中）彻底抹去作家个人特征，写作者在自己与他写的文本之间制造的矛盾抹去了他独特个性的标记。"也就是说，作者在写作中被消解了。

福柯批评了两种模糊观点。第一种强调"著作"是各种不同文本的总体关系。福柯认为，这种观点仍然暗含着"作者"，否则有什么必要把一个人所说和所写东西收集在一起？从实践角度看，我们不可能收集齐

---

① See Foucault, "What is an Author?", *Language*, *Counter-Memory*, *Practice*, pp. 113-138.

全；从理论角度看，我们没有界定“著作”的理论。第二种是德里达的观点：“书写”（ecriture）既与写作行为无关，也与作者表达意义的符号无关，而是在创造着文本的条件，既包括其空间扩散的条件，也包括其时间展布的条件。福柯指出：“这不过是把作者的经验特征变成一种超验的匿名状态。”这两种观点都没有根本改变传统的“作者”观念。

福柯阐述了“作者—功能”（即作者作为话语的一种功能）的四个特征。首先，它是包围、决定和表现话语领域的那些法律和制度体系的产物。著作或文本带有作者的名字，也就意味着，它们成为占有对象，一种财产。这是近来的事情。这种财产状态历史地从属于控制着占有权利的刑法。只是在作者成为惩罚对象，其话语被视为具有僭越性时，才开始确定言论和著作的作者。在西方以及其他文化中，话语曾经不是一个物、一种产品、一种财产，而是一种位于具有神圣与亵渎、合法与非法的两极领域中的行为。在它成为一种具有流通价值的财产之前，它在很长时间里冒着被指控的危险。但正是在所有权和版权规则体系确立之时，写作行为固有的僭越性质成为文学的强大动力。其次，“作者—功能”并不是在所有的话语、所有的时代和所有的文化中恒定不变的。古代“文学”文本无须考虑谁是作者，其真实性是由其归属的时代来保证的。在中世纪，“科学”文本必须确定作者才能被视为真理。但“希波克拉底说”、“普林尼告诉我们”之类不仅是引经据典的论证公式，而且是表示一种公认的话语。17、18 世纪，科学文本被置于一种匿名的公理体系中，无须提及作者。只有发明者的名字被保留下来，标示某一定理、某一效应、某一特质、某一组因素或某一病症。与此同时，“文学”话语必须有作者名字才被接受。诗歌和小说的文本必须注明作者、写作时间、地点及环境。文本的意义和价值取决于这种信息。因此，人们千方百计地寻找佚名或匿名的作者。再次，“作者—功能”与特定文本的联系是通过各种严格而复杂的程序建立起来的。确定作者的规则具有超历史的性质。具体地说，其方法在很大程度上源于基督教注释者的方法，即通过确定作者的神圣性来确定一个文本的价值。最后一个特征似乎最明显也最重要：“作者—功能”并不仅仅简单地表示一个实际的个人，它同时也表示一系列的“我”和“主体地位”，各种人都可能来占据这种“主体地位”。例如，在第一人称的小说中，第一人称所表示的是“第二个我”。虚构的叙述者与作者的近似性在作品中是变动不居的。“作者—功能”出现于两者的裂缝中。

从话语实践的角度，福柯区分了两种作者：一种是与特定文本相联系的作者，另一种是占据“超话语地位”的作者。后者不仅是一部书的作者，而且是一种理论、一种传统或一个学科的创始者。这种作者古已有之。但是，福柯认为，19 世纪欧洲产生了另一类占据“超话语地位”的作者。福柯称他们为“话语实践的发起者”。他们不仅产生出自己的著作，而且创造出形成其他文本的可能性与规则。马克思和弗洛伊德就是这样的“话语实践发起者”。他们不同于文学流派的创始者（大文学家）、宗教经典的作者和科学奠基者。大文学家开创的是相似性模式，科学奠基者的行为也是其后一系列相似行为的开端。而马克思和弗洛伊德不仅造成了以后的文本能够采用的相似性因素，而且为一些差异打开了闸门。他们为引进一些异己因素扫清了空间，而这些因素依然存在于他们所发起的话语领域。另外，话语实践的发起完全不同于其日后的改造。发起者的言论不存在“错误”。所谓的“错误”只能被视为“前史”或“次要的”。话语实践的发起笼罩着但又必然脱离以后的发展和改造，成为最重要的参照。在这种情况下，话语实践者必然要不断地“返回起源”。因为基础必然有缺陷（疏忽），发起行动必然会被歪曲。回归是改造话语实践的必要而有效的手段。因为研究伽利略的著作可能会修改我们的历史知识，但不会改变我们的科学知识；而重新考察弗洛伊德或马克思的著作则可能会改变我们对精神分析或马克思主义的理解。但是，回归往往强化了一个作者与其著作的暧昧不清的关系。因为发现发起者的新著作会改变原有理论的重心或侧重点。

福柯指出，分析话语实践的发起是为了证明，在分析大型实体——一批著作或一个学科时，“作者—功能”还包含着其他的决定因素。

最后，福柯总结说，作者或“作者—功能”仅仅是主体可能具有的具体形式之一。“我们可以想象这样一种文化：在这种文化中，话语无须作者就能流通。无论话语具有什么地位、形式和价值，也不管我们如何对待它们，话语将在一种普遍的匿名状态中展开。”人们提出的问题不再是：“谁是真正的作者？我们有证据证明他的真理性和独创性吗？他的语言揭示出他最深层的自我中的什么?”新的问题是:“这种话语的存在形式是什么?它源于什么?如何流通?谁控制着它?可能的主体被安放在什么位置上?谁来履行主体的这些分散功能?”在这些问题背后是冷漠的低语:“管他是谁在说话。”

《作者是什么?》是福柯最有影响的短论之一。它发挥了《词与物》的“反人本主义”思想。它把话语置于制度网络,使话语脱离说话主体,脱离所谓的“真理”,从而进一步消解了“自由创造的主体”。

福柯演讲结束后的讨论相当热烈。吕西安·戈尔德曼(Lucien Goldmann)① 首先起来批评“结构主义”。他举出1968年5月巴黎大学(索邦)学生在教室黑板上写的一句话:“结构不能走上街头。”然后补充说:“创造历史的从来不是结构,而是人。”福柯的答辩很干脆:“我本人从来没有用过‘结构’这个词。因此,我可以免谈结构主义。”然后,他又发挥“人的死亡”观点:“这一观点使我能够阐明人的概念在知识中的运作方式。是否断言人已死了,这并不重要。重要的是考察人的概念是以什么方式和根据什么规则而形成和运作的。我对待作者概念也是如此。因此,我们不必哭天抹泪。”接着,拉康发言,帮助福柯说话:“我认为,说‘结构不能走上街头’,并非言之成理。如果说五月事件证明了什么,它恰恰证明了结构走上街头。正是写下这些字句的地方,人们走上街头。这一事实只能说明,行动本身所固有的东西往往不为人所知。”②

这个时期福柯对话语问题的思考集中体现在1969年春天由伽里玛尔出版社出版的《知识考古学》中。该书是福柯计划中的姊妹篇的第一部。福柯曾宣布第二部将研究历史话语问题,书名是《过去与现在:又一人文科学考古学》。但他的兴趣很快就转移了。所谓“第二部”的计划也抛

---

① 吕西安·戈尔德曼(1913—1970),生于布加勒斯特,第二次世界大战前移居法国,属于“西方马克思主义者”,第二次世界大战后对法国年轻一代马克思主义者影响很大。

② Eribon, *Michel Foucault*, pp. 210–211.

诸脑后。

与福柯的大多数重要著作不同，《知识考古学》是最“理论化”的，即它是从概念到概念的方法论研究，而不是历史分析著作，据笔者看也是福柯全部著作中最枯燥的一部。在学术界，对这部著作的价值和地位的评价，也是争议最大的。有人认为，它是《词与物》的一个“理论补白”①。较多的研究者认为，它是福柯结构主义或考古学研究阶段的最后一部著作，很快就被超越。② 但也有人把《知识考古学》称做福柯的“话语理论奠基作”③。有人则遗憾地表示，它是“一部就连福柯本人也很奇怪地没有充分展开的著作”，因为福柯后来提出的方法论——系谱学更值得商榷。④ 还有人居然提出，这部著作是对方法论的讽刺，其理由之一是，福柯本人是极其讨厌方法论的。⑤

福柯本人的解释是，《知识考古学》是对以前著作的一个方法论反思，因为《疯癫史》、《临床医学的诞生》和《词与物》是在一个总体计划中的分散研究，而它们的共同性质从未得到阐释。这一总体计划是与传统史学研究背道而驰的。“早就该赋予它们一种更大的统一性了。……本书就是其结果。”“因此，我的目的是，确定一种摆脱人类中心主题的历史分析方法。很显然，我准备勾画的理论与以前的研究有双重关系。它是对这些著作用于本身的或为本身而制定的工具加以概括的一个尝试。但另一方面，它又使用已经获得的成果来确定一种清除了一切人类中心主义的分析方法。”⑥

但是，《知识考古学》又不完全是对以前著作的总结。它有许多重

---

① Sheridan, *Michel Foucault*: *The Will to Truth*, p. 89.

② See Dreyfus and Rabinow, *Michel Foucault*: *Beyond Structuralism and Hermeneutics*, ch. 3; Major-Poetzl, *Western Culture*, p. 201.

③ 赵一凡：《福柯的话语理论》，载《读书》，1994（5）。

④ See Mark Cousins and Athar Hussain, *Michel Foucault*, London: MacMillan, p. 97.

⑤ See Alan Megill, *Prophets of Extremity*: *Nietzche*, *Heidegger*, *Foucault*, *Derrida*, Berkely: University of California Press, 1985, pp. 227-232.

⑥ Foucault, *The Archaeology of Knowledge*, pp. 15-16.

大不同。它也包括一些修正和自我批评。书中表示《疯癫史》过于强调所谓的“体验”，从而使之带有过多的神秘色彩，以至近乎承认一个一般的匿名历史主体。《临床医学的诞生》经常提到结构分析，从而有可能掩盖其特殊的主题和考古学分析层次。《词与物》缺少方法论解释，因而可能被误解为文化整体分析。① 更主要的是，《知识考古学》考察了“一个至今尚未成为分析对象的领域”，即“话语构成”（discoursive formation）。

据此，多数研究者认为，《知识考古学》是对以前所使用的方法论（考古学）的阐释和修正。但是，《知识考古学》的建构本身就是极其不稳定的。福柯在这部著作中不断地杜撰新的术语，又不断地丢弃它们，包括在《词与物》中作为中心术语的“知识型”也只是偶露峥嵘。因此，考古学这一方法论很快就被系谱学所取代。

对于自己思想的多变性，福柯做了自卫性的解释：“（我为自己准备了）一个我能在其中冒险的迷宫。在这里，我能推进我的话语，打开地底的通道，迫使话语远远地超出自身，发现捷径和曲径；在这里，我会失去自我，最终又出现在我再也不会遇到的目光前。无疑，我不是唯一因写作而毫无任何固定形象的人。不要问我是谁，也不要要求我始终如一。留着让那些官僚和警察来检查我们的文章是否规规矩矩吧，至少不要让他们的道德干扰我们的写作。”② 这段话既是福柯对现代写作和作者关系的一个注释，又表现了福柯的不断地自我否定和修正的探索——这也正是福柯能够不断超越流行思潮的一个原因。

《知识考古学》的主题包含着肯定和否定的两个方面：肯定方面是阐述以话语构成理论为基本内容的考古学，否定方面是清除认识论的障碍——人类中心主义或人本主义。应该说，这部著作“建设不足，破坏有余”。有的研究者说得好：“尽管表面上这部著作是严格客观地阐述一种新的科学方法论的尝试，但实际上它是消除一切在科学的名义下展开的

① See Foucault, *The Archaeology of Knowledge*, p. 16.

② Ibid., p. 17.

东西的尝试。”①

福柯的考古学的目标是“打破中心，即不给任何中心以特权”②，从而使人们确立差异意识，即认识到：“我们是差异。我们的理性是话语的差异，我们的历史是时间的差异，我们的自我是面具的差异。”③ 福柯认为，长期以来西方思想愈益严重的危机就在于“回避我们现实的差异”，用“一种人类中心思想来整理围绕着人的存在的这些问题，从而使我们回避对实践的分析”④。也就是说，人的现实被简化为现代人的形象，历史反思被禁锢在进化论中，思想局限于探索同一性。这种对人的现实的简化出自对差异的排斥，而这种排斥则与人类中心思想和人本主义意识形态紧密相关。

福柯认为，就历史研究而言，认识论已经发生了变化，即不连续性观念（包括不连续性、断裂、临界点、界限、系列和转型等观念）在历史学中变得重要了。这种变化可追溯到马克思，但至今尚未完成。把历史分析当做连续性话语，把人的意识当做一切历史发展和一切行动的原初主体，不过是同一种思想体系的两个方面。在这种思想体系中，时间是从总体性角度考虑的，革命不过是自觉的时刻。自 19 世纪以来，始终有一个主题：反对各种去中心的努力，维护主体的威权以及人类中心主义和人本主义这对孪生子。这一主题反对马克思的去中心努力（对生产关系、经济决定因素和阶级斗争的历史分析），而致力于寻找一种总体历史，使社会的所有差异简化为一种形式，致力于建立一种世界观、一种价值体系、一种统一的文明。这一主题反对尼采系谱学的去中心努力，反对探究使理性成为人类目的、把全部历史思想同维护这种理性联系起来的原始基础。当精神分析、结构语言学和文化人类学兴起，揭示了人的无意识结构后，历史连续性主题又重新鼓噪。同时，人们把马克思歪曲成整体历史学家，重新在马克思的著作中发现人本主义启示；把尼采思想解释成先验哲学，

---

① Megill, “Foucault, Structuralism and the End of History”, *Journal of Modern History*, 51 (September, 1979), p. 487.

② Foucault, *The Archaeology of Knowledge*, p. 205.

③ Ibid., p. 131.

④ Ibid., p. 204.

把其系谱学说成起源研究；对新史学研究提出的方法论问题置若罔闻。这样，他们就把历史学变成人类中心主义的最后一个栖身之地。福柯把自己以前的著作（从《疯癫史》到《词与物》）视为挣脱人类中心主义和人本主义的最后一道枷锁的努力。①

福柯进一步指出，尽管科学的严谨性和证伪性不断增强，但意识形态在科学中的作用至少并没有相应地减弱。意识形态并不完全排斥"科学"。"科学"的产生并不是纯粹的知识活动。意识形态控制着科学话语，科学也在不同程度上具有意识形态功能。因此，福柯认为，同一种科学的意识形态功能作斗争的唯一方式，不是揭露其哲学前提，也不是指出其谬误和矛盾，而是批判其话语构成、其"对象构成"系统、其陈述类型和理论选择，也就是说，揭示话语实践如何产生知识或"真理"。而这正是考古学的任务。②

《知识考古学》不是一般的历史分析，而是一个特殊知识领域的分析，因此，其具体批判对象是"思想史"（history of idea）或"科学史"、"知识史"。福柯指出，知识考古学是"对思想史的遗弃，对其假设和程序的系统否定，而尝试另外一种完全不同的关于人们说出来的东西的历史研究"③。

福柯概括了知识考古学与思想史的四个差别：

1. 考古学不是研究话语中隐蔽或公开的思想、表象、概念或主题，而是研究话语本身，研究遵循着某些规则的话语实践，不是把话语当做文献、当做另外什么东西的符号，而是把话语当做遗迹。它不是一种解释学，即不是探究隐藏得更深的话语，而是考察话语构成。

知识考古学的研究对象是"话语构成"，而不是"思想"（理念，idea）。有的研究者认为，福柯使用"话语"是出于策略考虑，是为了避免把知识当做"思想"。因为"思想"概念会导致至少三个福柯予以否定的设定。第一，一个"思想"就是一个命题，而命题是一种思想的逻辑

---

① See Foucault, *The Archaeology of Knowledge*, pp. 11-14.

② Ibid., p. 186.

③ Ibid., p. 138.

形式。如果承认知识是由“思想”构成的，知识会被视为不证自明的建构。第二，“思想”是精神表象，与人类主体的思想生产机制相联系，因此“思想”有作者。第三，思想表现为语言或存在于语言中。这样，思想的本体是意义，其基本单位是句子。①

福柯还主张放弃“整体历史”（total history）意义上的“历史”概念。他认为，历史学正在从“整体历史”向“综合历史”（general history）转变。其差别在于，整体历史要重构整个文明，确立一个同质关系系统，而综合历史关注的是“系列、区分、界限、层次的差异、变异、历时性具体事物、重复的特殊形式、各种可能的关系”。这种变化涉及对“证据”的认识。整体历史是把过去的“遗迹”（monument）变成“记忆”（集体意识），把它们变成“文献”，在文献的基础上重构过去，因此注意文献的真实性和意义，而综合历史把文献变成“遗迹”。历史证据不再是过去的表象。它是物质的，可加以利用，可建构各种不同的事件系列。而这些系列的标准和形式不是出自“过去”，而取决于分析方式。② 福柯支持巴什拉、康吉兰和年鉴学派等代表的“综合历史”的努力，但出于独特的理论立场，他本人宁愿用“考古学”。无怪乎有人说，福柯的知识考古学是既无“思想”又无“历史”的思想史研究。③

2. 考古学不是去探寻连续性，而是力图分析特殊性和差异。福柯认为，为了解放思想，必须先摆脱思想史中各种连续性概念。首先是传统。思想史中经常用“传统”来简化历史，把差异归因于开端。福柯认为，知识的传递和交流十分重要，正因为如此，不能简单地归结为传统。其次是影响。这个概念简直具有魔力，可以跨越时空把各种东西联系起来。再次是发展和进化。这两个概念使历史模式化。最后是“时代精神”。这个概念通过教条的公式把不同现象联系起来，赋予某种意义，确立所谓“集体意识”的权威。④

---

① See Mark Cousins and Athar Hussain, *Michel Foucault*, p. 78.

② See Foucault, *The Archaeology of Knowledge*, pp. 6–7.

③ See Shumway, *Michel Foucault*, p. 98.

④ See Foucault, *The Archaeology of Knowledge*, pp. 21–22.

3. 考古学不理睬"著作"概念，而是探究贯穿各种不同著作的话语规则。"一本书从来没有断然分明的边界。它超越标题，超越第一行和最后一个句号，超越内在结构和独立形式，而陷入一个与其他书籍、其他文本、其他句子相互参照的系统中。它是这个网络中的一个结。而这个参照网络并不是一篇数学论文、一篇正文注释、一个历史解释或一个小说情节所显示的。……只有基于一个复杂的话语场，它（一本书）才得以显示和构筑。"① 因此，"从考古学的角度看，创造主体的著作权、即一部著作的'存在理由'及其统一性原则，是莫名其妙的"②。

4. 考古学不是恢复人们在话语中表达的思想、意愿、经验和欲望，也不是探究起源的秘密，而是"对一种话语对象的系统描述"③。

福柯在清除了认识论障碍后，为知识考古学、即话语研究开辟了一个研究场地。"这个场地就是各种实际陈述（无论说出的还是写出的）的总合。"福柯认为，陈述（statement）是话语的基本单位。福柯没有明确地告诉我们，陈述是什么。他从否定的方面告诉我们陈述不是什么：陈述不是逻辑中的命题，也不是语法中的句子。在分析哲学中人们关注陈述的真理性设定或意义。福柯对此也不感兴趣："陈述分析……只质问它们的存在形式……它们而不是其他陈述在何时何地出现，对于它们意味着什么。"④ 福柯纯粹从陈述在话语构成中的功能角度来界定它："陈述不是一个结构（即一组变量之间的关系，从而能够造就尽可能多的具体模式）。它是属于符号的一种存在功能。"⑤ 陈述是一种"话语事件"。它具有"历史性"、"物质性"、"外在性"和"稀少性"。它是历史的，出现在一定的情境中。但它又是没有固定实体的、能够重复出现的物质，因此不是只出现在某一特定时空中。它具有外在性，相对独立于说话主体，可以被改造。它因为有用而又稀少而成为一种"财产"。作为"财产"，它就涉

① Foucault, *The Archaeology of Knowledge*, p. 23.

② Ibid., p. 139.

③ Ibid., p. 140.

④ Ibid., p. 109.

⑤ Ibid., p. 86.

及权力问题。“财产自然就是争夺的对象，政治斗争的对象。”① 总之，陈述是能够“被人们生产、操纵、使用、改造、交换、组合、分解、重组乃至破坏的一种东西。……陈述因其出现时具有物质性，具有一种地位，因此能够进入各种使用的网络和领域，能够被转移或修改，能够被整合进维持或抹杀它的特征的运作和策略中。因此，陈述能够流通、被使用、消失，能够促成或阻碍欲望的表现，帮助或抗拒各种利益，参与挑战和斗争，成为占有和争夺的对象”②。

话语是由陈述构成的。③ 福柯提出，一组陈述是否能构成话语或话语的组成部分，即形成一个统一体，取决于四个标准：1. 它们都指涉同一对象；2. 它们表现出同一种陈述方式；3. 它们使用同一个稳定的概念系统；4. 它们都支持同一个“主题”或“战略”，即制度、管理方式或政治方向。但是，这些假设都不能经受住福柯以前分析过的各学科的验证。精神病学中没有共同的对象；医学中没有共同的风格；一般语法中没有经常使用同样的概念；财富分析中没有共同的主题，而是支持相互对立的政治目标。④ 尽管如此，福柯并没有放弃这四个标准，因为他发现陈述的组合不是任意的。在上述四个层次上，陈述的弥散都是有规律的。这种弥散本身也成为确定一种话语构成的标准。因此，更宽泛地说，一个话语构成一个陈述弥散系统。“只要我们能够根据一些陈述描述出这样一个弥散系统，只要我们能够在对象、陈述类型、概念或主题抉择中确定一种规律……我们就能说……我们在考察一个话语构成。这种划分的因素（对象、陈述方式、概念、主题抉择）所服从的条件，我们称之为构成规则。构成规则是一个话语划分中的存在以及共存、维持、修正和消失的条件。”⑤

就话语对象而言，福柯引用《疯癫史》的例子加以说明。他指出：“19 世纪，精神病学话语的特征不是其特殊的对象——其对象是极其分散

① Foucault, *The Archaeology of Knowledge*, p. 120.

② Ibid., p. 105.

③ Ibid., pp. 31-39.

④ Ibid., p. 117.

⑤ Ibid., p. 38.

的，而是其构筑对象的方式。”① 这种方式包括三个条件及其互动关系：呈现层面（surface of emergence），界定权威（authority-of-delimitation）和细化格栅（grid of specification）。19 世纪，精神病理学对象的旧呈现层面包括家庭、邻里、工作环境、教区。它们都是被规范化的，不容忍离轨，因此愈益把解释、对付乃至治疗的责任交给医学。此时也出现了新的呈现层面：性倒错从禁止对象变成观察、描述和分析对象，从而使病理学进入性的领域；刑法发生变化——过去是把疯癫与犯罪区分开，此时犯罪本身变成一种近乎疯癫的离轨形式。这样，精神病理学话语就能够找到自己的领域，即对象。与此同时，各种界定权威也开始运作。医学制度化了，变成社会的一个重要权威，由它来界定、指认、命名和确立疯癫为一个对象。它得到其他权威的合作：法律、尤其是刑法界定了一系列非故意犯罪，宗教权威划分了神秘与病态、精神与肉体、超自然与反常等界限。早期医学应付不了，需要新的精细学问。这就需要细化格栅，即能够区分、对比、联系、重组、分类的范畴系统。对于精神病理学来说，这种格栅包括灵魂（其中各种素质组成相互渗透的等级）、肉体（三维有机体）、个人生活史（发展阶段、各种烙印、振奋的潜能，循环周期）以及神经系统的功能等等。它们不是专属于精神病理学的，但后者要依赖它们才得以形成。总之，话语对象尽管没有本质上的统一性，但也不是偶然的。它自有其存在的条件。②

陈述方式的构成规则也包含三个环节。首先，谁在说话，他凭借什么权利说话，也就是说话者的地位。其次，说话者所凭借的制度地点，也就是使其话语获得合法性和应用对象的来源。最后，说话者与各种对象领域的关系。例如，医生的地位不仅取决于能力和知识。机构、制度、教育规范、法律等一起使他能够应用和扩展自己的知识。医生制造话语的制度地点包括医院、实验室、图书馆（文献领域）。医生是一个质疑的主体，聆听的主体，观看的主体，总之，他具有权威。所有这些决定了医学话语的方式。③

---

① Foucault, *The Archaeology of Knowledge*, p. 44.

② Ibid., pp. 41–42.

③ Ibid., pp. 50–56.

概念构成也取决于三个规则。首先是接续（succession）形式，其中包括陈述系列的整理、陈述依存类型、修辞方式等。其次是共存形式，其中包括呈现域、共生域、记忆域等。最后是干预程序，其中包括改写技术、转述方法、定性和定量陈述的转化方式等等。① 换言之，对概念的分析就是鉴别各种概念陈述是如何结合在一起的。

对战略构成进行分析也应从三个方面入手。首先是话语的可能衍射点，包括不相容点（同一话语构成可能有两个对象或两种陈述）、对应点（以同一方式或基于同一规则形成的两个不相容因素，如“或者……或者……”形式）、系统化的联结点（各种系列的产生）。其次是指导人们作出抉择的权威，即“话语格局经济学”。最后，理论选择实际上也取决于另外一个权威。后者的特征表现为话语在非话语实践领域中的功能（例如，财富分析不仅在政府决策中起作用，而且在新兴资本主义的日常实践中、社会政治斗争中起作用），占有话语的规则和过程（话语权是被特殊群体垄断的）以及欲望相对于话语的地位（话语实际上是一种关于人性、疯癫、生死等等的虚幻表达、符号化因素、受禁锢的形式、替代满足的工具）。正是在这一系列关系中、实践中，形成了从对象或概念中不可能按照逻辑推导出来的“主题”，如财富分析中的重商主义以及后来的重农主义和功利主义。但是，这些战略，即理论选择，既不能归结为最基本的世界观，也不能归结为伪装的利益观念。它们是对待话语对象、安排陈述方式、利用概念的不同方法。②

当然，这四个层次不是彼此独立的，而是相互作用的，从而形成一个话语构成的“统一体”，即弥散系统。福柯强调，这种构成系统不是话语的最终状态，在它背后所能发现的不是无序前话语（思想、经验等），而是一个紧密的多重关系网络。这些关系本身就已经是话语关系。因此，话语分析无须从文本进入到思想，由外及里，由表面复杂性进入深层统一性。人们只需要分析话语层面。③

---

① See Foucault, *The Archaeology of Knowledge*, pp. 56–59.

② Ibid., pp. 64–70.

③ Ibid., pp. 72–76.

根据上述分析，福柯指出，我们必须破除一些根深蒂固的观念。例如，我们不能把理论和实践截然分开。如同阿尔杜塞坚持理论也是一种实践①，福柯认为话语也是一种实践。所谓“知识”则是“由一种话语实践按照一种有规律的方式构筑的一组因素”。没有话语实践，就没有知识。因此，知识并不纯粹是理论建构，而是各种历史条件耦合的产物，而这些历史条件本身是非理论的。知识是话语提供的争夺、占有和利用机会的结果，与权力、意识形态等等有着密切的关联。知识本身并没有严密的逻辑结构，其间充满断裂差异。②

总之，话语构成或话语实践受制于“一组匿名的历史规则”，这些规则“在某一时期的时空中通常是确定的，而且对于一定的社会、经济、地理和语言领域来说，是陈述功能运作的条件”③。在《词与物》中，福柯把这种规则系统称为“知识型”，在《知识考古学》中更名为“历史前提”（historical a *priori*）或“档案”（archive）。“历史前提”不能被看做一种凌驾于话语实践或话语事件之上的不变的非时间性结构。其本身就是历史性的，而且与话语实践相互依存，渗透在话语之中。“档案”就是指一切话语的历史累积。而考古学也因其任务是“剖析档案”而得到正名。④

《知识考古学》提出了一种新颖的知识观。按照西方现代主流观念（主要以实证主义为代表），知识是主体自觉的理性建构，是对客体的真理性认识。另一种较为重要的反主流观点（主要以法兰克福学派、尤其是曼海姆和哈贝马斯为代表）则强调，知识是根据特殊集团或阶级的利益而构筑的，主要取决于社会、政治和制度语境。而福柯不仅继《词与物》之余烈，进一步消解主体，而且也极力消解作为知识对象的客体。

---

① 参见［法］路易·阿尔都塞著，顾良译：《保卫马克思》，139页以下部分。

② See Foucault, *The Archaeology of Knowledge*, pp. 182－186.

③ Ibid., p. 117.

④ *The Archaedogy of Knowledge* 封底。福柯稍早时曾明确表示：“我的研究对象不是语言，而是档案，即话语的累积存在。”

他把知识看做话语的隐秘运作，把话语构成看做一个相对自主的领域，既受制于不以人的意志或理性为转移的规则系统，从而独立于理性主体或利益主体；又不是对“客观现实”的真理性认识，从而独立于“真实对象”。换言之，话语或语言成为一种自身的游戏。知识不过是这种游戏的产物。因此，尽管福柯一再以没有使用“结构”一词来同结构主义划清界限①，但实际上他不仅与结构主义潮流呼应，而且为之推波助澜。无怪乎有人竟然把《知识考古学》称做“结构主义的《圣经》”②。

当然，福柯的知识考古学与结构主义符号学也有区别。这种区别不在于福柯本人所说的使用概念或术语的区别，而在于福柯没有放弃“历史性”。他把话语视为一种实践而非静止的结构。另外，“考古学也揭示话语构成与非话语领域（制度习俗、政治事件、经济活动和进程）的关系”③。当然，问题也恰恰在于非话语关系在他的考古学中处于次要地位。福柯本人也很快意识到这一弱点，从而转向系谱学。

《知识考古学》问世后，反应冷淡。此时，1968 年五月风暴已经把人们的注意力从学术转向政治。追逐新潮的青年知识分子已经开始厌倦消解主体从而使人无所作为的结构主义，而热衷于激进的“新左派政治”。《知识考古学》堆砌术语、文字枯燥，更是使大批读者望而却步。

但是，这部著作得到几个重要刊物的关注。《批判》刊发了德勒兹的赞扬文章。他称福柯为“新型档案研究者”，征服了“一个匿名领域，在这一不为人所认识的领域里，一句文学表述，一个科学命题，一个日常句子，一句疯人呓语等等，尽管毫无共同之处，但都是陈述”。他认为，福柯克服了巴什拉的缺陷，因为后者坚持区分诗与科学。他把福柯的考古学誉为“诗学考古学”④。

令福柯高兴的是，法国共产党的杂志《思想》刊发了一篇没有敌意

① See Foucault, *The Archaeology of Knowledge*, pp. 200-201.

② Macey, *The Lives of Michel Foucault*, p. 199.

③ Foucault, *The Archaeology of Knowledge*, p. 162.

④ Gilles Deleuze, *Foucault*, London: Athlone Press, 1988, pp. 14-32.

的书评。该文批评福柯缺乏政治上的阶级立场，但却认为福柯的“话语构成”实际上是“关于意识形态关系和意识形态对象构成的唯物主义历史理论”。这里暗示了福柯与阿尔杜塞在理论上的同盟关系。

《知识考古学》进一步提高了福柯的学术地位。他对此很满足。但是，五月风暴及其后果冲击了他的思想。他自己很快就对“考古学”这一方法论不以为然了。

附带说，尽管《知识考古学》在福柯的思想历程中是一个过渡阶段，但是它在当代西方学术界产生了重要的影响。《东方学》的作者萨义德（E. Said）明确表示，他是用福柯在《知识考古学》和《规训与惩罚》中所描述的话语概念来分析东方学的。①

① See E. Said, *Orientalism*, London: Routledge, 1978, p. 3.

第十章 日常生活革命

20世纪60年代是一个“四海翻腾云水怒，五洲震荡风雷激”的时代。中国的“文化大革命”在世界范围产生共鸣。“毛主义”和“红卫兵造反”激励了各国的青年学生。不仅在第三世界，而且在发达国家，学生运动风起云涌，如火如荼。1968年，正当福柯卷入突尼斯学潮之时，法国发生了震惊西方的五月风暴。

当然，中国的“文化大革命”与法国乃至西方的学生运动有着完全不同的背景和性质。五月风暴是法国社会各种危机的一次总爆发。究其社会原因和性质，至今言人人殊。① 但无论如何，有一点是显然的：从今天的角度看，1968年前后法国社会的面貌发生了明显改观。福柯1982年回顾说：“从60年代初期到现在，人们的日常生活发生了重大变化，我自己的生活也是如此。当然，这不能归因于政党。这是许多社会运动的结果。这些社会运动实际上改变了我们全部生活、我们的思想、我们的态度以及其他不属于这些运动的人的态度和思想。”②

五月风暴是福柯生平中的一个中心事件。可以说，一方面，政治向福柯靠近，另一方面，福柯本人向政治靠近。

在五月风暴中，法国知识分子、尤其青年知识分子重新政治化。而恰恰在这个时候，法国共产党的表现使得“正统”马克思主义丧失了号召力。法国共产党把学潮看成不负责任的行动，阻止工人与学生联合，也不

---

① 参见［法］雷蒙·阿隆著，孟鞠如等译：《雷蒙·阿隆回忆录》，第十八章；徐崇温：《西方马克思主义》，第一章，天津，天津人民出版社，1982。

② Miller, *The Passion of Michel Foucault*, p. 169.

愿支持工人控制工厂的斗争。结果，给人们造成法国共产党与政府“共谋”平息动乱的印象，从而败坏了马克思主义的声誉。

五月风暴也改变了“政治”和“权力”的含义。社会各受压迫群体蜂拥而起，反抗所有的压迫形式。人们觉得，权力不仅出自一个或几个中心，压迫也不是仅仅表现为几种形式，相反，权力无所不在，压迫多种多样，因此，随时随地都可以开展反压迫的斗争。极左思潮（包括一些“西方马克思主义”者如阿尔杜塞和马尔库塞等人的思想）因此得以泛滥。

五月风暴外表看起来波澜壮阔，像是一场大革命，但细细考察，无论是学生还是工人，都没有夺取政权的纲领。大学生起来造反，首先是因为对学校的压抑环境不满，因而反对一切权威（教授和政府），反对旧教育制度（尤其是严厉的考试制度），要求“学校民主化”，与教师平起平坐，甚至要求有任免教师的权利。由此，他们扩展为对社会的种种批判，在校园墙壁上涂抹种种口号：“消费社会不得好死，异化社会不得好死，我们要一个新的独创的世界，我们拒绝一个用无聊致死的危险去换取免于饥饿的世界”；“革命不仅是对资本主义社会、而且也是对工业文明的挑战”；“我们在这里提倡一种奇异的生活。我们睡，我们吃，我们不碰钱，没人想它，这已是我们创造的社会”；“我越谈恋爱，我就越要造反，因而我也越要谈恋爱”；等等。① 显然，这些口号主要表现的是盲目的、否定性的抗议、破坏，而不是乐观的、有目的的创造，不是集中于一点的颠覆，而是全面的拒绝。工人罢工，也是对无意义的紧张劳动与严厉的等级管理的反抗。

福柯从来没有把五月风暴看成传统意义上的社会政治革命。五月风暴后，福柯发现，他的著作已经成为左派文化的一部分。尤其是《疯癫史》，当初出版时仅仅是一部学术著作。但在 1968 年以后，该书的“大监禁”主题成为谴责当局镇压和逮捕学生与工人的一个论据。另外，左派的“反精神病学运动”也把《疯癫史》作为一个经典。例如，一家杂志刊发抨击精神病院的文章，导言完全是对福柯思想的概括：“不久前，疯人还是与妓女、失业者、小偷及其他社会渣滓关在一起，换言之，与一

① 参见徐崇温：《西方马克思主义》，第一章。

切按照阶级社会的神圣价值看做不‘正常’的人关在一起，与骚扰了私有财产和道德一律准则的人关在一起。”

福柯后来回顾说：“政治的范围改变了。诸如精神病学、监禁和医疗监控（medicalisation）都变成了政治问题。由于最近几年发生的变化，一些政治集团觉得有必要把这些领域纳入他们的行动范围。他们和我走到一起。这不是因为我变了，我能不无自豪地说，这是因为政治向我靠近。”①

附带地说，《疯癫史》受到反精神病学运动的青睐是福柯始料不及的。反精神病学运动是20世纪60年代中期首先从英国兴起的。莱恩（Ronald Laing）和库珀（David Cooper）是其中的主要代表人物。他们认为，广义的精神分裂是家庭和社会全面压制的结果，通行的精神病学体现了一种治疗压制，因此，把精神分裂者交给精神病机构是第二个暴行。《疯癫史》的英译本就是由他们于1965年出版的。1967年他们还在伦敦召开了名为“解放辩证法”的国际大会。马尔库塞等人也出席了大会。

尽管福柯同该运动的一些人建立了比较密切的关系，但是他从来不承认自己是“精神病学反对者”。他说：“我只不过写了一部截至19世纪初的精神病学史。为什么许多人，包括精神病学者认为我是精神病学反对者呢？这是因为他们不能接受有关他们的制度的真正历史。这种历史当然是把精神病学当做伪科学的一个标志。一种真正的科学能够接受哪怕是关于其起源可耻、肮脏的故事。（大笑）”②

针对种种误解，福柯在20世纪80年代还进一步解释说：“我的观点不是说一切事物都是坏的，而是说一切事物都是危险的。……我认为批评有益，因为精神病院就是危险。现在危险明显起了变化。例如，在意大利，他们关闭了所有的精神病院，有了更多的免费诊所等等，但他们又有了新的问题。”③

---

① Macey, *The Lives of Michel Foucault*, p. 217.

② Foucault, *Politics*, *Philosophy*, *Culture*: *Interviews and Other Writings*, *1977-1984*, p. 15.

③ Paul Rabinow, ed., *The Foucault Reader*, New York: Pantheon, 1984, pp. 343-344；［美］德赖弗斯、拉比诺著，张建超、张静译：《超越结构主义与解释学》，297～298页，北京，光明日报出版社，1992。

五月风暴首先冲击的是教育领域。法国的教育制度自拿破仑时代起就故步自封，因循守旧，积弊甚多。其严格的集中制和等级制，早已引起人们不满。有识之士一直大声疾呼，要求改革。从 20 世纪 50 年代后期起，大学生人数增加了两倍，达到六十万之多。这批在战后生长起来的青年人忍受不了刻板陈旧的教育制度，对自己将来在“消费社会”中的命运忧心忡忡。“他们的精神危机比物质危机更严重。”旧体制承受的压力越来越大。一点一滴的改革在逐渐进行，但远远适应不了变化的形势。①

1965 年，教育部长富歇设立了一个委员会研究中学和大学的教育改革。福柯的一个巴黎高师同学是部长顾问。经他提议，福柯被任命为委员会成员。在去突尼斯之前的一年多里，福柯积极参与了委员会的工作。他主张全面改革，如中学教育应集中打好基础，而不应成为大学教育的简本；教师会考制度必须改革，因为它只是“智力游戏”，而不是为研究作准备；博士学位制度必须改革，因为现行制度往往使申请人皓首穷经。1966 年就有人警告，教育体系将会出大乱子。1967 年继任教育部长的阿兰·佩雷菲特同样看到改革的必要性。但是，他后来无可奈何地说：“历史比我走得更快，炸弹在我能够或懂得拆除雷管之前就爆炸了。”②

五月风暴的导火索是巴黎的农泰尔（Nanterre）大学（后改为巴黎第十大学）的学潮。1968 年 1 月，学生要求有自由出入异性宿舍的权利，一些女生占领了男生宿舍。防暴警察前来干预，引起暴力冲突。3 月，农泰尔大学的全国声援越南委员会领导人被捕，抗议的学生占领了一个大礼堂和校部大楼。几天后，学生抵制考试，又导致警察干预。5 月 2 日，农泰尔大学被关闭，学生撤到校园里，遭到警察的暴力驱赶。各学校掀起声援示威，暴力冲突也逐步升级。巴黎大学（索邦）遂被关闭。6 日，萨特表态，全力支持学生，反对军警弹压。7 日，拉丁区有 6 万学生发动起来，走上街头。③ 运动扩及外省，大学生纷纷罢课。10 日夜间，在巴黎中

---

① 参见［法］米盖尔著，蔡鸿滨等译：《法国史》，606 页。

② ［法］雷蒙·阿隆著，孟鞠如等译：《雷蒙·阿隆回忆录》，第十三章；［法］佩雷菲特著，孟鞠如等译：《官僚主义的弊害》，第九章。

③ 拉丁区是巴黎市中心的一个小街区，周围大学众多。街区内遍布书店以及廉价的小酒馆、咖啡馆和学生公寓。拉丁区历来是知识分子、艺术家聚集的地方。

心地带筑起路障，与警察发生冲突。两天后，学生占领了巴黎大学（索邦）。13 日，法国民主工人工会和全国教育联合会在巴士底广场组织了 20 万人的大示威。随后，工人纷纷占领工厂，全国铁路罢工。有意思的是，五月风暴期间，几乎没有流血。人们仿佛在过狂欢节。在发生冲突时，警察往往由于群众的包围和起哄而狼狈撤走。

当时，身在突尼斯的福柯对法国的事态十分关注。4 月，法国《新观察家》杂志编辑让·丹尼尔拜访他时，惊异地发现曾经对“自由”之类的口号持悲观态度的福柯居然说自己最感兴趣的是“政治、现实、今天”。福柯认为，农泰尔大学的骚乱实际上宣布了一场“日常生活革命”。他还估计，巴黎的事态有可能导致戴高乐下台。

德菲尔在五月风暴中非常积极，并且用电话向福柯通报法国的情况。福柯得知后对自己不在现场感到遗憾。他回到巴黎待了几天，参加了 5 月 17 日的五万人大会。一天，他在街上目睹了学生游行示威的场面，转身对一起散步的丹尼尔说：“他们不是在制造革命，他们本身就是革命。”

10 月福柯回到巴黎后，迁入巴黎第十五区一所现代公寓，住在第九层。从这里可以眺望半个巴黎西部。宽大的阳台使他能够继续保持在突尼斯养成的日光浴习惯。①

福柯不想再回克列蒙-费朗大学。法国驻意大利大使希望福柯担任他的文化参赞，但福柯想留在巴黎。农泰尔大学心理系主任邀请福柯来充实这个新建系。但福柯早已不愿再教心理学了。最后，他选择了万塞讷（Vincennes）大学。

万塞讷大学是五月风暴后法国政府为缓和矛盾、加速“高等教育改革”而在巴黎郊区万塞讷公园新建的一个实验学校，又称“万塞讷实验中心”。该校实行自治、学科交叉、师生参与以及开放（即学生无须业士学位证书）等原则。教育部设立了由巴黎大学（索邦）校长领衔的组织委员会，负责挑选万塞讷大学的“核心教师”。委员会成员包括巴尔特、德里达、拉杜里和康吉兰等人。由于康吉兰的建议，福柯被教育部任命为

---

① 按 Macey 的说法，福柯是在 1970 年迁入新居的。

哲学系主任，由他组建哲学系。该校的核心教师中有一位英语女教授海伦·西祖（Helene Cixous）。她是乔伊斯专家、女权主义者，后来成为福柯的一个特别密切的朋友。

福柯认为：“哲学将会超越任何哲学本身。”他赞成自己的老师伊波利特的观点：“当代哲学研究应该满足两个需求：分析的严格性，密切联系活生生的经验。”因此，福柯聘用了一批他认为最能代表这种发展方向的新生代教师。他首先想到的是德勒兹。可惜，德勒兹当时重病在身，无法应聘。应聘者除了几个福柯的同辈人外，主要是阿尔杜塞和拉康的学生，其中有法国共产党党员巴利巴尔（Etienne Balibar，阿尔杜塞《读解〈资本论〉》的合作者）和朗西埃尔（Jacques Ranciere），毛派分子、拉康的女儿米勒（Judith Miller），托派分子韦伯（Henri Weber）等。从人员组成看，除了学术标准外，政治标准显然起着重要作用：这些人都是五月风暴中的积极分子。福柯还设法使社会学系聘用了正在另一所大学社会学系任教的德菲尔。万塞讷大学（尤其是哲学系）成为一批左派教师的聚集地。

万塞讷大学名义上于1968年9月开学，实际上到1969年1月才正式上课，但也还没有完全准备就绪。由于该校的指导方针以及教师和学生的构成情况，很快，学校就陷入混乱。万塞讷大学成为继农泰尔大学之后的第二个学潮中心。

当时，全国学潮还没有完全平息。各地大学和中学仍不时发生罢课、集会和暴力冲突。1月23日，巴黎圣路易公立中学的学生组织不顾教育局的禁令，放映有关1968年五月风暴的电影。然后，学生又去占领教育局，与警察发生冲突。一些学生被捕。得知消息后，万塞讷大学几百名学生和教师表示声援，占领自己的学校，用新添置的桌椅、地毯、电视机等堆成路障，福柯和德菲尔也卷入其中。福柯让学生小心地摆放电视机。警察前来干涉，学生用石块同警察的催泪瓦斯对抗。夜间，警察把学生和教师赶进一个大教室。最后有220人被捕，送到警察局。天亮后，这些人未经审讯都被释放。这是福柯第一次被捕。当时，学生划分教师的标准首先是在五月风暴中的表现。福柯原先被左派学生看做“戴高乐分子”，因为他没有参与五月风暴，“没有经受红色洗礼”。通过这次事件，福柯在学生中的威信有所提高。一位年轻的托派教师回忆说：“他（福柯）非常勇敢。夜间警察冲进来时，他想站在前列战斗。……我很敬佩。”

事后，政府和新闻界反应强烈。闹事那天，巴黎大学（索邦）校园内著名的黎塞留画像被学生胡乱涂抹，成为“左派砸烂一切的野蛮主义”的一个典型。万塞讷大学开除了34名学生。2月11日，左派学生在拉丁区召开3 000人的抗议大会。萨特和福柯都在大会上发了言。据报道，福柯讲话极其激烈，谴责警察挑衅和“蓄谋镇压”。

从此，万塞讷大学就陷入了一片混乱。新换的校长也无力恢复正常秩序。校园里到处是小商摊，出售旧书、录音带、食品、政治读物和嬉皮用品。图书馆的书籍大量丢失。毒品四下流传。

与其他大学的情形一样，学生发展出两种倾向，一种是崇拜3M，即马克思、毛泽东和马尔库塞（这三人名字的拼音字头都是M）：谈政治，侃理论，甚至搞暴力；另一种是生活方式的反叛，讲生态，回乡土，当嬉皮。“参与”的口号使得万塞讷大学校园里各种激进派别十分活跃。最激进的是“无产阶级左派”。它是由来自另外两个左派组织的成员混合而成：一个是巴黎高师的“青年共产主义者同盟（马列主义）”，主要受阿尔杜塞思想的影响；另一个是农泰尔大学的“3月22日运动”。前者强调“纯正性”，后者强调“自发性”。他们都崇拜中国的“文化大革命”，自称“毛主义者”（毛派）。尽管毛派分子大多是“知识分子”，但他们认为，知识分子应自我否定。理想的知识分子应该是“扎根派”，即变成工厂工人，“扎根”于无产阶级之中。这种与工人结合的思想也得到萨特的支持。另外，校园里还有托派、法国共产党等派别。这些派别要么由年轻教师领导，要么得到教师的支持。校园里充斥着无休止的政治集会、示威、暴力冲突、派别斗争。

课堂也变成政治讨论场所。哲学系尤为突出，从课程表就可见一斑。1968年至1969年的课程包括：“左派修正主义”、“社会形态科学与马克思主义哲学”、“文化革命”、“意识形态斗争”等；另外是一些较传统的课程，如“希腊政治思想”。1969年至1970年的课程包括：“马列主义的第二阶段：斯大林主义”、“马列主义的第三阶段：毛主义”、“20世纪马克思主义导论：列宁、托洛茨基以及布尔什维克运动”、“马克思主义辩证法”，少数较传统的课程是“希腊思辨思想批判”、“历史科学中的认识论问题”。

万塞讷大学尤其是哲学系的教学管理也十分混乱。一些托派师生成立了一个“废除工资和摧毁大学委员会”，旨在把资产阶级的大学变成资本主义体系中最薄弱的一环。他们宣扬“大学教学和考试无用论”。许多毛派分子也大力支持他们。米勒讲：“我将尽一切力量使大学的运转越来越糟。大学是一个国家机器，是资本主义社会的一部分。它根本不是自由主义的天堂。我认为，不打碎整个体系就不能打碎它。因此我们现在所能做的就是使之几乎不能运转。”哲学系不要求教师进行考试，学生只需交一篇作业，教师任意给学生打分（米勒声称，她是在公共汽车上给学生打分），甚至只要学生提出请求，就能获得学分。

由于福柯在政治上越来越激进，他开始疏远了一些政见不同的老朋友，如克罗索夫斯基，而与“无产阶级左派”接近。他结交了一些“左派”朋友，偶尔也为他们的报纸写稿。但是，他对列宁和毛泽东的理论不感兴趣，也不赞成深入工厂同工人结合。在一些左派学生看来，温和派是最坏的敌人。因此，福柯也受到他们攻击。福柯对左派学生的攻击，尤其是把他没参加五月风暴作为一个重大污点，非常反感。他对一个朋友说：“我要告诉他们：当你们在拉丁区的路障上要闹时，我正在突尼斯做十分严肃的事情。”“拉丁区的路障与在突尼斯真正冒坐十五年监狱的危险根本不能相比。”① 另外，他推崇突尼斯学生在政治意识形态的鼓舞下踏踏实实的行动能力，而厌恶法国左派学生空谈理论和热衷派别斗争。他后来说，当他回到巴黎后，“各种理论泛滥，争论不止，批判严厉，派别分裂，这使我大惑不解。1968年至1969年我在法国看到的状况与我1968年3月在突尼斯发现的有意思的东西恰恰相反”②。

---

① Eribon, *Michel Foucault*, p. 202; Macey, *The Lives of Michel Foucault*, pp. 205-206.

② Eribon, *Michel Foucault*, p. 195.

福柯主张“具体的、明确的”斗争。他认为，应该集中力量在大学里斗争，对知识进行改造。这是与他的“知识/权力”的观点相一致的。一方面，他坚持教学和研究的学术性。他开授的四门课分别是“性论”、“形而上学的终结”、“生命科学的认识论”和“尼采”。另一方面，他努力改进自己的教学，尽量采取启发式和形象的教学方法，不把自己的判断强加给学生，而让学生积极主动地思考。他说：“我更像一个工匠，把自己的产品拿出来供人消费，而不是像一个强制奴隶干活的主人。”他不否认师生的差异：学生是学徒，老师是师傅。但他尽量不摆师道尊严的架子，耐心回答学生的问题，给予学生各种所需的帮助。

但是，福柯对轻视学术的气氛感到越来越难以忍受。他的教学有时被学生打断，被迫与学生展开教学内容之外的激烈争论。一次，他去上课时被学生堵在教室外进行辩论。福柯讲授尼采哲学，受到广泛好评，但并不合左派学生的口味。他们更喜欢那些讲授和讨论革命与马克思主义的课程。另外，在“参与”的口号下，各种全校性会议接连不断，使人不胜其烦。福柯对不能安心致力于学术而感到恼火。他尽量躲出校园，埋头于国立图书馆。

1970 年 1 月，新任教育部长吉沙尔德发表广播讲话，其中对 1968 年至 1969 年哲学教学的质量表示遗憾。他列举了几个课程名称，指责这些课仅仅讲授“马列主义”，“过于狭窄”。他声称，对这样的课程不能授予国家认可的学位。这意味着万塞讷大学的毕业生将不能从事大学和中学的教师工作。3 月，教育部长又下令解除米勒的大学教师职务。

福柯对万塞讷大学哲学系的状况负有很大的责任。那些左派教师是他挑选来的。尽管在具体做法上，他不完全赞同那些左派教师，而且在“参与”的气氛下，福柯实际上也没有权力约束教师，但是在总方向上他与他们是一致的。因此，在公开场合，福柯为万塞讷大学的实验大声辩护。作为系主任，福柯召开记者招待会，反驳教育部长的指责。他说，万塞讷大学的教学目标是研究当代世界。哲学系怎么可能不对政治进行反思？然后，他又在杂志上发表谈话：“谁能明确地告诉我哲学是什么？凭什么、根据哪家经典、哪家标准、哪家真理否定我们所做的一切？我不知道世界上存在着什么真正的哲学。世界上只有‘哲学家’。这个概念是指这样一些人：他们的话语和活动随着时代变化而变化。”他指责当局给万塞讷大学哲学系设置圈套：先是允许绝对的学术自由，一旦有人真正行使这种自由，便加以压制。[①] 他还表示：“我们不仅必须从政治保守主义下解放自己，而且必须从文化保守主义下解放出来。我们必须关注我们的习俗：它们完全是人为的，与资产阶级生活方式紧密相连。应该用游戏和嘲弄的方式来僭越它们。应该不修边幅，男孩应留长发，看上去像女孩(女孩则反其道而行之)。应该戏弄、暴露、改造和颠覆这些悄悄地规范我们的习俗。就我而言，这正是我在工作中竭力做的。”[②] 这番话不仅是对万塞讷大学哲学系的实验的说明，而且也表明了福柯对1968年五月风暴的性质的理解——“日常生活革命”。

但是，福柯自己也对万塞讷大学的环境越来越不满。他私下说：“疯疯癫癫的人包围着我，我已经受够了。”1970年，福柯离开万塞讷大学，进入法兰西学院。

在动荡的万塞讷大学度过的两年，对于福柯有很深的影响，改变了他的活动范围和形象。在突尼斯，他还是一个学生运动的同情者，此时，他则成为一个参与型知识分子、一个行动型的哲学家。

万塞讷大学的动乱是1968年五月风暴的延续。福柯在万塞讷大学的“体验”强化了他的“日常生活革命”的概念。他在1971年的一次题为《革命行动：“迄今为止”》的谈话中对五月风暴及其意义作了更明确的阐释。他指出，现实社会充满了各种不能忍受的压迫：家长权威，警察对日常生活的干预，学校的组织和纪律，宣扬消极态度的媒体。其中，学校是最主要的。因为学校强行灌输某种旨在达到政治服从、社会一律的知识。[③]

---

① See Eribon, *Michel Foucault*, pp. 207－208; Miller, *The Passion of Michel Foucault*, p. 180.

② Miller, *The Passion of Michel Foucault*, p. 180.

③ See Foucault, *Language*, *Counter-Memory*, *Practice*, pp. 218－219.

1968 年五月风暴及其后果也使福柯意识到，知识问题不能脱离权力问题，知识或话语不仅受制于内部规则，而且更取决于各种力量的斗争。他的学术思考重心转回到《疯癫史》前言中提出的“伟大的尼采式求索”。他开授的“性论”和“尼采”课程都标志着他的学术进展，但他首先面临的是对原有方法论的改造。

第十一章　求知意志

多年来，福柯一直渴望进入学术界的最高府地：要么进入巴黎大学（索邦），要么进入法兰西学院。如果说福柯的思想和人格有各种令人迷惑不解的谜团，那么这也是一个，即他一生对“规范”、“正统”持激烈批判态度，但他却不像巴塔耶甚至萨特那样做一个自由知识分子，而是孜孜以求地循着正规的学院派仕途奋斗。

法兰西学院（College de France）是法国的一个独特的学术研究和成人教育机构。1530 年，国王弗朗索瓦一世为了对抗被教会把持的索邦大学，根据古典学者纪尧姆·比代的建议，下令建立一个独立和开放的皇家讲座学院，后更名为法兰西学院。这个学院不授予学位，也不发放证书。所有的教学和讨论对公众开放。任何人都可以随意入学，随意听讲座，无须考试，也无须交纳学费。学院设有 50 个左右的教授席位。由现有教授选任杰出学者填充空缺，一般为终身职位。这是一个文理学院，其教学和研究的重点随时代而变化。这使它保持了一种学术活力。教学没有固定的大纲。教授每年做 12 次公开讲演，介绍自己的研究成果，并组织相关的研讨班。这里既是一个“思想自由发展之地”（文学家、诗学教授瓦莱里的说法），又是一个公开展示“科学形成过程”的机构（史学家勒南的说法）。

法兰西学院与法兰西文学院（Academie Fransaise）一样，都是法国独立于教育体制之外的最高学术机构。但在当时，法兰西文学院以僵化守旧著称，而法兰西学院则被视为法国思想学术的真正中心。

1968 年伊波利特去世，留下一个法兰西学院的教职。但早在 1966 年，伊波利特就趁《词与物》引发轰动之机开始游说，推荐福柯进入该学院。他的意见得到维耶曼、迪梅齐尔以及布罗代尔的支持。但是，阻力很大。福柯自己也没有信心。

1969 年末，维耶曼在迪梅齐尔的支持下，正式推荐福柯。福柯递交了申请报告，主要介绍自己多年的研究成果，同时提出自己的研究和教学计划。经过复杂的表决程序，翌年 4 月，福柯以微弱多数战胜了另外两个竞争者利科和贝拉瓦尔（Yvon Belaval），被选任为“思想体系史”教授。表决结果在送交教育部长批准之前，应再提交法兰西研究院（Institut de France）的组成机构之一道德与政治科学研究院表决。这只不过是一个形式。尽管绝大多数院士投反对票，教育部长已经按照惯例，尊重法兰西学院的选择，下达了任命福柯的文件。此时，福柯 43 岁。

对于福柯来说，进入法兰西学院，不仅是学术地位的提升，而且是其思想发展的一个新的转捩点。

1970 年 12 月 2 日，福柯发表就职讲演。按照几百年来的传统，就职仪式在巴黎大学（索邦）的一个大礼堂举行。听众达数百人之多。迪梅齐尔、列维-斯特劳斯、布罗代尔、德勒兹等都前来助兴，另外还有许多青年崇拜者。由于法国学潮尚未完全平息，当局对拉丁区严密注视，因此出动警车和警察维持秩序。这给福柯在讲演中抨击的“监禁”、“权力”、“规范”等提供了一个有趣的背景。①

当福柯走上讲台时，他的形象似乎是故意“要给这种庄重的场合造成一种讽刺效果：圆头秃顶、皮肤白洁、面容光滑，外形有点像佛教徒，目光像靡非斯特。他出席这个就职仪式，就像是一个身处异教时代的沉稳教士，像是一个反对偶像崇拜者”②。在法兰西学院院长致了简短的欢迎词后，福柯开始演讲。他的演讲随后以《话语的秩序》为题正式发表。③

---

① See Eribon, *Michel Foucault*, p. 212.

② Macey, *The Lives of Michel Foucault*, p. 240. 靡非斯特是歌德《浮士德》中的魔鬼。

③ 《话语的秩序》（“L’ordre du discours”）有几个英译本，其中一个英译本作为附录，收入《知识考古学》，但标题改为《论语言》（“The discourse on language”）。

福柯首先引用贝克特的剧本《无名的人》中的一段台词描述自己在开始论述（话语）时的紧张："我必须继续下去；我不能继续下去；我必须继续下去；我必须说话，只要有词语存在；我必须说出它们，直到它们发现我，直到它们说我——沉重的负担，深重的罪孽；我必须继续下去；或许这已经实现了；或许它们已经说我了；或许它们已经把我带到我的故事的门槛；带到打开我的故事的门口；我会被它的敞开所惊骇。"他指出，这种紧张是"对任何话语背后的完全可以想象的权力和危险的无把握性"造成的。由此，他引出演讲的主题：话语的规则。

福柯认为："在任何社会中，话语的生产是被一些程序所控制、筛选、组织和分配的，它们的作用是转移其权力和危险，应付偶然事件，避开其臃肿麻烦的物质性。"① 各个社会使用三种主要策略来控制话语。第一种控制话语的策略是外在于话语的排斥规则，其中又包括三个原则。一、言语禁忌。这种限制涵盖了对象、习俗以及一个主体说话的权利三个方面。言语禁忌揭示了言语同欲望和权力的联系。二、对某些"疯癫"话语的区分和排斥。三、"求真意志"或"求知意志"②。福柯着重批判这一规则，因为排斥规则逐渐从前两个原则转向第三个原则。前两者越来越脆弱，后者越来越有力量，并且修正前两者，为前两者提供坚实的根基。求真意志由来已久。求知意志是在16、17世纪出现的，是求真意志的新形式。在古希腊时代，从赫西奥德到柏拉图，真理逐渐从言语行为转移到言语本身：一方面，真理话语同谬误话语因此被区分开；另一方面，似乎真理话语不再与权力运作相连，求真意志的历史似乎不是限制真理的历史。这是一种误解。"求真意志与其他排斥系统一样依赖于制度的支持。"③ 它有一整套实践制度，如书本教育、书籍出版、图书馆以及今天的实验室。更重要的是知识在一个社会中被利用、区分和定性的方式。古希腊有一句格言：民主社会教算术，因为算术让人学会相等（平等）关

---

① Foucault, *The Archaeology of Knowledge*, p. 216.

② "求真意志"或"真理意志"（will to truth）和"求知意志"或"知识意志"（will to knowledge）这两个概念是从尼采的"权力意志"（will to power）派生出来的术语。

③ Foucault, *The Archaeology of Knowledge*, p. 219.

系；贵族社会教几何，因为几何证明不平等的比例关系。求知意志一旦得到制度化的支持，还会行使一种限制其他话语的权力。例如，18 世纪以来的经济实践在财富和生产理论中寻找辩护；刑法先是从权利学说，19 世纪后从社会学、心理学、医学和精神病学知识中找根据，似乎法律语言只有出自“真理话语”才有权威。这就必然导致排斥其他的话语。在反对求真意志方面，尼采、阿尔托和巴塔耶是今后事业的路标。

第二种控制话语的策略是话语的内部规则，其中包括注释方法（这里所说的注释是广义的，不仅包括对原始文本的解说，而且包括从原始文本派生出的文本，如乔伊斯的《尤利西斯》就是希腊史诗《奥德修纪》的派生文本），“作者”观念以及“学科”的限制和实践。

第三种控制话语的策略是对话语使用者施加的种种限制。一、“说话礼节”。交流和沟通是在复杂的系统中运作的。最明显的限制是礼节。礼节规定了说话者的资格、姿态、行为、环境和相关符号，甚至规定了言词的意义（如我们中国人常说的“人微言轻”——笔者注）。二、“话语圈子”（fellowships of discourse）。古代自不待言，就是现代的“真理话语”，也有“秘诀”和“不可交流”的问题。把“作家”与其他写作和言说主体区分开，就是一例。三、“教义”。一方面，异端和不正统绝不是对教义机制的狂热夸大造成的，而正是这种机制的基本组成部分；另一方面，教义本质上是先前信念——对一个阶级、一种社会或种族身份或民族身份、一种利益或一次斗争或一次起义、反抗或屈服的信念——的符号和工具。教义把人同某种言语联系在一起，使他们同别人隔绝。因此，教义造成了双重的屈服：言说主体屈服于话语，话语屈服于说话者集团。四、“社会对话语的占有”。教育就是一例。任何教育体系都是集知识和权力于一身，都是维护或修改话语占有状况的政治工具。

福柯批判了传统哲学的“逻各斯癖”，主张采取三个措施：“质疑我们的求真意志，恢复话语的事件特征，废除能指的权威”①。据此，他提出，自己的目标是使历史话语显示出“三重危险”：“偶然性、不连续性和物质性”。

---

① Foucault, *The Archaeology of Knowledge*, p. 229.

福柯把自己的研究工作区分成两类：“批判研究”和“系谱学研究”。两者的差异在于，前者分析话语的规律，分析话语中的提炼、加固和整理过程，后者分析话语构成。前者分析包裹着话语的系统，力图揭示出话语中整理、排斥和稀少性的原则；后者则考察话语构成系列，即“力图从它（指话语）的肯定性权力的角度来把握它（话语），我这不是指相对于否定性权力的那种权力，而是指构筑对象领域的权力”①。两者的差异不在于对象或领域，而在于批判、考察和界定的点不同。两者是相辅相成的。

福柯在演讲中不仅提到自己所继承的思想先驱——尼采、阿尔托和巴塔耶，而且对自己的老师迪梅齐尔、康吉兰，尤其是伊波利特，表示了敬意。

在《话语的秩序》中，福柯对人本主义的批判和对话语问题的阐述都有所发展。一个新颖之处是他从尼采的“权力意志”概念引申出“求真意志”和“求知意志”。他强调了知识与权力的关系。尽管如他自己后来所说的：“直到那时，我都接受了传统的权力观，基本上把它看成一种司法机制，即制定法律、限制、拒绝，具有一系列否定性效应：排斥、否定、破坏和掩盖。”② 但是，在福柯的论述中已经朦胧地出现了一种新的意识，即权力不是如一般人所理解的那样完全是一种否定性力量，它更是一种制造话语的肯定性力量。话语被理解为权力的各种表现形式，不仅受到权力的制约，而且更是权力的产物。话语规则的重心也就明显地外移。话语实践与“非话语实践”（社会历史条件及其对于话语的制约）的主次关系被打破了。一种新的权力—知识观已隐约浮现，一种新的方法论——系谱学也初露峥嵘。

福柯在就职演讲中把法兰西学院称做自己的“临时舞台”。他在这个舞台上兢兢业业地呈献了自己的“哲学戏剧”。法兰西学院的学年时间很

---

① Foucault, *The Archaeology of Knowledge*, p. 234.

② Foucault, *Power/Knowledge*, *Selected Interviews and Other Writings*, *1972–1977*（以下简称：*Power/Knowledge*）, p. 183.

短，每学年只在第一年11月末到第二年5月开课。从1971年到1984年春，福柯在法兰西学院的公开演讲成为“巴黎学术文化生活的一个景观”①。每当星期五傍晚，福柯作公开演讲时，听众云集，最多时，竟达两千人。其中不仅有虔诚的莘莘学子，也有无所事事的老人，还有到巴黎的游客。福柯讲课的教室有三百个座位，装有闭路电视，通到相邻的教室。不仅教室里座无虚席，而且教室后排和窗外都站满听众。要想抢占一个座位，通常至少需要提前一个小时。后来，为了减少听众，福柯的演讲时间改为上午9时开始，但情况依然如故。

每次演讲的内容都必须是研究的新成果。这使福柯深感不堪重负，但也推动了他的研究，促成新著作的问世。福柯的演讲流畅生动，他的声音铿锵有力。两个小时的演讲，一气呵成，中间几乎没有停顿。但是，每当他演讲完毕，听众蜂拥而上，不是与他探讨问题，而是到讲台上收走自己的录音机。站在人头攒动的、根本不认识的听众面前，没有对话，没有提问，使福柯感到非常不自在和孤独。他多次抱怨说：“我们本来应该讨论我所讲的东西。有时，演讲得并不好，需要用一个问题来进一步澄清。但是，从来没有人提问。……人这么多，根本无法进行讨论。因此，毫无反馈，演讲变成作秀。我在人群面前就像一个演员或一个杂技演员。每当我结束演讲时，都感到极其孤独。”②“当我离开教室时，他们都已经散去。有时我真想停下演讲，问他们，为什么坐在这里？到这里寻找什么？”福柯还告诉一位电台记者，他每次演讲之前都诚惶诚恐，就像面临重要考试的学生。似乎这些无名的听众总在审判他，要把他投入监狱。③这里有意思的是，掌握话语权的福柯觉得自己置身于沉默的注视之网。或许，福柯在演讲时会想到自己在《疯癫史》、《临床医学的诞生》中所描述的“观察”和“目光”。《规训与惩罚》中所描述的监视人员的处境或许也折射着他的这种亲身经历。

除了公开演讲外，福柯每个星期一还要组织一次研讨班的活动。但

---

① Eribon, *Michel Foucault*, p. 222.

② Ibid., pp. 222—223.

③ See Macey, *The Lives of Michel Foucault*, pp. 245—246.

是，研讨班的参加者人员庞杂，这使他十分恼火。他不顾学院的开放方针，极力限制研讨班的人数。他宣布，凡是想参加研讨班的人都必须先提交一份书面材料，说明自己的兴趣和研讨计划。学院管理部门出面制止这种违背学院宗旨的做法。结果，每次听众总有上百人，研讨班变成了另一个公开演讲的课堂。

福柯很喜欢研讨班这种集体研究方式，并且从中获益匪浅。为了保证研讨班顺利进行，福柯每学期提前向一些真正参加研究的学者和学生布置在研讨班上的报告任务。他有时还和这些人在办公室或咖啡馆聚会，研讨问题。这一伙人被人戏称为“福柯部落”。

研讨班产生了两个成果。第一个是由福柯主编的资料集《我，彼埃尔·利维埃尔，杀害了我的母亲、我的妹妹和我的弟弟……19 世纪的一桩弑亲案》（1976 年），第二个是 1973 年至 1974 年研讨班的论文集《治疗机器》（1976 年）。

福柯的公开演讲继续沿用尼采主义探讨分析话语的理论架构。福柯第一年演讲的内容是“求知意志形态学”，考察亚里士多德和尼采所提供的两个截然不同的代表性模式。在亚里士多德那里，感官与快乐之间建立起一种直接联系，快乐的强度与感官所提供的知识构成一种正比关系。尼采在《快乐的科学》中则确立了另外一种关系：“知识是一种‘发明’，背后有某种迥然不同的东西：本能、冲动、欲望和占有意愿的活动。知识是在这些因素相互斗争的场所产生出来的；知识的生产不是它们和谐或平衡的结果，而是它们相互仇恨、它们暂时妥协的结果。……知识始终是被束缚的、非独立的、有利益关联的……如果知识显得是真理的知识，那是因为它是通过自始至终的歪曲——确立真理与谬误的区分——来产生真理。因此，私利就被置于知识之前，实际也存在于知识之前。……知识与快乐和幸福无关，而与斗争、仇恨以及对知识的敌视相联系——知识一旦被它们创造出来，就会被视为多余物而遭到敌视。”福柯称尼采的模式为“由意志产生出来的自私知识的模式”。根据尼采的模式，福柯对古希腊的历史和制度作了探讨。他指出：“通观这一时期，正义的分配是一个重要的政治斗争舞台。这些斗争最终创造出一种正义，这种正义与一种假设真理具有可见性、确定性和度量性的知识相关。这种对真理的肯定变成西方知识史的一个基本因素。"① 按照福柯的分析逻辑，尼采乃至福柯的思想也不可能自外于"求知意志"，因而也不是中立客观的。但是，在福柯看来，彻底批判"求知意志"乃是解放人的"权力欲望"的前提。

福柯因工作繁忙于1970年秋季辞去《批判》编委职务，但仍担任策划顾问。他为《批判》撰写的最后一篇文章是《哲学剧场》。这是对德勒兹的两部新作的书评。德勒兹生于1925年。1961年他的《尼采与哲学》问世。福柯读后，欣喜若狂，发现两人在哲学志趣上不谋而合。1962年，两人一见如故，从此惺惺相惜，引为知己。自1964年起，两人共同主持法文版的《尼采全集》的编辑工作。德勒兹思想大胆而激进，但行为拘谨而规矩。他自认是"流浪"思想家，但他几乎从不出游，而是过着传统的家庭生活，娶妻生子，当一个只出入于书斋和课堂的教授。1969年，德勒兹的《差异与重复》和《观念的逻辑》问世。尤其是后者标示着德勒兹开始在"思想奇境"自由驰骋和放浪形骸。此后，德勒兹与加塔利（F. Guattari）合著的《反俄狄浦斯》（1972年）和《资本主义与精神分裂》（1980年），标志着德勒兹的哲学和社会学思想的两个高峰。

福柯的《哲学剧场》一文充满对《差异与重复》和《观念的逻辑》两书的溢美之词，称这两部著作"具有非同一般的价值和重要性"，甚至宣布："有朝一日，这个世纪将会被称做德勒兹的世纪。"② 这里显然包含着对德勒兹赞扬《知识考古学》的回报。但这篇文章绝不仅仅是投桃报李的应酬之作，而是福柯以酝酿成熟的尼采主义系谱学对共同思想的进一步阐发，对"求真意志"的进一步批判。

《哲学剧场》的主题是提炼和肯定德勒兹基于"颠倒的柏拉图主义"

---

① Foucault, "History of System of Thought", *Language*, *Counter-Memory*, *Practice*, pp. 202-204.

② Foucault, "Theatrum Philosophicum", *Language*, *Counter-Memory*, *Practice*, p. 165.

的“差异哲学”。因此，文章开宗明义地提出：“有哪一种哲学不试图颠覆柏拉图主义呢?”一般的说法是，柏拉图的核心思想是：本质高于现象，天上世界高于地上世界，真理的太阳高于洞穴的阴影。通常标榜“反柏拉图主义”的哲学则认为，应该把本质还给世界，提高地上世界，把真理的太阳安置在人中间。福柯指出，这种话语其实是柏拉图主义的派生物。而德勒兹的“颠倒的柏拉图主义”就在于角度的转换。他以“一个尼采式系谱学家”的锐利眼光深入到柏拉图主义的根基。在德勒兹看来，区分所谓真假的精心筛选运作，乃是柏拉图的独特之处。它先于并导致对本质的发现。由此，德勒兹重新划分哲学对垒：一种是对非物质性的永恒真理的信念，另一种是思考发生在物体（bodies，也包含人体或肉体的意思）表面的事件的哲学。这两种哲学可以溯源到苏格拉底和智者的对峙。它们的对立涉及两个关键性概念：事件和幻象（phantasm，包含影像、观念等意思）。在前一种哲学即柏拉图主义看来，在幻象背后存在着更本质的真理，换言之，模型、同一和共相更真实更纯粹，而在肉体表面发生的事件不过是虚假知识的摹本。后一种哲学则关注最微不足道的细节。所谓事件乃是“纯粹差异”的效应，是“物体冲撞、混合与区分”造成的效应。所谓幻象乃是事件的重复游戏，构成“物体的不可破解的非物质表面”。

福柯认为，在重构事件哲学时，德勒兹实际上使用了尼采的系谱学方法（也是弗洛伊德的方法），“精心地重新引进完全能够察觉的忽略之处，因为他十分清楚地知道，它们（指这些忽略）意味着一种根本性的忽视”①。他继承了伊壁鸠鲁和斯多葛派的纤细传统，思考了长期以来在地中海文化中起作用的事件网络。福柯指出：“《观念的逻辑》使我们思考多少世纪以来被哲学所忽视的东西：事件（被融化在一种概念里，我们徒劳地试图用这个概念把它抽象为一个用以证实命题的事实，实际体验，一种主体、具体性或历史经验内容的存在方式）和幻象（被归于现实名下，被置于一种规范系列——知觉—意象—记忆—错

① Foucault，“Theatrum Philosophicum”，*Language*，*Counter-Memory*，*Practice*，p. 172.

觉——的病态极端)。说到底,这个世纪最迫切需要思考的,就是事件和幻象。"①

福柯认为,思考事件和幻象,实际上就是承认差异的无政府性质。西方文化确立了所谓的"善良意志"(good will)的专制,使我们习惯于和别人一样思考,信从公认的模式和范畴。差异通常被视为与某物的差别或某物内的差别。在差异之外或背后有一种同一性。但在德勒兹看来,存在就是"差异的反复出现"。差异并不是某种进化的组成因素。福柯赞成德勒兹的目标:"让我们败坏善良意识,让思想在井然有序的相似性表格之外嬉戏。"② 福柯的结论是,新哲学将是"笑剧(mime)剧场","邪恶意志"将会使"流浪的和无政府的差异"摆脱"同一性的统治"和以"善良意志"为标志的范畴思想。换言之,求真求同的哲学将被差异哲学所取代。在文章结尾,福柯再次宣布,这场雷鸣电闪的暴风雨将会以德勒兹的名字命名。③

福柯1971年发表《尼采,系谱学,历史》一文,正式揭橥他的系谱学方法论。"系谱学"这一术语显然直接出自尼采的《道德系谱学》。但是,尼采本人并没有明确提出一种系谱学方法论。福柯把尼采各种著作中的许多因素抽取出来,编织在一起,形成一个福柯版本的尼采系谱学方法论。④

在福柯看来,尼采的系谱学并不是与历史相颉颃,而是反对超历史的意义和模糊不清的目的论。作为一个真正的系谱学家,尼采对探索起源的传统提出挑战。首先,事物背后根本不存在超时间的本质,也不可能有起源的本体。所谓事物的本质不过是异质物产生的破碎虚构。例如,在"理性历史"中,献身真理的热忱和科学方法的严谨其实源于学者的情欲、竞争和相互仇恨。正是人际冲突铸造了理性武器。在事物

---

① Foucault, "Theatrum Philosophicum", *Language*, *Counter-Memory*, *Practice*, p. 180.

② Ibid., p. 23.

③ Ibid., p. 196.

④ See Deborah Cook, *The Subject Finds a Voice*, New York: Peter Lang, 1993, p. 73.

的历史开端所能发现的，并不是其起源的同一体，而是其他事物的分裂和纷争。其次，历史也嘲笑所谓起源的庄重性。在人的入口处站着的是猴子。人类最初是龇牙咧嘴地面对未来发展的。最后，所谓起源只能是一个“必然的失落”，从而造成了一个力图重新发现它的知识领域以及所谓的真理。但是，寻求真理的历史被证明是一部指假为真、谬误百出的历史。

系谱学的目标是挖掘细节和偶然，关注历史事件，承认具体的历史发展。系谱学不承认“起源”，但关注“出现”（entstehung，emergence）和“缘起”（herkunft，descent，亦有“出身”或“来源”之义）。“系谱学不模拟种族进化，不描述民族命运。相反，探索复杂的‘缘起’过程，也就是承认已逝事件的弥散状态。恰恰是偶然事件、微小偏差、甚至完全的颠倒、错误等等导致延续存在至今并对我们有价值的事物的诞生。”① “缘起”也与肉体相连。人的肉体是被事件所铭刻的表面。系谱学的“任务就是揭示完全被打上历史烙印的肉体以及历史摧毁肉体的过程”②。在系谱学分析中，“出现”也不是一种单一的发展，而是各种力量冲撞的结果。人类历史充满了冲突、暴力和压迫，从而导致了价值观的分化。“系谱学的任务就是记录这种历史。”③

福柯把系谱学称做“实际历史”（wirkliche historie）。传统历史把多种多样的时段纳入一个整体，实际上是在时间之外寻找根据，把判断建立在末日的客观性上。其根源在于，传统历史隐含着一种形而上学的超历史观，相信永恒真理、灵魂不死和意识本体。而“实际历史”则否定绝对物，没有常项，引入不连续性，解放差异和边缘因素，打碎人的存在的统一。“实际历史”与传统历史的具体区别在于：首先是事件与连续性的关系。传统历史把事件纳入理念的连续性——有目的的运动或自然进程。而

---

① Fouecult，“Nietzche，Cenealogy，History”，*Language*，*Counter-Memory*，*Practice*，p. 146.

② Ibid.，p. 148.

③ Ibid.，p. 152.

“实际历史”注重事件的特殊性。在后者看来，事件是力量关系的颠覆，权力的篡夺，词语的霸占，一个化装的“他者”的侵入。历史中的各种力量不是听命于命运或规则机制，而是对复杂的冲突作出反应。因此，“实际历史”只有一个领域：机遇或偶然（chance）。其次是远近关系。传统历史眼睛向上，思考远距离的和仰之弥高的东西，如高贵时期、高贵形式、抽象理念、纯粹个性等。而“实际历史”向下看，关心“最贴近的事物，如肉体、神经系统、消化和精力”①。它挖掘衰落时期。如果它偶尔留意辉煌时期，也是想发现其中的野蛮和可耻因素。在某种意义上，“实际历史”更接近医学而非哲学，因为哲学家完全排斥肉体。最后，传统历史学家竭力掩盖其著作中能够揭示其具体立场和倾向的因素。“实际历史”认为，“知识不是为了理解而是为了分割而制造出来的”②。因此它展示自己的知识视角，承认其不公正性，把自己与对象等量齐观。

福柯循着尼采的调子，激烈地抨击传统历史学家。历史学家“出身低微”，“毫无趣味”，“粗俗平庸”。他们不能忍受任何高于他们的事物，而把一切都简化成最低级的符号。他们声称，历史的源泉是平民，历史写作是为了平民。他们使用类似古代平民领袖的语言宣布：“过去任何时代都不比你们现在更伟大。”这种蛊惑是用所谓的普遍性、客观性来伪装的。历史学家抹去自己的个性，是为了充当人们的向导。这种历史学和历史学家“出现”于19世纪的欧洲——那个“杂种的土地”和“鱼龙混淆的时代”。

福柯主张，用尼采的三种系谱学策略来对付传统历史学。第一，用反讽来打破传统历史的怀旧主题。传统历史用古代“原型”来解释历史，造成了“混淆的无名的欧洲人”，把历史变成一种化装舞会。系谱学不必严肃地对待它，可以模仿它，把它推到极限，使之变成盛大的时间狂欢节，即变成一场闹剧。第二，用打碎同一性来打破历史连续性。第三，用

① Fouecult, “Nietzche, Cenealogy, History”, *Language*, *Counter-Memory*, *Practice*, p. 155.

② Ibid., p. 154.

“牺牲知识主体”来打破“历史真理”或“历史知识”。表面上，历史意识是中立的，没有情感因素，完全致力于真理。但实际上，它背后隐藏着求知意志，即本能、情感、征服欲、狡诈和恶毒。求知意志的发展必然导致牺牲知识主体，反之，它也丧失了对真理的占有。福柯宣布，这些系谱学策略“意味着一种对历史的利用。这种利用能够切断历史同记忆、即形而上学和人类中心主义模式的联系，建构一种反记忆，即把历史改造成一种完全不同的时间形式”①。

20 世纪 70 年代初，福柯实现了从考古学到系谱学的跃进，为以后的话语分析和权力批判提供了一个理论架构。但是，系谱学与考古学的区别究竟是什么？福柯后来解释说：“如果同各种旨在把知识嵌入与科学相连的权力等级秩序的工程相比，那么系谱学应被视为一种把历史知识从这种征服中解放出来的尝试，也就是说，使它们（历史知识）能够反抗一种理论性的、一元的、正式的和科学的话语的强制。它基于局部知识或次要知识的重新激活。这就是这些无序的、支离破碎的系谱学的工程。……考古学是分析局部话语的适当方法，系谱学则是在描述这些局部话语的基础上使被解放的知识能够活跃起来的策略。”系谱学是“浩繁的知识和局部记忆的统一体。它使我们能够建立一种关于斗争的历史知识。并且在今天策略地利用这种知识”②。简言之，考古学仅仅是一种整理文献的方法，而系谱学不仅是一种历史研究方法，而且也是一种关于权力与知识的本体论，是与现实密切相关的政治学。③

也可以说，系谱学研究的是现存历史因素，是现在的过去。在《规训与惩罚》中，福柯明确地表示：“我为什么要写这样一部历史呢？只是因为我对过去感兴趣吗？如果这意味着从现在的角度来撰写一部关于过去的历史，那不是我的兴趣所在。如果这意味着撰写一部

---

① Fouecult, “Nietzche, Cenealogy, History”, *Language*, *Counter-Memory*, *Practice*, p. 160.

② Foucault, *Power/Knowledge*, pp. 83-85.

③ See O'Farrell, *Foucault: Historian or Philosopher*? p. 63.

关于现在的历史，那才是我的兴趣所在。”①

当然，尽管福柯后来也承认，在其早期著作中没有明确地提出权力与知识的关系，但是，“权力这个中心问题从两个完全不同的侧面出现在《疯癫史》和《词与物》的结合点上”②。因此，从考古学到系谱学并不是根本性转向，而是一种修正和深化。

① ［法］福柯著，刘北成、杨远婴据英译本翻译：《规训与惩罚》，29页。

② Foucault, *Power/Knowledge*, p. 113.

第十二章　忍无可忍

“1968年五月事件，正如法国历次革命一样，不会时过境迁，在过去的雾气中消失。”① 其后果之一是，新左派的政治社会批判成为法国社会中的一股冲击力量。左派知识分子扩展了社会政治批判的领域。女权运动、同性恋解放运动、监狱改革运动、环境保护和反核运动、反精神病学运动以及形形色色的地区性运动等等，各种社会抗议运动风起云涌。另外，法国知识分子还卷入各种国际性斗争。

福柯进入法兰西学院后并没有沉溺于书斋，而是利用自己的声望，以极大的热情投入社会斗争。他创建了“监狱情况协会”，发起了声援犯人运动。这一运动成为法国监狱改革运动的先锋。

福柯的这一政治活动在很大程度上是由德菲尔促成的。德菲尔热衷于行动主义。1970年5月“无产阶级左派”遭到取缔后，德菲尔公开加入这个组织。9月，29名被关押的青年左派学生进行绝食斗争，要求获得政治犯的身份，并改善所有犯人的待遇。由此，引起了外界的广泛关注和对监狱情况的讨论。1971年年初，街头声援示威愈演愈烈，发生流血事件。“无产阶级左派”想建立一种联合法兰西学院（“资产阶级知识分子”）的“人民阵线”。而福柯在离开万塞讷大学后也寻求新的政治行动方式。按照德菲尔的说法，福柯当时想找到某种方式，“扩大《疯癫与文明》所宣布的计划”，探究政治这个“极限体验”领域。德菲尔遂向毛派人士建议：由福柯建立一个法国监狱情况调查委员会，引起社会对监狱状况的注意，同时，身陷缧绁的毛派人士在监狱里组织犯人进行斗争。②

---

① ［法］雷蒙·阿隆著，孟鞠如等译：《雷蒙·阿隆回忆录》，589页。

② See Miller, *The Passion of Michel Foucault*, pp. 186－187.

1971年年初，福柯与历史学家维达尔-纳盖（Pierre Vidal-Naquet，因首先谴责法国军队在阿尔及利亚使用酷刑而闻名）、天主教杂志《精神》的编辑多梅纳克（Jean-Marie Domenach，第二次世界大战期间曾参加过抵抗运动，20世纪60年代也激烈反对阿尔及利亚战争）三人创立了“监狱情况协会”。2月8日，在毛派分子召开的新闻发布会上，福柯宣读了一个由他起草的声明：

“无人能确保自己不被投入监狱。今天更是如此。警察对我们日常生活的控制越来越令人窒息，无论在大街小巷，无论对外国人还是对年轻人。表达观点重新成为一种罪过，反毒品措施越来越专横，导致随便抓人。我们现在生活在‘拘留审查’状态中……”

“关于监狱的情况几乎很少披露。它是我们社会制度的一个隐蔽领域，我们生活的一个黑暗角落。我们要求了解它。这就是为什么我们与一些法官、律师、新闻记者、医生和精神分析医生一起创立了监狱情况协会。”①

福柯在新闻发布会上还散发了一个调查传单。上面写道：“监狱的状况令人忍无可忍。犯人被当成狗。他们仅有的一点权利也得不到尊重。我们希望将这种丑闻公之于众。”②

协会的宗旨，是收集和公布监狱情况。鉴于这种资料在官方报告中不可能得到，因此协会向一切知情者征集，包括在押和获释犯人、社会工作者、司法人员。

声明是福柯起草的，协会的联系地址也是福柯的住址。

协会是一个各方人士的松散组织。万塞讷大学的许多教师也陆续加入协会，其中包括德勒兹（福柯离开万塞讷大学后，德勒兹进入该校哲学系）、朗西埃尔夫妇、西祖、帕塞龙、加特诺、卡斯特尔等等。稍后，当时担任《费加罗报》记者和撰稿人的克劳德·莫里亚克（Claude Mauriac，1914年出生）也参加进来。莫里亚克是诺贝尔文学奖获得者弗朗索瓦·莫里亚克的长子。第二次世界大战结束后，他曾担任过戴高乐的私人秘书。他也是著名文学家和前卫派小说家。“反文学”一词就是他的发明。

---

① Eribon, *Michel Foucault*, p. 224.

② Macey, *The Lives of Michel Foucault*, p. 261.

另外，著名电影演员伊夫·蒙当（Yves Montand，政治电影《Z》的主演）和女演员西蒙·西涅莱（Simone Signoret），报人和作家克拉威尔（Maurice Clavel）等也对他们的工作给予了支持。

与许多“知识分子”的想法不同，福柯认为，需要做的“不是替犯人说话，而是为他们提供说话的机会，讲出监狱的真实情况”。德勒兹对福柯说：“在我看来，是你第一个教给我们一个基本道理：以别人的名义说话是可耻的。”①

协会的工作主要由福柯和德菲尔承担。他们设计调查表。德菲尔向探监的犯人家属分发调查表。对回收的调查表进行分类整理，都是在福柯家里进行的。而且，福柯和德菲尔还接待了络绎不绝的犯人家属和获释犯人。维达尔-纳盖基本上只是挂个名。多梅纳克也承认，主要是靠着不知疲倦的福柯以及德菲尔，才使协会成为一个有战斗力的组织。

监狱情况协会先后出版了4本小册子。第一本小册子是《20个监狱调查》。福柯在前言中写道：“法庭、监狱、医院、精神病院、医学行业、大学、报刊和信息机构等这些不同形式的机构表明，有一种深深扎根于政治的压迫。被剥削阶级一直懂得如何辨认这种压迫。他们不断地反抗它，但又完全受制于它。现在，它对于新的社会阶层——知识分子、技术人员、律师、医生和新闻记者等也变得忍无可忍了。这些有责任传播正义、健康、知识和信息的人开始感到一种政治权力对他们行动的压迫。新的忍无可忍加入到无产阶级的长期斗争中。19世纪无产阶级创造的斗争手段被重新起用。第一个手段就是工人自己调查工作状况。我们现在所采用的就是‘调查忍无可忍的状况’。”②

福柯宣布，每一份调查表都是一个政治斗争行动，其核心是“废除司法记录”。法国的“司法记录”是于1850年建立的犯罪记录制度。其特点是，所有的人都被记录在案。雇主了解雇员或应聘者情况时可获得一份显示其是否“清白”的摘要。福柯认为，这种制度使有过违法行为的人永远不能翻身。但是，福柯的目标不是推动改革，而是对整个制度提出

---

① Macey, *The Lives of Michel Foucault*, p. 269.

② Eribon, *Michel Foucault*, pp. 227-228.

质疑，要求废除清白与犯罪的区分。①

监狱情况协会的第二本小册子是关于弗勒里、梅洛吉斯“模范监狱”的报告。第三本小册子是关于1971年圣坎坦监狱一个犯人被害的报道。第四本小册子是关于犯人自杀情况的报道，列举了1972年监狱中的32起自杀事件。有一个同性恋者从17岁起因偷窃、抢劫和买卖毒品等罪名而多次入狱，最后因在狱中有同性恋活动而被单独监禁，悬梁自尽。这个犯人在几封信中讲述自己如何被暗探引诱购买毒品。福柯在编者按语中写道：“问题不仅涉及排斥和给人定罪的社会体制，而且涉及其中的故意挑衅。这个体制正是借助于这种机制来运转和维护秩序，而且按照警察和行政权力的政治要求制造出它所排斥和定罪的人。”② 福柯还特别关注这个犯人的思考。他认为，这个犯人在单人监禁中产生的死亡愿望表明：“在不断地受到自杀诱惑和产生某种政治意识之间，往往只有咫尺之隔。”这个犯人的信件表达了“一种新的政治反思样式，即抹去公共与私人、性关系与社会关系、集体要求与个人生活方式之间的传统划分”③。

监狱情况协会并非仅仅是一个信息收集组织，而且是一个与监狱中毛派分子里应外合的政治行动组织。随着声援犯人运动的发展，监狱暴动事件也频繁发生。监狱情况协会多次在监狱前组织集会，散发传单和调查表。每次集会都被警察驱散。福柯描述这种情况：“街道开始变成警察的禁地。警察的专横命令变成法律：不许停留，不许说话，不许散发东西，不许扎堆。监狱的范围开始扩大，远远越出监狱大门之外，扩大到你的住宅门口。”1971年5月1日，福柯和另外几个人在一个监狱前被拘审，理由是传单上没有标出印制机构，属非法出版物。他们遭到侮辱，福柯还被警察从背后击打。福柯向法院控告警察滥用权力，但警方反诉福柯散发非法出版物。结果福柯败诉，被课以罚款。

1972年年初，福柯收到默伦监狱犯人提供的一份控诉。1月18日，

---

① See Foucault, “Revolutionary Action: Until Now”, *Language*, *Counter-Memory*, *Practice*, p. 227.

② Eribon, *Michel Foucault*, p. 229.

③ Miller, *The Passion of Michel Foucault*, p. 193.

莫里亚克、萨特、德勒兹夫妇、福柯以及二三十名支持者在卡斯蒂格利昂大街聚集，然后举着标语，向旺多姆广场进军。示威者推开路障，进入司法部前厅召开新闻发布会。当福柯开始宣读默伦监狱犯人的声明时，防暴警察赶来，把示威者驱赶到街上。莫里亚克回忆说："福柯站在最前列，满脸涨红，青筋暴露，竭尽全力抗拒。"当时，有三个人被拖进警车。福柯和萨特据理交涉，警察置之不理。最后，莫里亚克亮出《费加罗报》记者证，警方才释放了被捕者。

1972 年 11 月"犯人行动委员会"建立后，获释犯人有了自己的组织和表达的工具，监狱情况协会就变得多余了。另外，毛派（"无产阶级左派"）也在土崩瓦解。1972 年年底，监狱情况协会解散了。

福柯去世后，德勒兹回顾监狱情况协会的活动时说："监狱情况协会是一种思想实验。米歇尔始终认为，思想过程应该是一种实验。这正是他所留下的尼采主义遗产。就此而言，关键不是用监狱做实验，而是把监狱看成一个犯人经历某种经验的地方。这种经验是知识分子——至少是福柯所认为的知识分子应该思考的。"① 他还指出，协会尝试了一种知识分子的参与方式，即不是以某种理想或价值观的名义采取行动，而是关注一直不为人注意的现实；不是代替别人说话，而是揭示忍无可忍的状况，让受压迫者自己说话。

在监狱情况协会的第一本小册子封底印着几行醒目的文字：

> 这些都是不可忍受的：
> 法庭
> 警察
> 医院，疯人院
> 学校，军队
> 报刊，电视
> 国家。

监狱只是福柯关注的一个主要方面。除此之外，福柯作为一个社会知

① Miller, *The Passion of Michel Foucault*, pp. 193–194.

名人士，还卷入其他各种社会斗争。

此时，公开信或呼吁书这种斗争方式十分流行。萨特和杜拉斯等知名人士经常不分青红皂白地为各种呼吁书签名。福柯不无夸张地说，几乎每天都有人找上门来征集签名。他对此颇不以为然，只是有选择地在呼吁书上签名。

福柯第一次签名的是1972年6月反对美国轰炸越南东京湾的公开抗议书。12月，他再次在法国知识分子谴责美国军队在越南使用现代化武器的集体声明上签名。由于热奈热衷于支持巴勒斯坦解放事业，福柯也在1973年1月声援巴勒斯坦人民的呼吁书上签名。但是福柯更愿意投入具体的斗争。

1971年，一个名叫杰拉里·本·阿里的阿尔及利亚小伙子在街头被枪杀。过去这种事件屡屡发生，人们习以为常。但是，时代潮流变了，左派的斗争视野和批判范围扩大了。杰拉里事件触发了反对种族主义暴行的斗争。福柯深入阿拉伯人社区调查生活状况。德勒兹、热奈、莫里亚克、帕塞龙等加入“杰拉里委员会”。11月27日，萨特、福柯、莫里亚克和热奈聚在一起，研究组织示威游行。萨特和福柯以前曾共同参加过大型集会，但两人之间没有直接接触。这是两人第一次面对面的交谈。从此，两人在社会政治活动中经常共同露面。

聚会结束后，一伙人就走上街头。警察包围了街区，但奉命不得碰萨特。因此，示威者得以散发《告当地工人书》，谴责“获得权力结构支持的种族主义者组织”。萨特和福柯并肩行进。福柯双手持扩音器，宣布他们第二天将设立一个办公室，给任何需要帮助的人提供合法支持。《告当地工人书》的签名者有德勒兹、福柯、热奈、萨特、帕塞龙等人。一些签名者和毛派支持者被防暴警察拦截在附近的空旷街道上。

从第二天起，帕塞龙、莫里亚克、福柯和热奈轮流在办公室值班，帮助移民填写表格。有时人们还意外地看到福柯手持扫帚帮助移民打扫房间。

1972年12月，又一名阿尔及利亚人死在警察局。有几十个人举行哀悼和抗议的游行。警察驱散人群，逮捕示威者，但同样奉命不碰知名人士。福柯、莫里亚克和热奈为抢回被捕者而同警察搏斗。他们也遭到殴打，并被带到警察局查验身份，直到半夜才被释放。

福柯（拿喇叭者）和萨特（福柯左前）在支持移民游行的行列中（1971 年 11 月 27 日）

杰拉里委员会很快就扩展成“保卫移民权利委员会”。后者组织了几次大游行。在 1973 年 3 月 31 日的数千人游行中，福柯和莫里亚克走在队伍的最前列。①

福柯还投入捍卫记者权利的斗争。1971 年 5 月，《新观察家》撰稿人若贝尔（Alain Jaubert）携家人上街，遭遇西印度群岛学生示威。他在抢救和护送一个被警察打伤的学生时，与警察发生口角，遭到殴打，并被从正在行驶的警车上扔下去。福柯和莫里亚克等加入“若贝尔委员会”，寻找证人。但是，目击者都不敢出庭作证。福柯悲哀地联想到占领时期法国人对盖世太保暴行噤若寒蝉的情况。他认为，警方已经成为一个国中之国。福柯等人发表了调查报告以及指控检察官说谎的公开信。拖到 1973 年 4 月，法庭才以各打五十大板的方式了结此案。

五月风暴以后，福柯可能是最善于使用对话、访谈录的形式表达思想观点的学者。

“你们进入中学以后，最不能容忍的是什么？”1971 年 11 月，福柯与一些左派中学生谈话时，首先提出这个问题。他肯定学生的回答，把批判

---

① See Eribon, *Michel Foucault*, pp. 239–240.

矛头指向官方知识的压迫性。他指出："五月事件令人信服地表明，知识具有双重压迫作用，一方面是对它所排斥的人的压迫，另一方面从模式和标准的角度看，是对被它强迫接受这种知识的人的压迫。"① 官方知识总是把政治权力说成上层阶级进行斗争的产物，而把民众运动说成因饥荒、苛捐杂税或失业导致的，否认人民争取权力的斗争。福柯强调，马克思和无产阶级自身发展了争取权力的斗争知识。他把矛头集中指向人本主义，因为"人本主义代表了西方文明中一切禁锢'权力欲望'的东西：它限制权力欲望，排除夺取权力的可能性"②。

福柯改变了传统的"革命"概念，把革命行动扩大到日常文化斗争领域。福柯认为："可以用两种方式来攻击它（人本主义）：或者通过权力意志的'去主体'（即通过在阶级斗争背景下的政治斗争），或者消解假主体（即通过攻击'文化'：打破束缚性欲的禁忌、限制和区分，建立公社，放松对药品的限制，打破一切规范正常人发展的限制）。我指的是一切体验，既包括被我们文明所拒斥的体验，也包括只是在文学中才被接受的体验。"③

福柯反对理论和理想制度。他认为："对理论的需求依然是我们所拒绝的体制的一部分。因为所谓理论，就是提出替代性体制。而一切取而代之，实际上都是加强了类似的权力组织。"他声称："很可能，在20世纪，真正的社会化将出自体验。"④

总之，福柯主张的是一种无政府主义文化革命。他不想而且反对提出任何新的取代方案，新的重建模式。因为在他看来，任何社会都需要合理化、秩序、规范等等，都必然是一种"权力关系"网络。任何替代性秩序在本质上与旧秩序没有区别，只是形式上的变化。人必然陷入这种无法逃脱的命运。因此，人应该随时随地进行反抗，但反抗的目的不是建立所谓理想王国，而只是"去中心"，"反规范"，"反权威"，解放人的潜在

---

① Foucault, "Revolutionary Action: Until Now", *Language*, *Counter-Memory*, *Practice*, p. 219.

② Ibid., p. 221.

③ Ibid., p. 222.

④ Ibid., p. 231.

意志和欲望。

针对警察的镇压，一些毛派分子提出“人民正义”（people's justice，又可译为“人民司法”）的口号，主张建立“人民法庭”。著名毛派分子彼埃尔·维克多（Pierre Victor）等人于1972年2月与福柯讨论了这一主张。维克多援引中国革命为例，说明在无产阶级革命中可以实现符合法律的人民报复，可以“矫枉过正”。由于同萨特以及毛派分子的密切交往与合作，福柯接受了他们的一些观点。例如，他“完全赞成”“非无产阶级大众应该在无产阶级领导下联合起来进行革命斗争”，“因为资本主义十分害怕这些毛头小子手持刀枪上街，随时搞直接暴力行动”。但是他反对“在无产阶级意识形态的领导下”的说法。因此，他否定“人民正义”的提法。在他看来，正义（或司法）观念已经成为资产阶级意识形态的一部分，司法机关是资产阶级国家的重要组成部分，不可能有什么人民的对抗性司法（或正义）。法国大革命期间的九月屠杀也是权威主义的一种形式。无论什么新的司法机构都只能是旧的变种。① 福柯实际上是反对任何制度化机构。

此时，萨特和毛派分子关系密切。例如，维克多从1973年以后就担任了萨特的秘书，而且是萨特的《造反有理》对话集中的对话者。萨特支持“人民正义”的口号，认为福柯在拒绝“人民正义”观念时走得太远了，比左派还极端。②

1972年4月，巴黎以北二百多公里处的一个废弃矿井里发现了一具少女尸体。被害人是一名矿工的女儿。当地一个富人有重大嫌疑，但被宣布无罪释放。矿工本来就对当地资产阶级充满怨恨，毛派分子也竭力鼓动。人们不禁想起19世纪左拉小说《萌芽》所描写的矿工生活和阶级斗争。许多知名人士包括萨特都到现场考察。福柯和德菲尔也驱车前往。福柯相信嫌疑犯就是杀人犯，但他同时也对矿工的狂热情绪感到不安。

---

① See Foucault, "On Popular Justice: A Discussion with Maoists", *Power/Knowledge*, pp. 1-36.

② See Eribon, *Michel Foucault*, p. 247.

7月，巴黎郊区发生反共暴徒用棍棒和催泪瓦斯袭击正在跳舞的南斯拉夫移民，劫持和轮奸少女的事件。人们抓住其中两名暴徒，痛打之后才送交警察局。事后，萨特、杜拉斯、福柯等一批知名人士发表声明，谴责暴徒，号召人民声援受害者，投入到“真理和正义所要求的人民反应”中。福柯此时对“人民正义”的立场有所变化。①

在20世纪70年代初的社会斗争中，知识分子似乎又承担起伏尔泰和左拉所开创的“社会良心”、“被压迫阶级代言人”的角色。萨特从20世纪40年代起正是这样要求知识分子的。他身体力行，积极投入现实斗争。自1968年五月风暴起尤为活跃，曾被誉为“20世纪人类的良心”②。福柯则从对知识的批判进而批判这种知识分子角色，并且对知识分子的角色作了新的定位。1972年，他与德勒兹讨论“知识分子与权力”。德勒兹认为，不能简单地把实践视为理论的应用。理论是有局限性的。理论在进入适于自己的领域时，就会遇到障碍，需要另一种话语来转化，从而又进入另一个领域。实践是从一种理论观点到另一种理论观点的转化器。理论也是从一种实践到另一种实践的转化器。因此，理论知识分子不是一种“良心代表”。福柯则更激进地认为，自1968年5月以后，“知识分子发现，群众不再需要通过他来获得知识。他们知道得清清楚楚，毫无幻想。他们远比他知道得多，而且他们完全有能力表达自己的想法”。福柯把知识分子视为权力体制的一部分。因此，“知识分子的角色不再是走在前头或站在一边以表达集体的被压制的真理，而应该投入反对各种权力的斗争，因为那些权力形式把他变成‘知识’、‘真理’、‘意识’和‘话语’领域的对象与工具”③。

若贝尔事件发生后，由克拉威尔等一些左派新闻工作者发起建立了“解放通讯社”（Agence de Presse-Liberation）。其缩写“APL”与“中国

① See Macey, *The Lives of Michel Foucault*, pp. 301–305.

② 柳鸣九主编：《萨特研究》，10页。

③ Foucault, “Intellectuals and Power”, *Language*, *Counter-Memory*, *Practice*, pp. 205–217.

人民解放军”的法文缩写（APLC）仅差一个字母，显示了他们的立场。1972年年底，萨特和福柯、莫里亚克等人都应邀参加了APL筹办《解放报》的工作。《解放报》的发刊词是请萨特修改的。萨特在修改时认真地听取了福柯的意见。1973年4月，《解放报》经过四期试刊后正式发行。《解放报》连续刊发了福柯访谈录。福柯谈了自己的撰稿计划，他说："我想撰写关于工人阶级记忆的编年史，即自19世纪以来的历史片断。""工人自己的头脑里装着基本经验、重大斗争的成果：人民战线、抵抗运动。但是，报纸、书籍和工会只保留适合它们自己的东西。……由于遗忘，就不可能利用工人阶级的知识和经验。利用这份报纸来收集这方面的所有记忆，重述它们，尤其是把它们变成确定可能的斗争武器的基础，这会很有意义。"福柯接着重申了自己关于知识分子角色的看法。他指出："工人不需要知识分子告诉他们应该做什么。……知识分子进入的是信息体系而不是生产体系。……因此，他的角色不是塑造工人的意识，因为那早已存在。他的角色是使这种意识、这种工人的知识能够进入信息体系，从而得以流传。……可以说，知识分子的知识相对于工人的知识而言一直是片面的。我们所知道的法国社会史相对于工人阶级所拥有的浩繁经验而言完全是片面的。"①

到20世纪70年代后期，福柯对知识分子角色的定位随着他的"权力/知识"理论的发展而更加清晰。他区分了两种知识分子概念。第一种是萨特式的"普遍知识分子"（universal intellectual）概念。他指出，这种19世纪和20世纪初的知识分子概念"实际上出自一种十分具体的形象：主持正义和代表法律的人，用普遍正义和公正的法律理想来抗衡权力、专制和为富不仁"。这种知识分子是由18世纪法学家派生出来的，其原型是伏尔泰。后来，作家成为这种普遍价值观的承担者。福柯认为，这种普遍知识分子已经被"专业知识分子"（specific intellectual）所取代。尤其是在20世纪60年代前后，由于"科技结构在经济和战略领域的扩展"，由于科学合理化的扩展和职业分工的细密，专业知识分子的出现及其重要性愈益明显。专业知识分子不再是以文人为代表，而是以专家为代

---

① Eribon, *Michel Foucault*, pp. 252-253.

表。他们不是普遍价值观的承担者。他们具有三重特殊性：（1）阶级地位的特殊性（或者是服务于资本主义的小资产阶级，或者是无产阶级的有机部分）。“知识分子实际上越来越接近无产阶级和大众。”（2）生活和工作条件的特殊性。他们“不是按照‘普遍的’、‘楷模的’、‘代表正义和真理的’模式工作，而是在一定的专业范围、在一定的生活或工作环境（住所、医院、疯人院、实验室、大学、家庭以及性关系）中工作”。他们面临的是实际的、物质的、日常的斗争问题，而且他们是以不同的形式面临与无产阶级相同的对手：跨国公司、司法和警察机构、财产投机商等等。（3）在西方社会中真理的“政治经济学”的分殊化。“真理”是以科学话语和制度为中心，服从于经济和政治的刺激，受到少数大型政治经济机构的控制。真理实际上是区分真假的规则和所谓“真的”的权力效应。知识分子的局部斗争涉及现代社会的真理问题，因此具有一般的意义。①

根据这些分析，福柯对知识分子和大众的关系以及知识分子的社会政治角色作出新的规定：知识分子不再属于资产阶级，因此面对人民大众，也不再有“阶级原罪”和“转变立场，为被压迫者服务”的问题；由于知识分子的“专业化”，知识分子也不能成为大众代言人，而应投入具体的斗争。福柯本人的活动也尽量遵循着这种原则。因此，后来有人把福柯称为“后革命者”（postrevolutionary）②。

20 世纪 70 年代初，福柯主要致力于法国左派政治斗争，学术著述甚少。但是，他与美国著名语言学家乔姆斯基在荷兰电视台的学术辩论，格外引人注目，因为这次辩论是西方当代两种类型思想家的一次正面对峙。时间是 1971 年 11 月，论题是“人性：正义和权力”。

乔姆斯基承认人性的存在。如果没有某种相对稳定的人性，就不可能

---

① See Foucault, “Truth and Power”, *Power/Knowledge*, pp. 109–133.

② John Rajchman, *Michel Foucault: The Freedom of Philosophy*, NewYork: Columbia University Press, 1985, p. 73; Foucault, *Politics, Philosophy, Culture: Interviews and Other Writings, 1977–1984*, pp. xii–xvi.

有科学认识。所谓人性，他是指某种生理结构。福柯则避开“人性是否存在”这种抽象问题，而是转向另外的问题：“人性概念是如何在我们社会中运作的?”他认为：“语言学家揭示辅音变化规律，弗洛伊德揭示释梦原则，文化人类学家发现神话结构，并不是通过研究人性实现的。在我看来，在知识史中，人性观念主要起了一种……标示某些与神学、生物学或历史学相关或对立的话语的作用。”他怀疑所谓的普遍真理，主张把抽象概念历史化，考察其社会功能。

乔姆斯基认为，现代科技提供了满足人们需求的手段，有助于克服异化。障碍在于西方社会的政治体制。我们的任务是政治任务，即造成一个让创造力和理性得以自由施展的公正社会。福柯则针锋相对。他宣称，西方政治哲学从来都在致力于建构这些抽象原则和乌托邦。正是这种求知意志使我们几乎完全看不到西方社会中权力的具体运作。“在我看来，在我们这样的社会里，真正的政治任务是，批判表面中立的制度的运作，揭示通过这些制度隐秘地运作的政治暴力。这样，人们就能够与之斗争。”

乔姆斯基主张，应该以正义的名义来反对西方社会的非正义。福柯则更激烈地反驳说：“我多少有点以尼采主义的态度对待这个问题。在我看来，正义观念本身实际上是杜撰出来的，在不同社会里被当做某种政治或经济权力的工具或反对那种权力的工具。”①

尽管福柯和乔姆斯基都对现存社会政治秩序持批判态度，但是，两人不仅观点悬殊，而且言路不通。其原因在于，乔姆斯基在根本上囿于西方启蒙思想的人道主义传统和理想，而福柯恰恰要连根瓦解这种思想，全面否定现代秩序。乔姆斯基事后回忆说：“和他在一起，我觉得我是在和一个生活在不同的道德世界的人谈话。”②“他让我觉得他是一个非道德主义者。我从来没有见过这样彻底反道德的人。”③

---

① Rabinow, ed., *The Foucault Reader*, Introduction, pp. 3-7.

② Miller, *The Passion of Michel Foucault*, p. 201.

③ Ibid., p. 203.

第十三章　规训社会

“当时有两个福柯。一个上街游行，一个出席学院的会议。福柯对自己的学术工作是极其认真的。”这是著名历史学家勒华·拉杜里后来的描述。①

尽管社会政治斗争占用了不少时间，但这对于福柯的思想来说，具有很大意义。一方面，正如有的研究者指出的，这是福柯对尼采所说的“破坏愉悦”的体验，是福柯本人所说的一种“极限体验”②。另一方面，这也使福柯的学术研究方向从科学史转向微观权力学。1972 年他在与德勒兹对话时说：“权力问题始终完全是个谜。谁行使权力？在什么领域？我们现在相当准确地知道谁在剥削别人，谁获得利润，哪些人与此有关。……但是说到权力，我们知道，它并不在实行统治的人手里。……我们也应该研究权力运作受到的限制——权力运作的中介及其对控制、监视、禁止和限制的等级网络的许多微不足道方面的影响程度。”③ 在研究权力问题时，福柯继续沿着“尼采式探索”路线，选择了两个“文化边界”领域：犯罪和性。除此之外，福柯还有一些有关美术的论著。④

只要有时间，福柯就继续泡在国立图书馆、国立档案馆以及警察局档案馆里。他的研究进展首先体现在演讲和研讨班的题目和内容中，然后以学术著作的形式呈现出来。

---

① See Eribon, *Michel Foucault*, p. 258.

② Miller, *The Passion of Michel Foucault*, p. 198.

③ Foucault, *Language*, *Counter-Memory*, *Practice*, p. 213.

④ 1973 年，福柯一部美术论著《这不是一个烟斗》问世。

福柯不是孤立地研究权力问题，也不是从政治理论的角度来研究权力问题，而是运用其系谱学研究权力和知识的关系。他在1972年的演讲稿《理论与刑罚制度》中明确提出一种新的“权力—知识”观：权力不是知识的障碍，两者的关系就如同利益和意识形态的关系。问题不仅仅是揭示权力是如何利用知识来达到自己的目的或如何压制知识来抬高其他。“若没有一个沟通、记录、积累和转移系统，任何知识都不可能形成，这系统本身就是一种权力形式，其存在与功能同其他形式的权力紧密相连。反之，任何权力的行使，都离不开对知识的汲取、占有、分配和保留。从这种层次上看，不存在知识与社会的对立，也不存在科学与国家的对立，而是存在着各种‘权力—知识’的基本形式。”①

这种权力—知识观与人们的传统观念大相径庭。通常的看法是：“只有在权力关系暂不发生作用的地方知识才能存在，只有在它的命令、要求和利益之外知识才能发展。”“权力制造疯狂，因此放弃权力乃是获得知识的条件之一。”一般的知识分子也竭力把知识领域说成“真理和思想自由”的领域，在知识领域和权力领域之间划出一道明确的界限。

但是，福柯否定知识或真理的“客观性”、“纯洁性”。他认为：“我们应该承认，权力产生知识（而且，权力鼓励知识并不仅仅是因为知识为权力服务，权力使用知识也并不只是因为知识有用）；权力与知识是直接相互指涉的；不相应地建构一种知识领域就不可能有权力关系，不预设和建构权力关系也不会有任何知识。”针对一般知识分子的自欺和自负，福柯表示：“在考察人文科学时，使我吃惊的是，这些知识分子的发展都不可能与权力运作分开。当然，你总能找到某些独立于权力之外的心理学理论或社会学理论。但是一般地说，社会能够成为科学研究的对象，人的行为从某个时候起成为有待分析和解决的问题，我认为，这一切都与权力机制紧密相连。……因此，人文科学的诞生是与新的权力机制的确立携手并进的。……科学也行使权力。这种权力强制你如何说话。否则，你不仅被视为错误，甚至被视为骗子。……真理无疑也是权力的一种形式。……

① Foucault, *Resume descours*, *1970–1982*（以下简称：*Resume descours*），Paris, 1989, pp. 19–20.

我认为，与其致力于发现与谬误相对立的真理，不如思考尼采提出的问题：在我们这些社会里，‘真理’为什么会被赋予这种价值，从而把我们置于它的绝对束缚之下？”①

这种权力—知识观在西方思想史上有其源远流长的潜在线索。培根的著名格言“knowledge is power”，也可以直译为“知识就是权力”。尼采更是明确指出：“知识是权力的一个工具。因此，很显然，它是随着权力的增长而增长。”福柯自认为是尼采思想的继承者。他后来说：“我可以用‘道德系谱学’作为我目前工作的总标题，因为正是尼采把权力关系规定为哲学话语的一般焦点。”② 但是，应该说，尼采没有提供系统的方法论和分析，而只是提供了一系列散见于各个著作中的深刻见解。福柯从尼采那里获得启示，但这种权力—知识观是福柯的独创。

另外，在法文中，“权力”是 pouvoir，“知识”是 savoir。它们有一个共同的词根 voir（看）。法文语词的这种特殊的同源构成或许对福柯也有所启迪，从而把权力、知识和观察（监视）联系起来。当然，福柯的权力—知识观绝不是灵机一动、心血来潮的产物，而是其思想长期发展，尤其是话语分析的合乎逻辑的理论结晶。

权力—知识理论运用的第一个成果是由福柯主编的资料集《我，彼埃尔·利维埃尔，杀害了我的母亲、我的妹妹和我的弟弟……：19 世纪的一桩弑亲案》。

利维埃尔是法国诺曼底欧奈地区的一个 20 岁的青年农民。1835 年 6 月 3 日，他用镰刀杀死了自己的母亲、18 岁的妹妹和 7 岁的弟弟。在被拘留期间，这个“勉强能读写”的农民居然写出 40 页的自述。他声称，凶杀的目的是为了把父亲从母亲飞扬跋扈的暴政下解救出来。他的妹妹和弟弟站在母亲一边，因此也该被杀死。而且他早就计划写一个解

① Foucault, *Discipline and Punish*: *The Birth of the Prison*, New York: Vintage Books, 1979, p. 26; Foucault, *Politics*, *Philosophy*, *Culture*: *Interviews and Other Writinge*, *1977-1984*, pp. 106-107.

② Foucault, *Power/Knowledge*, p. 53.

释自己动机的陈述。“我，彼埃尔·利维埃尔……”就是这份自述的开场白。

这种弑亲案在当时并不罕见，大约每年有10桩至15桩，有时还要多些。当时舆论关注的是菲埃希谋刺国王案或类似《红与黑》中的于连那种与上流社会发生纠葛的案犯。因此，《判决公报》只是简单地报道了利维埃尔被处决的消息。

这个案件是参加研讨班的历史学家彼得（Jean-Pierre Peter）发现的。彼得曾师从布罗代尔，后来曾经帮助拉杜里研究19世纪的医学档案。参加福柯的研讨班后，他先在1836年的《公共卫生和法医学年鉴》上看到利维埃尔案件的概述，然后赴冈城进一步搜寻资料，意外地获得了利维埃尔的自述以及其他档案。福柯决定把整理和分析利维埃尔案件的资料作为研讨班的内容。

福柯发现了一个奇怪的现象：在鉴定利维埃尔是否疯癫时，医生的结论相互抵牾，甚至当时最著名的精神病学和法医学专家埃斯基罗尔（Esquirol）也参加了辩论，把他在1808年提出的精神病学概念“偏执狂”应用于利维埃尔身上。但是利维埃尔的自述一公布，这些专家立刻鸦雀无声。福柯认为，其原因在于，利维埃尔的“同时代人似乎都接受了利维埃尔自己的游戏：凶杀和对凶杀的叙述是同质的”。利维埃尔的叙述“既不是供状，也不是辩解，而是罪行的一部分”①。但是，福柯表示，研讨班之所以从1972年到1973年花费了一年多的时间研究利维埃尔案件，恰恰是由于“利维埃尔自述的美妙”。农民从来被视为只会行动的哑巴。但是，被人视为“疯子”或“白痴”的利维埃尔却流畅地表述自己的行为与思想。他甚至自比拿破仑、古罗马的将军、旺代叛乱的领袖等。既然一将功成万骨枯，那么为了解救疼爱他的父亲，他当然有权杀死4个人（包括他自己）。②

---

① Foucault, ed., *I, Pierre Riviere, having slaughtered my mother, my sister, and my brother...: A Case of Parricide in the 19th Century*（以下简称：*Pierre Riviere*），New York: Partheon, 1975, pp. 200–201.

② Ibid., pp. 105–106.

因此，福柯进一步声称："我们之所以致力于这项工作，是因为这套卷宗、这个案件、这个事件提供了来源、形式、组织和功能各不相同的话语的交错。……它们表面上说同一件事，因为所有的话语都是关于（1835 年）6 月 3 日事件的。但是，它们既没有构成一个有机的著作，也没有构成一个惩戒文本，而是构成一种奇怪的对抗、一种对峙、一种权力关系、一场话语之间的和通过话语进行的战斗。但是，我们不能把它简单地说成一场战斗，因为有几场战斗在同时进行，相互交错（福柯指的是医生、法官、村民和利维埃尔等之间的战斗）……我们决定发表这些文件的原因是，展示这些战斗，揭示这些话语——作为在权力和知识的关系中的进攻和防御武器——之间的互动。"① 正如库兹韦尔所言："对于福柯来说，利维埃尔案件提供了一个机会，借以考察权力结构和社会制度，质疑医学科学的科学性，描述存在于 150 年前的价值和信仰、知识和权力的混乱——这种混乱我们至今尚未消除。"②

福柯关注的中心是利维埃尔的自述。他认为，这个自述应该放在当时大量流行的传单中来考察。这些关于凶杀的民间叙述通过口传最终变成书写，进入历史，打上明确的时间、地点、人物的标记，从而把司空见惯的事件变成异乎寻常的事件，把日常生活变成历史事件。"所有这些叙述讲述的是没有统治者的历史，权力之外的历史，与法律冲突的历史。"这类民间叙述与法国大革命、拿破仑帝国、征服阿尔及利亚等历史事件，表面上是对立的，是犯罪与光荣的对立、非法活动与爱国主义的对立、断头台与英雄谱的对立。但实际上，两者是交错在一起的。"凶杀是历史与犯罪的交错点。凶杀使得勇士流芳百世，凶杀也使得罪犯恶名远扬。凶杀导致了合法者与非法者的暧昧性。""对于人民记忆来说，凶杀是最大事件。它确定了权力与被彻底剥夺的人民之间的关系：命令杀戮，禁止杀戮；被杀戮，被处决；自愿牺牲，遭受惩罚；记忆，遗忘。凶杀在法律的边缘徘徊，有时在这边，有时在那边；有时高

---

① Foucault, ed., *Pierre Riviere*, pp. X-XI.

② ［美］库兹韦尔著，尹大贻译：《结构主义时代：从莱维-斯特劳斯到福科》，216 页。

于法律，有时低于法律。它经常触及权力，有时是对抗，有时是合作。”① 19世纪初的民间叙述分为两种，一种是无名氏的“客观”叙述，另一种是罪犯自己的“哀歌”。罪犯在哀歌中承认罪行，但并不祈求宽容，而是准备接受应得的惩罚。从在学校里学到的《圣经》历史到近期的传单，乃是利维埃尔所接受的知识领域。因此，“他把自己的行为和言语安放在一种类型的话语和一种知识领域的一定位置上”②。他想既成为罪行的作者，又成为文本的作者。“利维埃尔是在一种话语实践以及与之紧密相连的知识的层次上完成他的罪行的。”③

福柯指出，问题是，恰恰在刑事司法制度中，利维埃尔的凶杀/话语遇到了一种截然不同的游戏。不仅说话者的地位不同，而且话语也不同。从1832年起，巡回法院开始考虑“情有可原的情形”。鉴定利维埃尔是否疯癫，即他是不是罪行的作者，成为一个问题。利维埃尔的行为/文本受到三重质疑：事实的真实性，本人看法的真实性和科学的真理性。“一种话语行为、一种行为中的话语——它完全遵从民间知识的规则——遇到出自别处和别人的质疑。”④

利维埃尔案件中各种话语之间的冲突映射出权力—知识关系的历史演变。我们可以看到，一种知识（如医学、精神病学和心理学）是如何在与社会制度的关系中、在社会制度所分派的角色中形成和活动的。我们还可以窥见话语借以产生与活动的权力—知识关系。正是在权力—知识关系中，话语，甚至科学话语，既具有策略意义，又具有政治意义，甚至具有战略意义。面对民间知识的话语的挑战，官方的权力—知识话语不得不进行调整。1832年的司法改革导致了一种知识的介入和发展，即需要判定罪犯是不是处于“正常状态”。法官、律师、医生根本没有判断疯癫与否的知识，甚至根本没有见过利维埃尔，就以“专家”身份作出各种断言。但是，《公共卫生和法医学年鉴》上的概述已经部分地接受了埃斯基

① Foucault, ed., *Pierre Riviere*, pp. 205-206.

② Ibid., p. 208.

③ Ibid., p. 209.

④ Ibid., p. 210.

罗尔的“新知识”，既承认利维埃尔患“偏执狂”，又认定他有罪。利维埃尔案件显示了医学介入司法或司法利用医学的一个转折点。

福柯对利维埃尔案件的兴趣延续了很长时间。1975 年 8 月他主持拍摄了一部根据《我，利维埃尔……》改编的影片。编导阿利奥是福柯选定的。演员都是用利维埃尔家乡诺曼底普通人。这部实地拍摄的影片非常沉闷。福柯后来为选错编导而懊悔不迭。

1975 年春，伽里玛尔出版社推出了福柯的又一部大作：《监视与惩罚》（*Surveiller et punir*）。第二年，该书的意大利文、西班牙文和德文译本纷纷面世。接着，英译本于 1977 年面世。根据福柯本人的意见，英译本书名改为《规训与惩罚》（*Discipline and Punish*）。

《规训与惩罚》被福柯本人称做“我的第一部著作”①。这可以从“成熟之作”和“领衔之作”的双重意义上来理解。这部著作是福柯运用系谱学分析权力—知识机制的最重要成果，也是他以前著作的主题与方法的延续与发展。《疯癫史》中的“监禁”（禁闭），《临床医学的诞生》中的“观察”，在《规训与惩罚》中都得到进一步的发挥。在某种意义上，与《词与物》一样，《规训与惩罚》也是人文科学考古学，只不过它考察的是刑法学。福柯随后在一次谈话中说：“只有研究干预人的肉体、行动和行为方式的权力机制，才能建立人文科学考古学。”②

“1757 年 3 月 2 日，达米安因谋刺国王被判处‘在巴黎大教堂门前公开认罪’，他应‘乘坐囚车，身穿衬衫，手持两磅重的蜡烛’，‘被送到格列夫广场。那里将架起行刑台，用烧红的铁钳撕开他胸膛和四肢的肉，用硫黄烧焦他持着弑君凶器的手，将熔化的铅、滚沸的松香、蜡和硫黄浇入撕裂的伤口，然后四马分肢，再焚尸扬灰’。”③

《规训与惩罚》的这个典型的福柯式开篇就给读者提供了一个骇人听

---

① Miller, *The Passion of Michel Foucault*, p. 209.

② Foucault, *Power/Knowledge*, p. 61.

③ ［法］福柯著，刘北成、杨远婴据英译本翻译：《规训与惩罚》，3 页。本章以下所注明的引自此书的引文均经重新校订。

闻的判决，接着引述了当时有关这次公开处决的详细报道，使读者仿佛又回到早已忘却的“绞刑架、颈手枷、断头台、鞭笞、车裂”等刑罚遍布大地的时代。看了这些描述，读者怎么会不赞成18世纪意大利著名法学家贝卡里亚的观点：“历史上自诩贤明之士的怪物发明和冷酷地使用了那么多可怕而无用的酷刑。有谁在读到这种历史时能不毛骨悚然呢？”①

接下来，福柯引述了19世纪30年代“巴黎少年犯监管所”的条例。这是一个犯人起居活动的时间表。在这里，没有酷刑，没有肉体痛苦。公开处决达米安和这份监狱时间表相隔80年，但体现了两种不同的惩罚方式。至此，读者会感到某种欣慰：今天的时代摆脱了野蛮、凶残和非理性。换言之，理性和人道主义最终取得了胜利。但是，与以前的著作一样，福柯又一次给我们当头棒喝：这不是历史的真相。《规训与惩罚》对从酷刑到监狱的历史演变作出了另一种出乎人们意料的系谱学解释。

《规训与惩罚》的副标题是《监狱的诞生》。选择监狱作为系谱学分析的对象，不仅是由于福柯投入声援犯人斗争的实践，而且更是由于福柯关注权力问题的理论思维所致。1972年3月，福柯在谈到监狱时说：“监狱是权力最赤裸裸地、最肆无忌惮地表现出来的地方。”但是，他当时是把监狱视为社会压制和排斥的领域：“监狱令人感兴趣，是因为在那里权力毫不掩饰自己。它表现出彻头彻尾的暴政。它既是玩世不恭的，同时又完全是正当的，因为其实践完全可以在道德的架构内得到认可。因此，其野蛮的暴政表现为善对恶、秩序对无序的宁静统治。”② 这种认识与《疯癫史》一脉相承。时隔一个月，福柯第二次应邀访问美国。他第一次是1970年到巴法罗大学演讲。这次是分别在纽约巴法罗大学和明尼苏达大学演讲。在巴法罗，福柯参观了阿提卡监狱。他自称是第一次正式参观监狱，对监狱中的各种设施感到惊讶。他对巴法罗大学法语系主任说，监狱的各种设施表明，监狱不能简单地归结为否定性功能，“它拥

① ［法］福柯著，刘北成、杨远婴据英译本翻译：《规训与惩罚》，87～88页。

② Foucault, *Language, Counter-Memory, Practice*, p. 210.

有肯定性功能"①。这种认识上的修正无疑与其"权力—知识"理论的形成密切相关。

从权力—知识理论的角度看，权力的运作在监狱表现得最明显，而且，更重要的是，透过监狱可以考察权力在整个社会的运作。福柯认为，惩罚和监狱不仅仅是一系列压制机制，更具有复杂的社会功能。因此，他为《规训与惩罚》制定的宗旨是"论述关于现代心灵与一种新的审判权力之间相互关系的历史，论述现行的科学—法律综合体的系谱。惩罚权力是从这种综合体中获得自身的基础、证明和规则"，由此或许能够理解"一种特殊的征服方式是如何能够造就作为具有某种'科学'地位的话语的认识对象的人"②。福柯后来解释说，他不是研究某一历史时期，而是研究一个问题。③ 更确切地说，《规训与惩罚》至少包含着两个层次：首先是历史分析，主要阐明 1750 年至 1850 年法国刑罚制度的演变；其次是更深广的哲学思考，主要揭示现代西方人生活于其中的权力—知识机制架构。而哲学思考是历史分析的起点、钥匙和归宿。

《规训与惩罚》的理论出发点是"微观权力物理学"。与传统观点不同，"这种微观物理学研究设定：施加于人体的权力不应被视为一种财产，而应被视为一种策略。其支配效应不应归因于占有，而应归因于调度、计谋、策略、技术、运作。人们应该从中破译出一个永远处于紧张状态和活动中的关系网络，而不是读解出某些人可能拥有的某种特权。……总之，这是一种被行使的而不是被享有的权利。它不是统治阶级获得的或保持的特权，而是其战略位置的综合效应。……这种权力在实施时，不仅仅是对'无权'者的强制或禁锢。它控制着他们，并通过他们而得到传

---

① "Michel Foucault on Attica: An Interview", *Telos*, 19, (1974), p. 156; See James W. Bernauer, *Michel Foucault's Force of Flight: Toward on Ethics for Thought*, New Jersey and London: Humanities Press International, 1990, p. 123.

② ［法］福柯著，刘北成、杨远婴据英译本翻译：《规训与惩罚》，21～24 页。

③ See Cooper, *Michel Foucault: An Introduction to the Study of His Thought*, p. 81.

播。……这就意味着，这些（权力）关系一直渗透到社会深层，它们并不只存在于国家与公民的关系中或阶级之间的分野处，它们并不仅仅在个人、肉体、行为举止的层面上复制出一般的法律或政府形式。……它们并不是单义的。它们确立了无数的冲撞点、不稳定中心。每一点都有可能发生冲突、斗争，甚至至少是引起权力关系的暂时颠倒”①。简言之，权力实质上是“支配人体的政治技术”，权力关系是无所不在的权力—知识网络。有多少种社会关系，就有多少种权力。工厂、医院、学校、家庭等等都存在着“微观权力”。每一个集团、每一个人都受制于权力，也都行使着权力。

在福柯看来，权力关系是由人体（肉体，body）同权力和知识构成的三角关系。在社会学话语中，通常不考虑人体，或者视之为与历史文化无关的自然体。但是，在福柯看来，人体是权力关系运作的中心因素。系谱学分析将表明，人体既是知识对象，又是权力施展对象。人体之所以能够被置于政治领域，在权力关系的支配下变得柔顺和具有生产性，即能够产生政治和经济效益，这是通过知识造成的。关于人体的知识和对人体的驾驭构成某种支配人体的政治技术。

这种政治技术的特点在于：“这种技术是发散的，几乎没有形成连贯的系统的话语。它经常是由各种零星的片断构成的，它使用的是一套毫无联系的工具和方法。尽管其结果具有统一性，但单一说来，它不过是一种形式多样的操作。而且，它不可能仅仅存在于某种特殊的体制或国家机器中，尽管后者求助于它，使用、选择或强制实施它的某些方法。”②

《规训与惩罚》的历史分析就是要“确定惩罚技术在这种政治体中的历史位置”③。

《规训与惩罚》写于 1972 年至 1974 年。一些基本思想在法兰西学院

---

① ［法］福柯著，刘北成、杨远婴据英译本翻译：《规训与惩罚》，25～26 页。

② 同上书，25 页。

③ 同上书，27 页。

的演讲中已显露端倪。在1971年至1972年度的演讲中，福柯勾画了西方的权力—知识形态的演变线索。他指出，在古希腊城邦，权力—知识的形式是度量（mesure）。它既是确立公正秩序、人与自然的秩序的手段，同时也是数学和物理学的母体。在中世纪，权力—知识的形式是司法调查（enquete）。它既是验证和重构事实、事件、行为和权利的手段，同时也是经验知识和自然科学的母体。检查（examen）是工业社会特有的权力—知识形态。它是控制、排斥和惩罚系统中的工具。它既是确立和恢复规范、规则、资格和进行区分与排斥的手段，同时也是心理学、社会学、精神病学、精神分析学等一切人文科学的母体。当然，这些形式会有某种重叠。但是，一般而言，各有其独特功能，而且各自与不同的政治权力相联系。度量服务于秩序，调查服务于中央集权，检查服务于筛选与排斥。

在中世纪，刑罚实践领域处于一个过渡时期：复仇转变为惩罚，指控转变为调查，损失引起诉讼转变为违法咎由自取，考验决定转变为证据判决。这些转变都与国家的诞生相联系。国家愈益占有了刑事司法的权力。司法调查开始出现。“这种司法调查模式完全依赖于一种权力体制。这种体制规定了应该把什么建构成知识。”从16世纪起，这种模式受到经验科学的改造，被新的分析调查所取代。现代文明实质上是一种调查文明，即汲取、组合与积累知识的文明。“调查（inquisition，这个词又有宗教裁判所和逼供之意——笔者注），这种权力—知识形式对于我们这个社会至关重要。”经验真理是调查的产儿，因为政治、行政和司法权力的运作方式是，提出问题，收集回答，汇集证据，控制证词，确立事实。17世纪，新的社会控制形式，如大规模监禁，警察机构发展，对居民的监视等，为“检查”这种新的权力—知识形式的形成做了准备。①

在1972年至1973年度的教学讲演中，福柯进一步探讨了司法领域的权力—知识形式。他把西方社会称做“惩罚社会”。在历史上，西方社会先后使用过四种惩罚方式。在古希腊和古罗马时代，公民会遭到放逐，或

---

① See Foucault, *Resume descours*, pp. 20-23.

被排斥在某些领域之外。在日耳曼人的传统中，主要是实行赔偿。在中世纪末和“旧制度”① 时期，权力的印记直接打在肉体上，即实行酷刑。18 世纪末到 19 世纪初，监狱作为一种主要惩罚手段问世。当然，这几种惩罚方式不是纯粹的，也有相互重叠之处。值得注意的是，他第一次提到边沁的“全景畅视监狱”（panopticon），而且宣称：“19 世纪确实可以说是全景畅视主义（panopticism）的时代。”② 这一年的演讲实际上是《规训与惩罚》的写作大纲。

福柯声称《规训与惩罚》是“惩罚理性”的历史的一章。在“这一章”里，他给我们呈现了历史上的三种惩罚模式：中世纪末和“旧制度”时期作为王权武器的酷刑，古典时期人道主义改革者的梦想，体现了现代规训权力技术的监狱和规范化监视。③ 这三种模式的递进，绝不是通常人们所说的从非理性向理性、从野蛮向文明的进步，而是历史的断裂，是权力—知识综合体支配人体的方式的替嬗。“真理—权力关系始终是一切惩罚机制的核心，在现代刑罚实践中依然如此，只不过形式不同，效果不同。”④

对于酷刑，18 世纪《百科全书》的词条是这样解释的：“引起某种令人恐惧的痛苦的肉体惩罚。……这是人的想象力所创造的一种令人费解的极其野蛮和残酷的现象。”⑤ 福柯引用这一解释是在暗示，我们今天实际上还因袭着这种启蒙时代的认识。

福柯指出，其实，中世纪末和“旧制度”时期的酷刑“并非反常，也并非原始。酷刑是一种技术。它并非一种无法无天的极端表现”⑥。酷刑遵循着三个基本准则。首先，酷刑是一整套受控制的、有差别地制造痛

---

① “旧制度”是指 18 世纪法国封建专制制度的一个专用术语。

② Foucault, *Resume descours*, p. 44.

③ See Dreyfus and Rabinow, *Michel Foucault: Beyond Structuralism and Hermeneutics*, p. 144，中译文参见［美］德赖弗斯、拉比诺著，张建超、张静译：《超越结构主义与解释学》，190、273 页。

④ ［法］福柯著，刘北成、杨远婴据英译本翻译：《规训与惩罚》，53 页。

⑤⑥ 同上书，32 页。

苦的艺术。它必须把肉体痛苦的性质、强度和时间同罪行、罪犯以及受害者的地位联系起来。这些痛苦至少能够被计算、比较和排列出等级。即便是死刑，也必须能够把人的生命分割成“上千次的死亡”，在生命停止之前，制造“最剧烈的痛苦”。因此，正如有人形容的：“但丁的诗进入了法律。”① 其次，酷刑是惩罚仪式中的一个因素。它必须能够给罪犯打上耻辱的烙印，或者在其肉体上留下疤痕，或者通过酷刑的场面。其目的是向世人展示罪恶的真相，清除罪恶。最后，酷刑要成为一种大张旗鼓的场面。其目的是把惩罚变成一种凯旋仪式。“它所使用的过分的暴力是造成它的荣耀的一个因素。罪人在受刑时呻吟哀嚎，这种情况并不是令人难堪的副作用，而恰恰是伸张正义的仪式。”②

除了惩罚酷刑外，还有审讯酷刑。同样，在18世纪末，这种“肉刑作为另一个时代的野蛮残余、作为‘哥特人’的野蛮标志而遭到唾弃。诚然，肉刑实践起源于古代，至少可以追溯到对奴隶的拷打。但是……拷问并不是一种不惜任何代价获取事实真相的方式。它确实很残忍，但它并不野蛮”③。拷问也是一种有节制的司法活动。拷问的各种阶段、时限、刑具等等在刑律上都有详细的规定。司法调查和惩罚之所以交融在一起，根据福柯的解释，恰恰是当时刑事司法产生事实真相（真理）的运作方式所致，换言之，是独特的权力—知识关系的产物。古典时期的证据理论不是非真即伪，而是从“副证”到“半证据”再到“充足证据”等等逐步升级的体系。每一次都构成一定的罪责认定，从而涉及一定的惩罚，人若成为怀疑对象就不可能是完全无辜的。“当人们的推理达到某种程度时，就完全有理由展开一种双重活动：根据已搜集的信息开始施加惩罚，同时使用初步的惩罚手段以获取尚未发现的事实真相。”④

由此，我们可以理解公开处决的功能。它是权力—知识关系的一种有明确意义的仪式。犯人要用肉体来承担自己的罪行和对罪行施加司法正

① ［法］福柯著，刘北成、杨远婴据英译本翻译：《规训与惩罚》，33页。
② 同上书，34页。
③ 同上书，38页。
④ 同上书，41页。

义，从而使这种罪行和司法正义昭示于众。因此，惩罚要复制犯罪。处决往往在犯罪地点进行；渎神者被割舌，杀人者被砍手；有时还使用同样的凶器和动作来杀死罪犯。总之，“从司法拷问到处决，肉体一再地产生和复制犯罪真相（真理）。……肉体受到多次折磨，从而成为一个承担着行为现实和调查结果、诉讼文件和罪犯陈述、犯罪与惩罚的综合体”①。

福柯认为，更重要的是，公开处决实际上不仅是一种司法仪式，而且是一种政治仪式。在古典时期，犯法被视为对君主的冒犯：既是对王权（秩序）的冒犯，也是对君主个人的冒犯。公开处决有如加冕仪式、平叛后的国王入城式，也是一种表现王权失而复得的凯旋仪式。因此，它“是一种恐怖政策，即用罪犯的肉体来使所有的人意识到君主的无限存在。公开处决并不重建正义，而是重振权力”②。由此，可以理解公开处决的某些特点。首先是大张旗鼓。判决书事先对仪式的细节都作出详细的规定。行刑台周围部署着一架完整的军事机器：骑兵、弓箭手、禁卫军、步兵等。行刑要显示出君主的令人望而生畏的力量彻底压倒了罪犯。其次，行刑具有戏剧性的较量因素。刽子手有点像国王的斗士，要十分熟练地残杀犯人，否则犯人可以得到赦免。君主授权刽子手杀戮，但不分担其残忍。当刽子手的委任状被盖上印玺后，不是放在桌子上，而是掷于地上。而且国王还保留着最后时刻的赦免权。

福柯对公开处决本身的辩证矛盾作了出色的分析（这样说，可能拂逆福柯本人的意愿，因为他多次攻击“辩证法”。但他攻击的是黑格尔的那种礼赞“意识/进步”的辩证法）。他指出，除了外在的社会经济背景（劳动力，即人的肉体在经济中的价值开始受到重视）外，公开处决本身就蕴涵着导致其消亡的因素。这就是民众在行刑场面中的角色。民众必须被召集来观看公开处决，一是以儆效尤，使民众产生恐怖感；二是使民众参与惩罚，使民众的报复成为君主的报复的一个组成部分。因此君主暂时容忍民众攻击犯人的暴烈行动，视之为忠诚的表示。

然而，民众也有可能表现出对惩罚权力的拒斥，甚至出现暴动。“这

① ［法］福柯著，刘北成、杨远婴据英译本翻译：《规训与惩罚》，45 页。
② 同上书，47 页。

些处决仪式本来只应显示君主的威慑力量，但却有一个狂欢节的侧面：法律被颠覆，权威受嘲弄，罪犯变成英雄。”① 在处决日会出现许多非法的活动中心。工作停顿，酒馆爆满，当局受到辱骂，刽子手、警卫和士兵受到侮辱和石块的攻击。也会出现抢劫犯人的活动，有的是要救他，有的则是为了杀死他。斗殴时有发生，小偷活动猖獗。最重要的是政治危机。这种“结束罪恶”的仪式本身成为令人发指的罪恶的重演，而且颠倒了各种角色。法官变得像谋杀者，刑吏变得像罪犯，受刑者变成怜悯或赞颂的对象。民众面对恐怖的王权会产生兔死狐悲之情，感到自己比任何时候都更接近受刑者，感到不受限制的合法暴力的威胁。尤其是犯人临死前的演讲和呼喊，可能获得观众的喝彩与同情，总之，公开处决“为国王暴力与民众暴力之间的较量提供了一个舞台”②。

由此还产生了多义的宣传品：既肯定司法正义和进行教化，又包含着对冲突与斗争的记忆和对罪犯的歌颂。与《我，利维埃尔……》中的分析一致，福柯很重视这种民间记忆，抨击现代话语对民间记忆的抹杀。他指出，18 世纪末产生的现代犯罪文学发生质变，肯定“崇高者也有犯罪的权利，犯罪甚至成为真正崇高者的独占特权”。罪犯与侦探的斗智构成主要冲突。罪犯当然是邪恶之徒，但也是才智出众之人。普通人不可能成为复杂微妙案情的主角，也就不再有民间英雄。与此同时，报纸承担起详细描写日常犯罪和惩罚的毫无光彩的细节的任务。“分裂完成了。民众被剥夺了往昔因犯罪而产生的自豪感，重大凶杀案变成举止高雅者不动声色的游戏。”③

在 18 世纪，改革者以“人性”的名义反对酷刑，主张刑法改革。但是，认真分析就会发现，酷刑的废除其实与人道主义理想无关。刑法改革产生于反对君主的无上权力的斗争和反对日常的非法活动的地下权力的斗争的汇合处。

---

① ［法］福柯著，刘北成、杨远婴据英译本翻译：《规训与惩罚》，58 页。
② 同上书，71 页。
③ 同上书，66 页。

在福柯看来，惩罚与犯罪乃是一个互动的矛盾体，是社会权力机制的一个组成部分。从这种角度看，18 世纪改革者的批判话语乃是已有机制的进一步要求。

18 世纪的犯罪情况发生了变化。17 世纪的罪犯是因饥寒交迫而冲动的穷人，而 18 世纪的罪犯则是处于社会边缘的"诡计多端的"罪犯。总的趋势是，从"群众性犯罪"转向"边际犯罪"，从人身攻击转向攫取财物，从暴力犯罪转向诈骗犯罪。

惩罚的暴烈程度也相应地减弱了，但法律更严峻，执法更严密。这种变化"与其说是对犯人的人性的尊重，不如说是追求更精细的司法、对社会实体作出更周密的刑法测定的趋势。……暴力犯罪的起点提高了，对经济犯罪的不宽容也增强了，各种控制变得更彻底了，刑法干预不仅变得更超前了，而且更复杂了"①。

改革者之所以批评王权，固然出于对君主专制的抗议，表达了社会精英因未能分享权力而产生的不满，但更重要的是，他们反对一种效率低下的"糟糕的权力体制"。权力分布杂乱无章，各种权力相互冲突。司法集暴虐和软弱于一身，既耀武扬威又漏洞百出。尤其是在公开处决这种危险的仪式化的暴力中，双方都超出了正当行使权力的范围。暴政面对着叛乱，两者互为因果，形成双重危险。司法惩罚的过分与其说是滥用权力的结果，不如说是权力机制混乱的结果。当然，混乱之源是君主的"无上权力"。

改革者中的首要推动集团也不是人们所想象的那些启蒙思想家。事实上，改革的酝酿工作大部分是由法律机制内的一些司法官员完成的。是他们规划了改革的基本原则，即审判权应独立于王权，而依赖于具有连续效果的公共权力。无论是伏尔泰那样的启蒙思想家，还是布里索、马拉那样的报人，实际上都以不同形式的斗争策略体现这些基本原则。他们的共同目标是："使对非法活动的惩罚和镇压变成一种有规则的功能，与社会同步发展；不是要惩罚得更少些，而是要惩罚得更多些；或许应该减轻惩罚的严酷性，但目的在于使惩罚更具有普遍性和必要性；使惩罚权力更深地

---

① ［法］福柯著，刘北成、杨远婴据英译本翻译：《规训与惩罚》，76 页。

嵌入社会本身。”①

从法国大革命到19世纪初，改革得以实行。其根本原因在于，随着现代资本主义社会新秩序的建立，出现了新的威胁、新的非法活动。西方的历史教科书上，往往把法国大革命描绘成各社会阶层联合起来反抗王权、争取自由的斗争取得胜利的历史。福柯从惩罚权力同非法活动的关系演变看到的却是阶级的对立。他认为，17世纪，各个阶层的非法活动维持着互助和共谋的关系。从18世纪后半期起，形势逆转。下层民众的非法活动从争取权利转变为侵犯财产，这使资产阶级感到严重威胁。“换言之，非法活动结构也随着资本主义社会的发展而改造。财产的非法占有和权利的非法行使相互分离。这种区分体现了一种阶级对立，因为一方面下层阶级最能接受的是对财产的非法占有——所有权的剧烈转移，而另一方面资产阶级则要为自己保留权利的非法使用，即规避规章和法律，巧妙地利用法律空隙，以使自己获得巨大的经济活动地盘。”② 阶级结构和财产关系的变化导致非法活动的变化，从而使新的法律和新的权力技术得以施展。改革也就从设计阶段进入制度化阶段。

改革的理论是社会契约论。罪犯被视为契约的破坏者。他不是反对国家，而是反对社会。惩罚权力从君主的报复变成保卫社会的手段。但是，这依然是一种不平等的斗争。一方拥有一切权力，成为“无上权力”的回归，因此变得十分可怕。这种理论困境导致了为惩罚权力确立一种“适度原则”的必要性，从而迫使改革者诉诸“人道”或“人性”原则。“这不是由于考虑到罪犯身上隐藏着某种人性，而是因为必须调控权力的效果。‘人道’是给予这种经济学和锱铢计算的一个体面名称。”③

惩罚必须有惩戒（punishment as example）功能。当然，惩罚权力历来如此。区别在于，出于对惩罚效果的功利计算，改革者主张，惩戒既要防止过分地展示权力，又要能防止犯罪的再发生。惩戒不应是一种展示的

① ［法］福柯著，刘北成、杨远婴据英译本翻译：《规训与惩罚》，79～80页。

② 同上书，84页。

③ 同上书，89页。

仪式，而是一种表示障碍的符号。也就是说，惩罚最经济有效的方法是，牢固地建立起犯罪观念与惩罚观念之间的联系，用惩罚观念来抑制犯罪观念。著名法律改革者塞尔万说："当你在你的公民的头脑中建立起这种观念链条时，你就能够自豪地指导他们，成为他们的主人。愚蠢的暴君用铁链束缚他的奴隶，而真正的政治家则用自己的思想链条更有力地约束他们。"① 启蒙思想家马布利更言简意赅："惩罚应该打击灵魂而非肉体。"②

法国大革命制宪议会期间，改革方案纷纷出笼，形成法律。其主要特点是，使用再现式（观念式，representational）惩罚。具体地说：首先，在犯罪和惩罚之间建立尽可能直接的象征联系。犯罪时使用暴力者应受肉体痛苦。懒惰者应服苦役。行为卑鄙者应当众羞辱。这种惩罚机制不同于酷刑，不再用恐怖来反对恐怖，不是对称的报复，而是明了的符号指涉。其次，利用利益和欲望机制，使人们趋利避害。一方面，"直捣罪恶之源"，削弱犯罪欲望。例如，流浪罪背后是懒惰。监禁乞丐是毫无成效的，必须强制他们劳动。如果傲慢导致犯罪，肉体惩罚就无济于事，应该用羞辱来刺痛其虚荣心。另一方面，重新培养罪犯的高尚趣味，使之尊重财产、荣誉、自由和生命。再次，刑罚必须引进时间因素。不仅各种刑罚有规定期限，而且在刑罚过程中应根据犯人弃恶从善的表现实行减弱惩罚方式的制度。旧刑罚体系也有时间因素，但那是为了折磨犯人，现在则是为了改造犯人。最后，为了使障碍符号广泛传播，刑罚应该公开。过去，犯人的肉体是国王的财产，君主在其上面打上自己权力的印记。现在，犯人是社会的财产，应加以利用。因此，公开的公益劳动将有一箭双雕的作用。另外，为了使惩罚成为一个学校而不是一个节日，有些改革者还提出了其他的宣传方式，如经常组织市民和儿童参观犯人和执行刑罚的场所。甚至有人设想了一个高悬在城市上空的铁笼，把一个十恶不赦的罪犯关在里面展览。总之，要使法律的话语深入人心，成为日常话语。福柯把人道主义改革者的理想概括为"惩罚之城"（即"惩罚社会"）。

---

① ［法］福柯著，刘北成、杨远婴据英译本翻译：《规训与惩罚》，99 页。

② 同上书，16 页。

值得注意的是，监禁在改革者的刑罚体系中仅仅占据着边缘的位置。当时，至少在法国，监禁被视为带有君主专制滥用权力的印记而受到谴责。终身或暂时监禁与其他酷刑一起被废弃。监禁一般不是被当做惩罚，而是被当做暂时扣留和抵押，类似负债人被扣留作抵押。另外，改革者主张刑罚的多样性，反对单一的刑罚方式。

然而，与改革者的梦想相反，不到二十年，监禁却变成介于死刑和轻微处罚之间的基本形式。拿破仑帝国建立起一个庞大统一的监狱体系。而且，监狱网络很快就遍布欧洲。通常的解释是，古典时期出现了荷兰、英国以及美国的几个监狱样板，从而使得人们能够克服原有的疑虑。福柯承认这些范例的重要性。但是，问题在于，尽管监狱这种惩罚形式符合改革者（启蒙思想家）的一些原则，但在更多的方面违背了其原则。那么，为什么监狱所体现的"强制的、肉体性的、隔离的、隐蔽的（惩罚权力）模式"很快就取代了人道主义改革者的"再现的、戏剧性的、能指的、公开的、集体的（惩罚权力）模式"①？福柯的回答是，这不是由于"观念的进步和道德的改善"，而是由于作为一种权力技术的规训的兴起与发展。

"规训"（discipline）是《规训与惩罚》的一个核心概念，也是福柯创造的一个新术语。② 在法文、英文乃至拉丁文中，这个词具有纪律、教育、训练、校正、惩戒等多种释义，同时还有"学科"的释义。福柯利用这个词的多义性，赋予它新的含义，用以指一种特殊的权力技术——既是权力干预肉体的训练和监视技术，又是制造知识的手段。它本身也是权力—知识结合的产物。

---

① ［法］福柯著，刘北成、杨远婴据英译本翻译：《规训与惩罚》，129页。

② discipline 这个词在中文翻译上颇费斟酌。作为新术语，需要给它一个新的译名。根据对福柯著作的理解（尤其是考虑到福柯把"规范化"看做现代社会权力—知识的核心特征）和中文表述的规则，我们杜撰了"规训"这一译名。在作为名词使用的某些地方，根据特定语境，仍译成"纪律"。该书中译本出版后，有台湾学者提出异议，主张一律译成"纪律"。我们以为，这恐怕不太符合福柯的本意，或者说，不能传达福柯的特殊用法。而且，在中文里，"纪律"作为动词使用，会令人费解。

福柯认为，在任何社会里，肉体都受到权力的严厉控制。规训技术的新颖之处在于：它不是把人体（肉体）当做不可分割的整体，而是对其加以分解，对其运动、姿势、速度等施加细致微妙的强制，从而控制人体；它所强制或控制的对象不是行动的意义或人体符号，而是人体机制或人体本身，因此，最重要的是反复操练；它是一种不间断的持续强制，监督着行动过程而非结果。

规训技术不是起源于监狱。许多规训方法早已存在于修道院、军队和工厂之中。但是，只是到 18 世纪，规训才成为一般的权力技术。它不同于奴隶制，也不同于封建依附关系，也不同于修道院的“戒律”。其目标不是增加人体的技能，也不是强化对人体的征服，而是要建立一种关系，造就驯顺而有用的人体。

这是一种新的“政治解剖学”或“权力机制”。它不是一项石破天惊的发明，而是由许多分散在各个领域的细小的技术发明汇合而成的。古典时期继承了神学对“细节”的关注，形成了一种权力微观物理学和一系列细节控制技术。从 17 世纪起，这种权力微观物理学不断地向更广的领域扩展，首先是采用了修道院模式的学校，然后是医院，然后是军队，然后是工厂等等，几乎要涵盖整个社会。这些技术包括对空间的分配（封闭的军营、学校、医院和工厂，个人位置的固定与隔离，等级座次的流动）；对活动的控制（时间表，动作的计时要求，姿势的严格规定）、训练的安排（循序渐进地造就士兵，培养学生）、人员的组织与编排。这个时期既产生了探究巨大天体和星球的牛顿，也最终产生了梦想通过规训（纪律）来组织和控制“另一个最重要的细节世界”的拿破仑。①

福柯赞成马克思关于军队与资产阶级社会的关系的论述②，进而强调，在规训技术的扩展中，军队无疑起着重要作用。18 世纪，在欧洲各大国，军队不仅是一把咄咄逼人的利剑，而且是一种技术和知识的载体。

① 参见［法］福柯著，刘北成、杨远婴据英译本翻译：《规训与惩罚》，141 页。

② 马克思说：“一般说来，军队在经济的发展中起着重要的作用。……市民社会的全部历史非常明显地概括在军队之中。”（《马克思恩格斯选集》，2 版，第 4 卷，549 页，北京，人民出版社，1995）

军队的形象必然投射到社会共同体上。在古典时期，既产生了各国进行经济和人口较量的重大政治和军事战略，同时也产生了在各个国家内对肉体和个人力量进行控制的精细的军事和政治战术。福柯指出："思想史的研究者往往认为，18 世纪的哲学家和法学家创造了一个完美社会的理想。但是，当时也有一个军事社会的理想。"① "在启蒙时代，罗马模式具有两种作用：从它的共和国形象看，它是自由的体现；从它的军事形象看，它是理想的规训模式。18 世纪和大革命时期的古罗马形象是以元老院为特征的，也是以罗马军团为特征的。它既是以讲坛为标志，也是以军营为标志。直到拿破仑帝国，古罗马的榜样同时含混地传递着公民权的法律理想和规训方法的技术。"②

规训技术不同于王权的威严仪式，也不同于国家的宏大机构。它的手段是细小的，微不足道的。但它能够逐渐侵蚀那些重大的形式和机构，改变其机制，实施自己的程序。规训权力的成功恰恰归因于各种规训技术共有的三个简单手段。

首先是层级监视。规训必须借助监视才能实施。这涉及一种关于光线和可见性的学问。科学史仅仅论述望远镜、显微镜和射线等重大技术，而忽视这种观察人而又不被发现的细小技术。正是在古典时期，观察人群的"监视站"逐渐形成。军营、医院、学校的建筑设计都有便于监督、控制的考虑。这些建筑物不再仅仅是为了被人观赏，或从里向外观察，而是为了便于对内观察，使建筑物里的人的一举一动都彰明较著。规训监视还形成一种金字塔式的等级监视网络。工厂开始出现监工和工头。学校出现助教、学生干部和课代表的体制。

其次是规范化裁决。福柯认为，在一切规训系统的核心都有一个刑罚机制。规训确立了一种"内部刑罚"或超法律的刑罚。工场、学校、军队都有一系列关于时间（迟到、缺席、中断）、活动（心不在焉、疏忽、缺乏热情）、行为（失礼、不服从）、言语（聊天、顶撞）、肉体（"不正确的"姿态、不规范的体态、不整洁）、性（不道德、不庄重）的微观刑

① ［法］福柯著，刘北成、杨远婴据英译本翻译：《规训与惩罚》，166 页。
② 同上书，146 页。

罚。每个人都被禁锢在一个惩罚的网中。惩罚本身就是一种审判（裁决）。在规训机构中似乎永远设立着小法庭。规训惩罚的标准是“规范”（norm）。有些规范是明文规定的，也有些是“自然的”（即经验准则）。在整个边际模糊的不规范领域里，不仅违纪，而且未达到规范，都要受到惩罚。规训同时也注意奖励。这种奖—罚二元体制的目的不是将功补过，也不仅仅为了压制，而是为了训练和校正。

尽管规训机构的“规范处罚”不能划归司法刑罚，但是，“规训吸收了一系列古老的做法，创造出一种新的惩罚功能，而且它逐渐介入似乎是由它以微不足道的方式或南辕北辙的方式复制出来的庞大的外部机构（指监狱）”。换言之，监狱就起源于规范化裁决的规训技术。①

福柯指出，自古典时代末期（18 世纪）以来，与监视一样，规范化也成为重要的权力手段之一。教学讲究规范，由此产生标准化教育和“师范学院”（ecoles mormales）。医学中开始确立医生资格和建立贯彻健康规范的医院。工业的生产过程和产品都趋向标准化。但是，规范化不仅是强求一律，而且也有分殊的作用。因为它能够度量差距，决定水平，确定特点。“规范导致了各种差异的色彩差别。这既是实用的要求，也是度量的结果。”②

最后是检查（考试，examination）。这是层级监视技术和规范化裁决技术的结合。“检查显示了被视为对象的人的被征服和被征服者的对象化。权力关系和知识关系的介入在检查中异常醒目。……在这种有限的技术中可以发现一个完整的知识领域，一种完整的权力类型。”③ 福柯认为，这也是被科学史研究者冷落的古典时期的又一项技术革新。

例如，在医学领域里，17 世纪开始实行医生“巡诊”，18 世纪末组建起作为“检查”机构的医院。医生与神职人员的主次关系因而发生颠倒。医生成为主角。医院变成训练中心和实验知识中心。医院检查制度使得医学知识开始解冻。同样，考试在 18 世纪被纳入学习过程，从而标

① 参见［法］福柯著，刘北成、杨远婴据英译本翻译：《规训与惩罚》，183 页。

②③ 同上书，184 页。

志着一种科学的教育学的开端。1666 年，路易十四第一次举行作为训练大检查的军事检阅，标志着一种庞大的战术知识的发展。

检查机制凭借着以下这三种独特的功能把知识和权力结合起来。首先，它能把可见状态转变成权力运作。由于被检查者处于可见领域，很容易被监视、被支配，从而确保了权力对他们的统治。而权力无须自我炫耀，依然可以保持着不可见状态，只需通过编排被检查者就能显示自己的权势。其次，检查伴有一套书写机制，从中产生了“书写权力”。被检查的个人都需要记录在案，形成了大量的文牍，发展了分类、整理、核对等技术。建立档案的目的是对每一个人实行有效的识别和描述。福柯认为，这是“个人在权力关系中‘形式化’的第一阶段”，即关于人的科学的诞生的第一阶段。最后，文牍技术把每一个人变成一个“个案”。在封建制度下，“被观看、被详细描述、被一种不间断的书写逐日地记录下来，是一种特权。一个人的编年史、生活报道、死后的历史研究，是他的权力象征仪式的一部分”①。只有权势者才能载入史册。再就是绿林好汉的传奇被口头流传。但是，规训机制颠倒了这种情况，降低了被描述个体的标准。自 18 世纪起，在规训机构中，随着档案的发展，儿童、病人、疯人、囚徒首先成为个别描述和生平记载的对象，并被标示出个性。他们既是知识的对象，也是权力的对象。过去，个人化（既被记录和描述）是地位的上升，而在规训制度下，个人化是一种下降，是被权力更严密地监控。总之，规训意味着一个新的知识领域（也是权力领域）的迅速发展，即导致按照规范塑造个人。

从规训的历史发展看，有两种典型形象。这两种形象标志着西方社会的深刻变化。首先是 17 世纪末对流行瘟疫的城市实行的封锁与隔离。与对付麻风病人的方式不同，这种方案不是简单地把人群一分为二，而是实行规训，即对整个城市进行有组织的监视和控制，对人进行复杂细致的划分和记录。福柯称这种方式为“规训—封锁”②。其特点是权力被动员起

① ［法］福柯著，刘北成、杨远婴据英译本翻译：《规训与惩罚》，190 页。
② 同上书，208 页。

来反对一种超常的灾难，权力无所不在，处处可见。它在短时间内建构出来的一种“反城市”。其功能是否定性的：中断交流，冻结时间。

一个半世纪后，英国思想家边沁设计的全景畅视监狱成为另一个典型形象。这是一种环形监狱。所有的囚室都面对着中央监视塔，令狱吏一览无余。监视塔装上百叶窗。囚徒不知是否正被监视，终日惶惶不安，不敢造次。边沁甚至主张，中央监视塔开放参观。匿名和临时的参观者越多，囚徒的心理压力越大。这样一种机制自然产生出权力效应。无须使用暴力就能使囚徒俯首帖耳。

全景畅视建筑同时是一个便于监督自身机制的结构。从中央监视塔可以监视所有的下属人员。对监狱长也很容易监督。巡视员从中心就可以对整个运转情况一目了然。另外，监狱长实际上被关在中心，他若无能，就将会成为暴动的第一个牺牲者。

边沁本人得意地宣称，他的这一简单发明适用于任何机构。

福柯把边沁的方案称做“全景畅视主义的规训—机制”①。他认为，这一机制是两种方案的结合，一方面是麻风病引起的排斥习俗乃至后来的“大禁闭”，另一方面是瘟疫导致的“规训”，是排斥和监视改造的双重运作。其特点是，在这种机制里，权力不是作为一种僵硬沉重的压制因素而运作，“它使权力自动化和非个性化。权力不再体现在某个人身上，而是体现在对于肉体、表面、光线和注视的某种协调分配上，体现在一种安排上”②。它是一种使权力运作变得更轻便、迅速和有效的“普遍化的功能运作方式”③。

福柯认为，全景畅视主义的产生不是偶然的，也不是无足轻重的，而是整个古典时期规训普及趋势的产物，标志着一个规训社会的诞生。④

福柯分析了规训机制扩展的四个进程。一、规训机构的扩展。这里主

---

① ［法］福柯著，刘北成、杨远婴据英译本翻译：《规训与惩罚》，208 页。

② 同上书，201 ~ 202 页。

③ 同上书，204 页。

④ 同上书，209 页。

要指规训成为各种机构的一般运作方式。例如，军队医院的组织与活动方式成为一般医院的模式。二、规训功能的转换。规训原来主要是消极的，但越来越具有积极作用，如军队纪律不仅可防止和消除混乱，而且也越来越有助于增强战斗力和个人军事技术。工厂和学校也是如此。三、规训机制的“非制度化”。规训不再局限于特定的封闭的机构空间，而是渗透到非制度化的社会空间和人群。例如，教会学校不仅规训儿童，而且成为监视家长的社会观察站。各种监视中心也逐渐遍布社会。如宗教团体和慈善组织主动承担起各居民区的道德监督职责。四、国家对规训机制的控制。英国长期以来由私人团体行使社会规训的职能。但是在法国以及其他一些国家，最主要的职能被警察机关接管了。18 世纪，法国建立起一支庞大的警察机构，覆盖了整个社会。“在各不相同的封闭的规训体制（工厂、军队、学校）之间，它扩展出一个中间网络，在它们不能干预的地方，它进行干预，对无纪律空间加以规训。”① 总之，“人们可以说，一个规训社会在这种运动中形成了”②。

从 17 世纪的封闭规训（社会“隔离区”）扩展成一种普遍化的“全景畅视”机制（规训社会），有其内在的和外在的原因。一方面，规训不是一种制度，而是一种技术。它不是取代其他的权力方式，而是无孔不入地渗入其他方式，而且把其他方式联结起来。尤其是，它能够使权力效应抵达最细微偏僻之处。另一方面，规训社会的形成是更大的历史进程的组成部分。

规训技术在以下几个方面适应了历史发展的需要。首先是人口机制的发展。18 世纪，由于人口猛增，流动人口增加，需要监督和管理的数量范围发生剧变（学生、医院中的病人、军人都膨胀了）。由于生产机构膨胀而且日益复杂，需要把权力机制整合进机构内部。其次是法律—政治的发展。规训技术不是法律—政治结构的附属或直接延伸，但与法律—政治结构有互动关系。“资产阶级在 18 世纪变成统治阶级的进程，是以一种明确的、法典化的、形式平等的法律结构的确立为标志的……但是，规训机

---

① ［法］福柯著，刘北成、杨远婴据英译本翻译：《规训与惩罚》，214 页。
② 同上书，215 页。

制的发展与普遍化构成了这些进程的另一黑暗方面。……具体实在的规训（纪律）构成了形式上和法律上自由的基础。"① 福柯指出，规训（纪律）不是一种契约关系，而是一种强制关系。因此，它是一种"反法律"(counter-law)。它破坏法律对权力的限制，保证权力关系的不对称性。与不平等的阶级统治一样，规训的反法律性恰恰与资本主义社会的法律规范相反相成。最后是科学的发展。从 18 世纪起，知识的形成与权力的增强相互促进。在各种规训机构里，规训跨过了"技术"的门槛，形成了"学科"（注意："规训"在西文里与"学科"是同一个词），如临床医学、精神病学、儿童心理学、教育学、犯罪学等。与许多重大技术的发展相比，规训不受重视，全景畅视主义甚至受到鄙视。原因是，它所推动和加强的权力是一种人对人的物理权力。但是，规训对科学的发展也有重要的作用。正是它促成关于人的科学的形成。"关于人的科学在过去一个多世纪里曾使我们'人类'感到欢欣鼓舞，但它们的技术母体乃是这些卑微、恶毒、繁琐的规训以及调查。"②

根据上述分析，福柯反问，在规训技术普遍渗透的时代，监狱变成"文明社会的刑罚方式"，"难道还有什么可惊异的吗?"③ 简言之，监狱之所以很快就被人们接受，主要是基于它的两个功能。首先是法律—经济功能。在一个推崇"自由"的社会里，剥夺自由是最明晰、最简单、最公平的刑罚；在一个用时间来衡量交换的社会里，监禁能够用时间来量化刑罚。其次是技术—规训功能。监狱从一开始就带有改造教养的任务。在这方面，监狱实质上与兵营、学校和工厂没有差别。在各种规训机构中，监狱无疑是最彻底的，因为它实行"全面的规训"、"不停顿的规训"和"专制的规训"④。

福柯特别强调的是，作为教养机构，监狱（包括教养所）制造出一种新的知识对象：不是罪行，甚至也不是罪犯，而是"过失犯"(delin-

---

① [法] 福柯著，刘北成、杨远婴据英译本翻译：《规训与惩罚》，220 页。

② 同上书，224 页。

③ 同上书，226 页。

④ 同上书，236 页。

quent)。所谓过失犯是指因环境恶劣和本性缺陷而有犯罪倾向者。在罪犯形象的背后有一个过失犯的形象。司法判决考虑的是罪犯，其特征是犯罪行为，而且认定罪犯是其罪行的制造者。而监狱接收罪犯以后，把他变成"过失犯"来改造教养，考虑的是其犯罪原因：一是导致犯罪的生存状态，二是导致犯罪的内在倾向，如本能、冲动、习性、性格等。规训技术针对的是犯人的整个生活，履历调查就变得十分重要。研究犯人的犯罪原因，导致犯罪学的诞生。

监狱诞生不久就被视为刑事司法的重大失败而遭到指责。其理由是，监狱没有降低犯罪率；监狱造就了累犯；监狱使犯人家庭陷入贫困，从而使犯罪滋生，等等。但是，福柯发现，批评无非两种：一种批评教养技术落后，改造作用不充分；另一种认为监狱失去惩罚威力，真正的教养技术应该是严厉的。这两种批评异曲同工，都要求改进教养技术。而对这些批评的回答也只是坚持教养技术的不变原则。总之，监狱总是被当做本身的补救办法。

福柯认为，所谓的失败是一种假象。"任何一种刑法制度都是一种有区别地管理非法活动的机制，而不是旨在完全消灭非法活动的机制。"①就此而言，监狱实际上达到了目的。监狱的成功就在于它确定并参与制造了"过失犯罪"，从而分解了非法活动。过失犯罪构成了一种相对封闭的非法活动。这对于权力的政治运作来说，大有好处。第一，过失犯是一个相对封闭的较小群体，便于监督。第二，过失犯罪能够转化成危害较小的非法活动。过失犯处于社会边缘，在生存线上挣扎。能够维持温饱的居民与他们联系不密切。他们的暴力犯罪往往使下层民众成为首当其冲的受害者，因此不易得到民众的支持。第三，过失犯罪这个被控制的非法活动也是统治集团非法活动的一个工具。例如，19 世纪娼妓网的建立，就是统治集团、警方与过失犯等共谋的产物，从而开发出一个牟取暴利的淫乐业。第四，过失犯也是一个政治工具。官方利用过失犯作为告密者、内奸、准警察、暴徒来对付反对派政党和民众运动。第五，由于需要监视过失犯罪，导致了庞大的治安体系（包括档案体系），从而变成对全社会的

① ［法］福柯著，刘北成、杨远婴据英译本翻译：《规训与惩罚》，86 页。

监视。过失犯罪起到了一种政治观察站的作用，如此等等。“因此，在一个半世纪的‘失败’之后，它（监狱）依然存在，并产生着同样的结果。而且，人们极不愿意废除它。”①

福柯的批判锋芒从监狱进而扩及整个资本主义社会。他认为，遍及社会的各种各样的规训机构组成了一个庞大的“监狱网络”。福柯又称之为“监狱体系”或“监狱金字塔”或“监狱群岛”（这一说法显然受到1974年在法国出版的索尔仁尼琴的《古拉格群岛》的影响）。

监狱群岛把规训技术扩散到整个社会，产生一系列重要后果。第一，这个宏大的机制建立起一种渐进的、连续的、不易察觉的等级。从不遵守秩序、稍微偏离开准则到触犯法律、犯罪，这中间有一种“共相”，即违反规范。这种共相把各种规训机构彼此联系起来。惩罚就与不正常（不规矩）联系起来。“最轻微的无纪律似乎也预示着，你将最终被送到囚犯（苦役）船。”② 第二，“监狱网络”造成了一种“规训职业经历”（disciplinary careers）。过失犯不仅是监狱的产物，而且更是整个社会制度的产物。许多犯人的履历几乎涵盖了所有的规训机构：出生后被遗弃，然后就是接连进入育婴堂、孤儿院、寄宿学校、劳改农场、慈善医院、监狱等等。他们最终死在救济院。“犯罪不是在社会的边缘通过连续的放逐而产生的，而恰恰是借助于愈益强化的监视下的愈益严密的嵌入，通过规训强制的积累而产生的。”③ 第三，“监狱体系”使惩罚权力变得自然而正当了，至少使人们对刑罚的容忍尺度放宽了。监狱在犯人身上所做的工作不过是在其他地方所做的工作的继续。这样，惩罚权力就变得与治疗权力和教育权力并无二致，从而比较容易地获得民众对其技术和合理性的认可。惩罚权力的新基础是契约理论，但民众之所以接受，是因为“监狱体系”造成规训权力与法律权力的沟通，从而建构了“空想的惩罚权力的技术性的、现实性的、直接物质性

---

① ［法］福柯著，刘北成、杨远婴据英译本翻译：《规训与惩罚》，279 页。

② 同上书，307 页。

③ 同上书，309 页。

的对应物”①。第四，“监狱体系”促成一种新形式的“法律”，即规范出现。规范是法律与自然、习俗与章程的混合。结果，出现了一种更基本的“规范权力”。一方面，司法权力的功能运作错位，法官需要对正常和非正常作出估量和判断，审判愈益困难。另一方面，审判活动扩展。“它已成为我们社会的主要功能之一。对是否正常（normality）进行裁决的法官无处不有。我们生活在一个教师—法官、医生—法官、教育家—法官、‘社会工作者’—法官的社会里。”② 第五，社会的“监狱结构”确保了对肉体的实际捕获与持续观察，从而造成了关于人的科学的历史可能性。第六，监狱尽管一开始就受到诋毁，但它植根于权力机制及其战略中，因此极其牢固。反对改变监禁制度的意见不仅出自司法机构，而且更多地出自其他的规训机构，出自整个规训网络。监狱的用途的确会缩小，但只不过是由于其他规训机构获得更广泛的权力。综上所述，福柯把这种被“监狱网络”所覆盖的法国社会称做“监狱之城”（即“监狱社会”）。

《规训与惩罚》作为一部历史分析，截至 19 世纪。但是福柯在书中声明：“关于一般惩罚和特殊监狱属于一种有关肉体的政治技术学的结论，与其说是得之于历史，不如说得之于现实。”因此，他是在“撰写一部关于现在的历史”③。实际上，在福柯看来，20 世纪乃是 19 世纪的直接延续，并非“新纪元”。因此，他对 19 世纪的分析批判也是对现实的分析批判。当然，所谓现实不仅是 1968 年前后的法国现实，也包括 20 世纪的全部历史。福柯在一次谈话中指出：“对于我们来说，它（权力问题）不仅是一个理论问题，而且是我们经验的一部分。我只想提到两个‘病态形式’——两种‘权力病’——法西斯主义和斯大林主义。它们令我们迷惑不解的众多原因之一是，尽管它们在历史上是独特的，但它们并不是完全独创的。它们利用和扩展了其他大多数社会中已经存在的机制。不仅如此，尽管它们具有自身的疯狂性，但它们在很大程度上利用了我们的

① ［法］福柯著，刘北成、杨远婴据英译本翻译：《规训与惩罚》，311 页。
② 同上书，312 页。
③ 同上书，29 页。

政治理性的观念和手段。……理性化与过分的政治权力的关系是显而易见的。”①

《规训与惩罚》的主题不是一般的权力问题，而是考察权力—知识造成的“支配技术”（techniques of domination），尤其是现代规训技术。② 因此，在一定意义上，福柯是对资本主义“现代性”、“合理性”的“技术性格”的揭示与批判。现代规训技术的有效性使人类陷入无法逃遁的权力—知识罗网。甚至统治者也如全景畅视监狱中的监狱长，身陷禁锢被统治者的缧绁。就此而言，福柯的观点接近于马克斯·韦伯。③

在韦伯看来，现代化从根本上讲是工具理性的膨胀，手段的有效性已经成为决定一切的因素。他指出：“独特的现代西方资本主义显然受到技术能力发展的影响。今天，这种资本主义的合理性，基本上取决于最重要的技术因素的可计算性。”④ 韦伯认为，资本主义的基本特征是所谓“理性化的劳动和生产组织”——雷蒙·阿隆对韦伯这一思想的概括是：“对利润的追求和合理的纪律这两者的结合。”⑤ 理性化的组织实质上是一种新的权力和支配手段。韦伯称之为“科层制度化”（bureaucracy）。其特点一是非人化，二是在政治、行政、经济等各个领域弥散，形成一种“连续统一体”，成为现代资本主义社会的结构特征。韦伯无可奈何地宣布：“无所不包的科层制度化和理性化正在来临，想想它们的后果吧。……在所有现代化经济组织中，理性化在各个阶段都已经很明显了。每个工作的行动都可以准确地测量，每个人都变成机器上的一个齿

---

① Dreyfus and Rabinow, *Michel Foucault: Beyond Structuralism and Hermeneutics*, pp. 209－210，中译文参见［美］德赖弗斯、拉比诺著，张建超、张静译：《超越结构主义与解释学》，190、273 页。

② See Habermas, *The Philosophical Discourse of Modernity*, p. 273.

③ 有些研究者注意到福柯与韦伯思想的相近性。例如 Rabinow, ed., *The Foucault Reader*, pp. 26－27；J. O'Neil, “The Disciplinary Society”, *Critical Essays on Michel Foucault*, pp. 157－173。

④ ［德］马克斯·韦伯著，黄晓京、彭强译：《新教伦理与资本主义精神》，23 页，成都，四川人民出版社，1986。

⑤ ［法］雷蒙·阿隆著，葛智强等译：《社会学主要思潮》，561 页，上海，上海译文出版社，1988。

轮了。他意识到这一点后，就会致力于成为一个大些的齿轮。……显然我们正面临一种演变，各方面类似埃及王国的演变，除了基础不同——在技术上更完善、更合理、因而更机械的基础上。”① 韦伯关于世界的科层制度化和理性化不可避免的观点与马克思的异化思想有相似之处。但马克思相信，异化只是人类解放道路上的一个过渡阶段，所有制和阶级统治的改变将能克服异化。而韦伯则认为，科层制度化和理性化乃是现代社会的本质特点，不会因所有制的变化而改变；科层制度化失去人的面孔，不会因统治阶级的更替而改变；现代化给人类预备的是一个“铁笼”。②

福柯与韦伯一样，对人类的命运怀有一种深刻的悲剧感。如果说有什么差异，或许最重要的是，韦伯把工具理性的胜利和过度膨胀看成历史进步及其巨大的代价，而且他像托克维尔一样，坚持自由主义的旗帜。福柯则把权力关系看成万变不离其宗的人类社会结构，权力—知识形态有历史断裂和形变，但无所谓进步可言。福柯并不否定反抗，因为“规训社会”（disciplinary society）并非等同于“驯顺的社会”（disciplined society），权力必然导致反抗。但是他采取犬儒主义和无政府主义的态度，主张局部斗争——因为权力是没有中心的，所谓的夺取政权并不能改变权力结构，但在权力关系网络的任何地方都可以而且应该反抗。

不难想象，《规训与惩罚》出版后引起热烈的反响。这部著作再次以其现实的主题、新锐的思想、精湛的分析和形象的论述慑服了广大读者。1968 年五月风暴后的社会政治气氛也欢迎这样的“历史”著作。各大报刊纷纷刊发评介。《世界报》用两版篇幅发表福柯访谈录和书评。书评认为，福柯的这部著作可与法国年鉴学派大师布洛赫、费弗尔等人的著作并驾齐驱。《文学杂志》6 月号成为福柯专刊。福柯的肖像赫然占据着杂志封面。其中 27 页的篇幅用于评述《规训与惩罚》。《新观察家》的书评表示，读了这部著作，人们仿佛听到监狱和严格规训的师范学院里发出的造

---

① ［美］科瑟著，石人译：《社会学思想名家》，253～254 页，北京，中国社会科学出版社，1990。

② 参见［德］马克斯·韦伯著，黄晓京、彭强译：《新教伦理与资本主义精神》，172 页。

反呼声。《新文学》和意大利的《欧洲》等杂志也采访了福柯。

1975 年年底，《批判》出版了福柯专号。其中，原毛派骨干分子埃瓦尔德（Francois Ewald）认为，《规训与惩罚》的思想与尼采的《道德系谱学》一脉相承。埃瓦尔德的评论正中福柯的下怀。不久，福柯就聘用埃瓦尔德为自己的助教。德勒兹也赞扬《规训与惩罚》，称之为"惩罚的《神曲》"。他评论说："福柯进行了一场理论革命，不仅针对资产阶级的国家理论，也针对马克思主义的权力观和国家关系观。在马克思之后似乎终于出现了某种东西。……福柯提出了实践的新坐标。"① 《批判》的评论体现了毛派瓦解后法国激进知识分子的态度。

① Macey, *The Lives of Michel Foucault*, pp. 334 ~ 336; Sheridan, *Michel Foucault: The Will to Truth*, p. 222.

第十四章　性态的部署

1976 年 12 月，即《规训与惩罚》出版仅一年半，伽里玛尔出版社又推出福柯的一部力作：《性史》第一卷《求知意志》（*Histoire de la sexuality*，*1*：*La volonte de savoir*）。此时，《规训与惩罚》引起的热烈关注方兴未艾。许多读者感到惊讶，福柯几乎同时进行着两个领域完全不同的研究。就连德菲尔也持这种观点。他说，这是两本“迥然不同的著作。而且令人惊异的是，在同一天里，福柯刚刚写完一本，就开始写另一本”①。

福柯研究“性”，由来已久。最初的启示无疑来自 1951 年教师资格会考时康吉兰出的考题。在《疯癫与文明》的法文版前言中，福柯正式宣布，作为文化边界问题系列研究之一，他将研究性禁忌（sexual taboos）的历史。但是，他后来承认：“在疯癫和性态之间有一系列重要的历史联系。但是在写《疯癫与文明》时，我确实没有意识到。当时我是想写两部平行的历史：一方面是对疯癫的排斥以及随之而来的对立，另一方面是在性的领域里各种界限是如何起作用的历史。我当时想的是一系列的二元对立，每一种对立都是基于理性和非理性的大对立而以各自的方式形成的。例如，我力图重新建构围绕着疯癫的对立。”②

1965 年访问巴西时，福柯曾向勒布伦表示，在《词与物》之后想写一部性史，但他补充道：“这几乎无法实现，因为找不到档案资料。”③ 但是，福柯始终没有停止这方面的研究。

1968 年五月风暴使“性”成为一个政治问题。如第十章所述，1968

---

① Miller，*The Passion of Michel Foucault*，p. 240.

② Foucault，*Power/Knowledge*，pp. 184－185.

③ Eribon，*Michel Foucault*，p. 270.

年五月风暴最初起因于性政治。五月风暴后，精神分析十分流行，渗进各种学说和思潮。性成为社会的普遍话题。“资产阶级道德的压抑”、“家庭的枷锁”、“父权的专横”等等，成为批判的对象。女权主义运动和同性恋运动也应运而生。现实的性政治重新唤起福柯的学术兴趣。他在万塞讷大学开授了一门“性论”课程。这无疑是写作《性史》的准备工作。

随着权力—知识观的形成，福柯对于性的认识产生了一个飞跃。首先，福柯认为，权力不仅是排斥性，而且也是肯定性干预。正是因为权力的肯定作用，对付疯癫与性态的权力技术逐渐交织在一起，从而使疯癫与性态联系在一起。他后来描述道：“当疯癫在至少一个世纪的时间里基本上是一个否定运作的对象时，性态却成为受到相当精密的肯定性干预的领域。但是，在19世纪，出现了一个绝对重要的现象：编织性态和隔离疯癫的这两大权力技术错综复杂地交织在一起。对付疯癫的技术从否定转变为肯定，从一刀切的二分法转变为多种多样的形式。于是一种关于心理的庞杂技术产生了。这种技术成为19世纪和20世纪的一个特征。它既把性变成隐藏在理性意识背后的实在，又把性变成有待从疯癫中破译的意义，即它们的共同内容。由此，也就使得（权力技术）有可能用同样的方式来对待这两者。”① 在这个意义上，《性史》是《疯癫与文明》的延续和突破性发展。

其次，从权力干预肉体、权力关系深入肉体这一观点出发，福柯发现，除了规训权力之外，近代还产生了另一种与性相关的“生物权力”（bio-poner）或“肉体权力”（somato-power）。因此，在福柯看来，性史研究与《规训与惩罚》一样，其主题也是“重新阐述权力理论”②。然而，尽管《性史》第一卷作为导论因而理论色彩较浓，但福柯依然不是写那种“一般理论著作”。他后来表示，他对孤立的权力问题不感兴趣。他研究的是具体权力关系，“绝没有构筑一种权力理论”③。

---

① Foucault, *Power/Knowledge*, p. 185.

② Ibid., p. 187.

③ Foucault, *Politics, Philosophy, Culture: Interviews and Other Writings, 1977-1984*, pp. 38-39.

《规训与惩罚》杀青后，福柯立即埋头于《性史》的写作。他的思路已经形成，只是需要对积累的资料和各种笔记与草稿进行分析整理，再用一种漂亮的形式表达出来。据德菲尔的回忆，福柯首先写成的一章是《生杀予夺大权》。这一章后来成为《性史》第一卷的最后一部分。但福柯自己说，这是"全书最重要的部分"。他原计划写一卷本的著作，其余章节分别论述手淫、乱伦、歇斯底里、性倒错和优生学等。

在《性史》写作过程中，福柯于 1975 年春天第三次应邀访问美国，到加州大学伯克利分校法语系做短暂的教学演讲。这次加州之行在福柯的生活与思想发展中是一个重要的转折点。正如有的研究者指出的："在'无产阶级左派'瓦解之后，北美的同性恋解放运动或许是唯一对福柯的思想具有最重要政治影响的运动。"① 福柯之所以接受邀请，加州是同性恋者的朝圣地和天堂，无疑是一重要因素。

美国的同性恋运动从 20 世纪 60 年代末兴起，建立了"同性恋解放阵线"，形成一种社会抗议运动。与此同时，在纽约、芝加哥、洛杉矶和旧金山都公开出现了同性恋的活动区。旧金山尤其是同性恋者的朝圣地和天堂。在卡斯特罗大街、波尔克大街和福尔瑟姆大街这三条街，同性恋者的夜总会和浴室纷纷涌现。各种稀奇古怪的施虐/受虐方式（英文缩写：S/M）在这些场合公开展示，各种毒品也与之俱来，四下泛滥。警方束手无策，听之任之。

福柯到加州后，很快就一头扎进福尔瑟姆街区。这里的 S/M 令他大开眼界，先是瞠目结舌，随即欣喜若狂。在伯克利的一位同性恋教授的帮助下，福柯购置了一套施虐/受虐游戏的装束和器械。

尽管福柯此时在美国还没有后来那么大的名气，但也有了少数狂热的崇拜者。加州大学克莱蒙学院的历史教师韦德就是其中之一。他在 20 世纪 60 年代经历了"反文化"的洗礼，是同性恋者解放运动的积极分子。他从福柯的著述中看出福柯有过吸鸦片的经历，因此邀请福柯一起游历吸毒者麇集的"死亡谷"，服用了大麻和迷幻药（LSD）。

这些"极限体验"使福柯对传统的"性—快感"观念产生怀疑。他

---

① Miller, *The Passion of Michel Foucault*, p. 254.

后来说："我认为，S/M 实际上创造了新的快感可能性。通过 S/M，人们发明了用肉体的其他部分，通过肉体的泛性化，获得快感的新的可能性。我认为，它是一种创造，一种创造性的活动。它具有我称做非性态快感的主要特点。肉体快乐只应该出自性快感，性快感是我们一切快感的根源，这些观念我认为是完全错误的。""S/M 游戏是耐人寻味的，因为它是一种战略关系，但它是变动不居的。当然，这里有角色区分，但是，谁都知道这些角色能够颠倒。""毒品能够产生强烈的快感。"① 快感与性脱节，那么 60 年代以来，西方人孜孜以求的"性解放"就值得重新思考了。

福柯回到巴黎后，把几百页的手稿推到一边，除了保留《生杀予夺大权》外，精心撰写了关于研究方法的章节，进一步阐述权力与肉体关系的尼采主义观念。结果，导论扩展成独立的第一卷。②

《性史》第一卷目前有多个中译本，但书名并不统一，有的是《性史》（大陆的两个译本），有的是《性意识史》（台湾的一个译本）。③ 有的评价文章把这个书名译成《性欲史》或《性观念史》等等。造成不同译法的原因是，书名中的 sexualite（法文）或 sexuality（英文）表示性欲、性状态、性能力、性活动等等。中文里没有完全相应的包含这诸多意思的术语。"性状态"可能是最能涵盖这多种意义的。本书暂且用"性态"表示 sexuality。作为书名，各种译法都可以。但在正文里，"性态"与"性"（sex）的区别极其重要。不加区分，就会使读者难以把握福柯的思想。

在西文里，sexuality 这个词是 19 世纪才出现的。④ 早在论述巴塔耶的

---

① Miller, *The Passion of Michel Foucault*, p. 263.

② Ibid., p. 252; Hervé Guibert, *To the Friend Who Did Not Save My Life*, New York and London: High Risk Books, 1991, p. 26.

③ 张廷琛等译：《性史》，第 1、2 卷，上海，上海科学技术文献出版社，1989；黄勇民、俞宝发译：《性史》，第 1 卷，上海，上海文化出版社，1988；尚衡译：《性意识史》，第 1 卷，《导论》，台北，桂冠图书有限公司，1990。近来又有新的译本，书名为《性经验史》（佘碧平译，上海，上海人民出版社，2000）。

④ 参见有关词典。如 *Webester's Ninth New Collegiate Dictionary* 有关 sexuality 的释文说明，这个词在英文里最初出现的时间是 1800 年。据法文词典的释文，这个词在法文中可能出现得更晚。

文章里，福柯就曾强调“性态”之成为问题在现代“反文化”中的意义（参见本书第六章）。在《性史》第一卷中，分析“性”与“性态”的关系是一个关键问题。福柯后来在两次谈话中都谈到这一点：“这个问题曾经是我这部著作的主要难点。”①“（《性史》第一卷）先后有几稿。开始时，性被当做先定的事物，性态则是一种嫁接在性上、重叠在性上、甚至最终掩盖了性的话语构成和惯例。后来……我对此很不满意。于是，我就把一切都颠倒过来。这只是一种游戏，因为我没有把握。但是我对自己说，表面上性是一个有自身规律和限制的事物，男性和女性的区分是以它为基础的，但它却很可能是由性态机制产生的。性态话语最初的对象不是性，而是肉体、性器官、快感、亲缘关系、人际关系等等。”“我们从 18 世纪开始有性态概念，从 19 世纪开始有性概念。在此之前，我们有的是肉欲（flesh）概念。”② 也就是说，在福柯看来，与疯癫一样，性和性态也都是历史文化概念，而不是自然概念或生物概念。这是对现代西方文化中一个根深蒂固的观念的挑战。我们知道，即便是精神分析学说也是把性态或性说成人的一种本能或自然本性，认为文化是对这种本能冲动的压抑。

由此我们也可以理解福柯在《性史》中宣布的宗旨：“把寓言《泄密的首饰》改写成历史。”狄德罗的这篇寓言讲述的是，一个苏丹从神魔那里获得一个戒指，戴在手上，只要转动上面的宝石，就能使所接触的女人身上的性说话。福柯指出，“会说话的性”（这是福柯的一个比喻，类似玩具“说话娃娃”，开动机关就会说话），是西方现代社会的象征之一。“曾几何时，一种如同精灵隐而不现的机制俘虏了这个性，并在快乐与强制、合作与逼问交织的游戏中，让它说出关于自己和其他事物的真理。”③ 因此，西方人多少年来实际上是与这个苏丹一样，急切地渴望获得真理：不仅要获得关于性的真理，而且想通过性获得关于我们自身的真理。然而，福柯表示：“我们则想知道，是什么样的神奇戒指给了我们类似的权

① Foucault, *Power/Knowledge*, p. 190.

② Ibid., p. 210-211.

③ Foucault, *The History of Sexuality*, *Vol. I*: *An Introduction*, New York: Pantheon Books, 1978, p. 77 (75). （为便于读者参阅，括号内页码为张廷琛等人中译本的页码，本章下同。）

力，它被戴在哪位主人的手指上，它造成了什么样的权力游戏，我们每一个人怎么会变成对自己的性和别人的性既好奇又冒失的苏丹。这个魔戒、这个宝石在让别人说话时是如此鲁莽，但在谈到自己的机制时却吞吞吐吐。我们也该让它滔滔不绝地讲述自己了。我们也该谈论它了。我们必须写出这一求真意志的历史。”① 换言之，福柯这部著作不是像一些人所期待的关于“性的真理”的历史和关于“性解放”的启示，而是关于性的权力—知识机制的研究。由此，我们也可以理解为什么这一卷的副标题是《求知意志》。

福柯著作的开篇总是要给读者一个棒喝。但是，更让人意外的是，与以前的著作不同，《求知意志》立为靶子的不是肯定现代资本主义的观点，而是一种否定现代资本主义的流行观点：性压抑假说。

这种假说认为，17 世纪初西方社会还很宽松，性活动相当开放，说话无大禁忌。但是，维多利亚时代资产阶级的沉闷黑夜很快就降临了。在漫长的两个世纪里，性的历史首先应看做越来越压抑的历史；尽管弗洛伊德取得了一点进步，但他的研究过于谨慎持重；我们也仅仅稍微获得一点解放。今天，我们不过是“另一种维多利亚人”，即依然在公开场合虚伪地保持体面，私下里却男盗女娼。

压抑假说有其理论根据。性压抑被说成资本主义兴起与发展的必要条件与组成部分。人们解释说，普遍紧张的工作规则不允许性的放纵。资本主义需要系统地利用劳动力，怎么能允许它浪费在追求快乐上呢？因此，性享乐被尽量压到最低程度，只是用于劳动力的再生产。

福柯指出，人们承认压抑假说，其实还有一种潜在的战略意图，即把性压抑作为反抗话语的借口。“支持我们热切地从压抑角度谈论性的，无疑地，这是一个机会，可以借此出言不逊地反对种种现存权力，畅言真理和预言幸福，将启蒙、解放和多重快乐结合在一起，昭示一种将求知热情、变革法律的决心以及对尘世乐园的渴望结合起来的话语。”② 福柯暗

① Foucault, *The History of Sexuality*, *Vol. I*: *An Introduction*, p. 79 (78).

② Ibid., p. 7 (8).

示，这种“启蒙”不啻神学的一个现代变种。

福柯对压抑假说提出质疑：性压抑是确定不移的历史事实吗？权力机制真的主要是压迫性的吗？这种批判压迫的话语是构成了权力机制的障碍，还是构成了其“压迫”的组成部分？这里不仅涉及历史事实问题，也涉及理论和政治问题。

福柯认为，历史真相与压抑假说恰恰相反。“从16世纪末以来，‘性的话语表达’经历的远不是愈益受到限制的过程，而是恰恰相反，听命于愈益增强的激发机制；施加于性的权力技术遵循的不是严格筛选的原则，而是传播和培植多种性状态的原则；求知意志不是在不得解除的禁忌面前止步，而是坚持不懈地构建一种性状态科学——尽管其间有许多失误。”① 这里列举了三个历史现象：性话语数量激增，话语中的性态多样化，性科学产生。

福柯承认，17世纪（标志着资产阶级社会降临的时代），在语言层面上对有关性的字词开始严格的清洗。但是，他指出，在话语层面却出现相反的情况，即性话语爆炸。关于性的话语日益繁衍，形式多样，对象各异。当然，新规范的确立造成了反效应，即犯禁话语增多。但是，福柯主要强调的是：“在权力施展领域本身关于性的话语的繁衍：一种制度激发人们谈论性，而且日益强烈。权力代表机构决心要听到人们谈论性，而且要让性详尽无遗地清晰地表达出来。”②

性话语在现代西方社会的繁衍，无疑首先与天主教会的忏悔（confession这个词主要含有坦白、表白之意，并不一定包含悔悟、自我谴责之意）这一话语仪式和权力技术的推广有关。在中世纪的修道院里，忏悔是一种精神修炼，也是一种控制手段。修士和修女向牧师坦白自己的罪恶肉欲，从而把这些欲念和行为变成了话语。忏悔手册详细列出忏悔的问题，要求细致入微地回溯性行为的细节。但是当时，忏悔在一般居民中尚

① Foucault, *The History of Sexuality*, *Vol. I: An Introduction*, pp. 12－13 (13－14).

② Ibid., p. 18 (16).

不普遍。16世纪，反宗教改革运动把忏悔列为天主教七大圣事之一。到17世纪，一方面，教会强调谈论不洁之罪愆要谨慎，但另一方面，忏悔变成了一切人的准则，所有的基督教徒都被要求像修士那样忏悔。这种忏悔仪式甚至投射到文学，产生了“丑闻文学”。从萨德的《所多玛的120天》到19世纪末英国的匿名作品《我的隐秘生活》都遵循着和盘托出的原则。尽管他们被社会排斥到边缘，但他们把性变成话语的做法却反映了社会的支配潮流。

这种产生性话语的技术得到其他机制的支持和传递。到18世纪，性成为重大的政治和经济问题。人口被视为财富。处于人口这一政治经济问题中心的就是性。通过人口的政治经济学，形成了一套关于性的研究方法，对出生率、结婚年龄、合法生育与非法生育、性关系提前程度、性关系频率、性关系中造成生育和不育的方式、单身生活和避孕措施的影响等等进行分析。性同时也成为一个“治安”问题，但不是压制混乱，而是竭力有条不紊地增强集体和个人力量。“性已成为国家与个人之间的一个问题，一个公共问题。围绕着它，形成一个话语、专门知识、分析和禁令纵横交织的网络。”① 教育机构并非禁止青少年谈论性，而是禁止粗俗方式，把它变成一种严肃话语。接着，医学、刑事司法以及所有的社会控制方式都纷纷关注和审查性态。性被从隐秘处赶出来，被迫变成一种话语存在。当然，这不是说只有一种性话语，而是说由各种机构中的一系列机制产生了多种多样的话语。中世纪围绕着肉欲主题和苦修实践的统一话语被话语爆炸打破了。在人口学、生物学、医学、精神病学、心理学、伦理学、教育学和政治批判中出现各式各样的性话语。总之，“实际上，（西方）现代社会的特点不是把性变成一种阴影式的存在，而是把它当做秘密来探索，没完没了地谈论它”②。

福柯指出，资本主义社会也促成形形色色的性态的繁衍。最重要的是，“违反自然的状态”在性态领域中自立门户。18世纪末，婚姻成为法

---

① Foucault, *The History of Sexuality*, *Vol. I*: *An Introduction*, p. 26 (25–26).

② Ibid., p. 35 (35).

律关注的一个焦点。婚姻关系有什么缺陷的话，就要面对法律。而其余的性状态不分青红皂白都属于违法。到 19 世纪，合法婚姻已成为规范，除了需要时时提醒，已越来越少为人谈及。但是，其他受谴责的性状态分化了。基督教第六诫“不得淫乱”的领域分裂了。一大类是对婚姻家庭法规或道德的冒犯，如通奸、强奸、近亲结婚、勾引修女、对妻子不忠等等。另一大类是对自然功能的冒犯，如鸡奸、施虐、奸尸等，被视为性变态（或性倒错）。当然，后一类也要受到法律的制裁。儿童、疯子和同性恋者的性态受到关注和审查。这样，西方社会设计出制约性的两大体系：婚姻法则和欲望秩序。唐璜这个形象历经三个世纪而不磨灭，就是因为他既是婚姻准则的破坏者同时也是一个性变态者。他同时颠覆了这两个体系。作为唐璜的历史依托的是一大群性变态者。

这些倒错性态出现在光天化日之下，是否表明法规变得宽松？性压抑假说很难对此作出解释。福柯指出，关键在于，近代关于性的权力运作方式不同于简单的禁律。

首先，权力与其对象同步扩张。例如，近代对儿童手淫的控制就不同于古代乱伦禁律。后者逐渐使乱伦趋于消灭。控制儿童手淫需要的是医生治疗和家长规训。对儿童性态的探究和监视愈益深入和细密，结果是使儿童手淫变成一种秘密，继续存在下去。而且围绕着儿童性态的领域，即权力对象，也愈益扩大和深厚。

其次是对性变态归类和对个体作出界定。例如，在古代民法和宗教法规中，鸡奸只是必须禁止的暂时反常行为，而到 19 世纪，由于性被医学化，同性恋者变成了一种特殊人种，一种内在的两性同体人或灵魂雌雄同体人，对同性恋者的界定不是根据其性关系，而是根据其性感受。

再次，性的医学化使权力直逼肉体，从而使权力与快感结合起来，相辅相成。权力获得两方面的快感：一方面是它刨根问底的询问所探究到的快感，这给了它进一步探究的新动力；另一方面是它致力于揭示、诋毁和抵制那种快感的快感。而被询问者也有相应的两种快感：一方面是他的怪癖或性快感被引诱出来，变得突出；另一方面他的那种快感又要躲避、欺骗和戏弄权力。自 19 世纪起，父母和子女、成年人和青少年、教师和学生、医生和病人、精神病医生和性变态者，都一直做着这种权力和快感的循环游戏。

最后，权力—快感机制导致了19世纪西方社会各式各样的性充溢机构。现代西方社会并不是如人们常说的把性简化为两个人之间的事情。实际上，现代西方社会至少是促成了各种具有多重因素和循环性态的群体。例如，19世纪的家庭不是一夫一妻制的细胞，而是一个权力—快感网络。成人与儿童分开，男孩与女孩分开，对婴儿和少年的性态的关注，佣人的微妙处境等等，这一切与其说是遵循着禁律，不如说是听命于一种激发机制。教育和精神治疗机构不过是家庭之外的权力—快感互动途径。

总之，19世纪乃至今天的资产阶级社会是一个充满了五光十色的性变态的社会。但这不是对压抑的报复，而是权力干预和培育的结果。

传统观点认为，至少在弗洛伊德之前，学者和理论家的性话语都回避真理，因为性的真理令人尴尬，无法忍受。如果按照现代理性或科学性的标准衡量，整个19世纪，性似乎被纳入两种极其不同的知识序列：一是不停地按照科学规范发展的繁殖生物学，一是恪守完全不同的构成准则的性医学。前者从属于支持着西方科学话语建设的强烈的求知意志，后者则出自顽固的不想认知的意志。

但是，福柯认为："作出不予承认的抉择本身不过是求真意志的另一种古怪表现。"① "实际的误解机制正是在不断地诱发话语和真理的过程中运作的。"② 这种"性与真理的游戏"尽管在19世纪采取了一种独特的形式，但源远流长，而且延续至今。或许现在多少有些修正，但没有证据表明弗洛伊德或别的什么人开辟了理性新纪元。

福柯把近代西方的"性科学"与中国、日本、印度、阿拉伯—穆斯林和古罗马社会的"性爱艺术"（房中术）加以比较。后者不是准则、规范，而是方法；不是禁止与允许，而是强调快感及其强度、时间和质量。在性爱艺术中，真理直接产生于快感本身，而知识又必须回过去应用于性

---

① Foucault, *The History of Sexuality*, *Vol. I*: *An Introduction*, p. 55 (53).

② Ibid., p. 56 (54).

实践。性真理是以秘诀和点拨艺术的形式而存在。

福柯强调："至少从表面上看，我们的文明根本没有什么性爱艺术。相反，它无疑是唯一实践着一种性科学的文明。或者说，它是唯一在多少世纪里发展出种种讲述性的真理的方法的文明。这些方法依存于一种知识—权力形式。……我指的是忏悔。"① 换言之，性真理采取了与性爱艺术相反的话语形式：忏悔。这种知识—权力形式与性爱艺术不同，后者是老师自上而下地向学生传授智慧，而前者是一种强制的言语行动，从下面汲取真理。即便是表面平等的关系，实际上听者本身就成为一个评判与调解的权威。

至少从中世纪以来，忏悔已经成为西方社会产生真理的主要仪式和技术之一。忏悔从宗教仪式扩展到社会各个领域：司法审判、医学、教育、家庭关系、爱情关系等等。从日常生活的小事到最庄严的仪式，忏悔无所不在。因此，福柯说，西方社会"已经变成一个独特的忏悔社会"，"西方人变成了忏悔动物"②。

就性话语生产而言，忏悔成为普遍的标准技术，成为建立性快感档案的基础。基督教徒的忏悔是秘密的，不能产生档案。但是，在 19 世纪，医学、精神病学和教育学开始系统地收集、整理这些快感，尤其是反常快感。这些关于性的科学是十分奇怪的，因为它们不是依赖于观察与实验，而是依赖于可疑的反省。但是"性科学"恰恰是由传统的忏悔方式和新的科学话语技术的混合而产生的。

忏悔变成科学是通过五种方式实现的。一、使用临床医学的方式，把忏悔（自述）与检查结合起来。二、建立逻辑因果联系，把性当做"万事之因"。忏悔和询问必须彻底。三、通过与科学话语的结合，确认"性"对一切人（包括当事者）的隐蔽性。观察不到，就只能强行探索。被问者必须与询问者合作。四、确立解释的必要性。性的自述只是一种符号，其意义，即真理（真相），不是自明的，需要解释。五、忏悔结果医学化。性不再仅仅是罪愆或越轨，而变成正常和病态的一部分。忏悔行为也是诊断和治疗的一部分。

---

① Foucault, *The History of Sexuality*, *Vol. I*: *An Introduction*, p. 58 (56-57).

② Ibid., p. 59 (58).

这样，到19世纪就产生了一种“性科学”。这种性科学的特点在于，它是通过话语来产生性的真理。性科学的代表人物是卡安、克拉夫特·伊宾、塔尔迪奥、莫勒等这些现在已不为人知的精神病学家。哈夫洛克·霭理士则是集大成者。福柯一反现代流行说法，不把弗洛伊德视为性科学的开创者。在他看来，精神分析并非革命，而是以前各种方法的综合与改进。因此，他也称这部《性史》是“精神分析的考古学”①。

但是，福柯认为，性爱艺术在西方文明中并没有完全消失。基督教的种种迷狂和追求，无疑包含着一整套与性爱艺术相同的技术和体验。19世纪的性科学则创造了另一种话语快感或“分析快感”。因此，性科学也可以说是“性爱艺术的一种极其微妙的形式，是表面上已经丢失的传统的西方升华形式”②。

压抑假说涉及权力理论。因此，有必要摧毁其理论根基，并建立起历史分析的新理论武器。福柯指出，那种纯粹压迫性权力的观念是“司法型权力模式”或“法律—权力”观。它源于中世纪发展起来的君主制形象以及18、19世纪启蒙运动和自由主义对绝对君主制的批判。但是，绝对君主权力并非不受法律约束。相反，西方君主制的历史特征之一恰恰是：它是一种法制体系，它使用法律学说，按照法律形式来运作自己的权力机制。18、19世纪的批判是以伴随君主制的发展而发展起来的法制思想为武器，而并没有对法律就是权力、权力必须以法律形式实施的根本原则提出挑战。因此，至今“权力观念依然被君主制的魔法控制着”③。

福柯进一步阐述了《规训与惩罚》所表述的权力观。他重申“权力是多重力量关系”，“权力不是一个机构，不是一个结构，也不是我们所获得的某种力量；它是人们给特定社会中一种复杂的战略形势所起的名字”④。福柯还强调，权力不仅是否定性的，而且是肯定性的。这是权力—知识关

---

① Foucault, *The History of Sexuality*, *Vol. I*: *An Introduction*, p. 130 (127－128).

② Ibid., p. 71 (72).

③ Ibid., p. 89 (87).

④ Ibid., pp. 92－93 (90－91).

系的相辅相成特征。“如果性态能够成为一个研究领域，那只是因为权力关系使之成为可能的对象。反之，如果权力能够把它作为对象，那是因为知识技术和话语程序能够干预它。”① 福柯还明确地指出：“反抗从来不在权力关系之外。……权力关系的存在依赖于多方的反抗。后者在权力关系中充当着对手、靶子、支撑物或把柄的角色。反抗遍布权力网络。因此，不存在一个大拒绝的基地、造反的核心、反叛的总根源或革命者的纯粹准则。”② 福柯的意思是，权力不能没有对象，反抗实际上使权力得以存在。

由此，福柯指出，不能把性态描述成与权力对立的顽强冲动，而应从话语生产、权力生产和知识传播的角度重新阐述近代西方的性史。

“性态史——即在 19 世纪起作用的一个特殊的真理领域的历史——首先必须从话语历史的角度来撰写。”③ 具体地说，福柯把近代西方的性态史视为性态部署的历史。在他看来，性态是近代西方话语实践的产物。它是西方社会从 18 世纪起“部署”出来的。

部署（dispositisf，apparatus 或 deployment）是福柯在《性史》中创造并用的一个新的重要理论术语。这个词在译成其他文字时很难找到完全对应的术语。④ 法文 dispositif 既表示装置、设备等事物，又是表示部署、配置的军事术语。与以前一样（如规训），福柯在这里又是利用这个词的名词和动名词的双重意义。作为名词，它表示一种结构，在某种意义上类似于《词与物》中的“知识型”，但其内涵比“知识型”更宽泛；转换成动词，它表示一种权力技术的实践和功能。福柯后来解释，这个词“表

① Foucault，*The History of Sexuality*，*Vol. I*：*An Introduction*，p. 98（96）.

② Ibid.，p. 95（95）.

③ Ibid.，p. 69（69）.

④ dispositif 如何译成英文，是有争议的。Dreyfus 和 Rabinow 主张把这个词译为 grid of intelligibility（可理解性格栅）。但是他们也承认，这种译法不能传达出表示实践的含义。见 *Michel Foucault*：*Beyond Structuralism and Hermeneutics*，pp. 120－121（中译文第 159～160 页）。而 Bernauer 则认为，deployment 能更准确地表达出福柯利用其军事用语含义的深意。见 *Force of Flight*，p. 145。《性史》的三个中译本把这个词分别译为“展布”、“调用”和“机制”。本书采用 Bernauer 的观点，将这个词译为“部署”。

示一组复杂的集合：话语、制度、建筑设计、规则、法律、行政措施、科学陈述、哲学命题、道德命题、慈善命题等等。……部署本身是一个在这些因素之间可能建立的各种关系的系统。……部署具有一种主导性策略功能"①。

福柯指出，性态部署与联姻安排不同。毋庸置疑，在任何社会里，性关系都会导致一种联姻安排，即一种婚姻体系、一种固定和发展亲缘关系的体系、一种姓氏和财产的继承体系。但是性态部署不是再生原有的关系，而是不断地扩大控制领域和形式，关心的是"肉体的感觉、快感的质量和印象的性质"。从经济角度看，联姻安排直接与经济紧密相连，而性态部署则主要通过既生产又消费的肉体与经济发生联系。简言之，联姻安排对应着社会的同质稳态。性态部署则不是维持自身的再生产，而是以更深入全面的方式创造肉体之间的新关系和控制居民。例如，同性恋就是部署出来的一种新的性态。创造出这种形态，不是为了压制同性恋活动，而是为了把它诱发出来，从而加以控制。

性态部署并没有取代联姻安排，尽管可以设想终有一天会取而代之。前者削弱了后者的重要性，但前者是围绕着后者和在后者的基础上发展起来的。在中世纪的苦修中，被审查的是合法的与非法的性交关系。但是，新教和反宗教改革运动以后，对性交关系的质疑逐渐转向对"肉欲"的质疑。性态就是由这种原本关注联姻的权力技术所造就的。从此，它就一直与联姻制度休戚与共。家庭这一细胞使得性态部署的主要因素（女性身体、幼儿早熟、生育控制以及对变态的确定）沿着两个基本维度发展：夫妻轴和父母—子女轴。这样，性态的部署就从家庭的边缘逐步集中到家庭本身。家庭成为性态最活跃的地方。

自 18 世纪起，家庭成为法定的感情和爱情场所，但它也是联姻与性态的冲突战场。把性态限制在家庭里必然使性态有乱伦倾向。这是一个可怕的秘密和必然的焦点："家庭这一联姻的拱顶石乃是一切性不幸的根源。"② 重申乱伦禁律不仅表明联姻体制的权力，而且也显

---

① Foucauit, *Power/Knowledge*, pp. 194-195.

② Foucault, *The History of Sexuality*, *Vol. I*: *An Introduction*, p. 111 (109).

示了这个社会的矛盾：它从 18 世纪起创造出众多法律范畴之外的权力技术，这些技术的效应使它感到害怕，于是不得不用法律来规范它们。

性态的部署循着家庭路线，通过四大策略得以进行。第一是妇女肉体的歇斯底里化。女性肉体被认为充满了性态，即有内在的病理原因。由此，它被纳入医学实践，并最终被置于与社会、家庭和儿童的关系中。母亲和神经质女人就是这种歇斯底里化产生的双重形象。第二是儿童的性欲化。儿童被视为“初级”性动物。因此，儿童的性活动既是“自然”的，又是“反自然”的。儿童的性态，尤其是手淫，成为重大的教育问题。第三是生育行为的社会化。生育成为鼓励与限制的对象。通过对生育的控制，达到经济、政治和医学的社会化，即对居民的全面控制。第四是变态快感的精神病学化。性本能被视为一种生理和心理本能。各种变态都要接受医学分析和治疗。到 19 世纪，这四种策略产生了四种形象：歇斯底里的女人，手淫的儿童，马尔萨斯主义的夫妻，性变态的成人。在此我们看到，性态也是由福柯在前一部著作《规训与惩罚》中描述的规训技术制造出来的。

性态的部署是资本主义社会权力—知识的控制工具，是为资产阶级的利益服务的。但是，与压抑假说不同，福柯认为，性态的部署不是为了针对下层阶级，不是为了束缚和榨取劳工阶级，而首先是为了资产阶级自身，为了确保统治阶级精力充沛、健康长寿、传宗接代。“这些极其严格的技术是在经济上优越、政治上占统治地位的阶级中形成的，而且也是首先以最大的强度在他们中间使用的。”①

从技术上讲，关键在于忏悔从宗教话语转变为医学话语。“性技术是根据医疗制度、确保正常状态的需要以及生命和疾病问题（而不是死亡和无休止的惩罚问题）来构建的。肉欲被降到生物机体层次。”② 正是在这种背景下，资产阶级把自己的性看得极其重要，是“一种脆弱的宝物，

---

① Foucault, *The History of Sexuality*, *Vol. I*: *An Introduction*, p. 120 (118).

② Ibid., p. 117 (115).

一个必须不惜任何代价揭示的秘密”①。福柯认为：“阶级意识的最初表现形式之一就是对肉体的肯定。至少，18 世纪的资产阶级的情况是这样的。”②

资产阶级的妇女是第一批“性欲化”的形象。性欲化并不等同于成为性对象。在工业制度建立起来之前，市民阶级（资产阶级前身）的妇女要从事家庭手工业劳动。但是，这些人逐渐脱离了生产活动而“无所事事”。所谓“性欲化”是指她们的唯一任务是生儿育女，尽妻子和母亲的义务。由于被迫无所事事，就出现了“神经质”或患“忧郁症”的妇女。另外，深受医生和教育家关注的儿童也不是平民和工人的子弟，而恰恰是被佣人、家庭教师等团团包围的学童。他们面临的主要问题不是身体受到摧残，而是能否保证智力和道德品行，能否保证家庭和阶级的健康延续。因此，“资产阶级把自己未来幸福的责任交付给性，把自己生死存亡的赌注压在性上”③。

资产阶级维护自己阶级和种族的方式与贵族的不同。贵族主要是维护“血统”，即悠久的家世谱系和联姻的价值。而资产阶级关注的是个体的肉体与后代的健康。资产阶级的“血统”就是他们的性。贵族的种族主义基本上是保守的，而资产阶级的种族主义是动态的、扩张的。

按照福柯的理解，工人阶级在很长时间里不受性态部署的控制。性欲化机制是以三个连续阶段缓慢地渗透他们的。最初是 18 世纪末的生育控制。其次是 19 世纪 30 年代运用“传统”的家庭模式来教化贫苦阶级。马克思的《资本论》表明，直至此时，资产阶级根本不关心无产阶级的肉体和性。最后是，到 19 世纪末，为了保护社会和种族，司法和医学对变态的控制开始推而广之，特权阶级为自己设计的性态部署才遍及整个社会。但即使到这时，司法权威和医学权威对资产阶级和工人阶级的态度也是不一样的。无产阶级长期抗拒性态部署，因为那是出于压制目的而强加

① Foucault, *The History of Sexuality*, *Vol. I*: *An Introduction*, pp. 120 - 121 (118).

② Ibid., p. 126 (123).

③ Ibid., p. 124 (121).

给他们的。

总之，“这种（性态的）部署不是以对称的方式在各个社会阶级中运作的，当然也不会在他们之中产生相同的结果。因此，我们还得回到长期以来受贬黜的公式。我们应该说，有一种资产阶级的性态，有各个阶级的性态”①。

福柯强调，性态的部署是权力形式转变的一个组成部分。中世纪后期，君主掌握着生杀予夺的大权。权力主要是一种榨取手段。权力本质上是一个“强占”权利：对东西、时间、肉体乃至生命本身的强占。从古典时代起，榨取不再是权力的主要形式，而只是一个因素。权力逐渐变成一种肯定力量。“可以说，夺命和放生的古代权利被一个扶植生命或不让它死亡的权力所取代。”②

具体地说，从17世纪起，支配生命的权力以两种基本形式发展。首先形成的是以个人肉体为中心、把肉体当做机器的规训权力。福柯也称之为“人类肉体的解剖政治”。稍后形成的第二种形式是以种族肉体为中心的控制人口的生物政治，主要是越来越多地介入出生与死亡、健康水准、寿命等生物过程或生命过程。在18世纪，这两个发展方向依然是明显分离的。一方面是《规训与惩罚》所分析的规训技术的发展。另一方面，人口统计学、对资源与居民之间关系的估价、财富及其流通的分析表格等纷纷出现。19世纪，规训体制和人口控制体制结合起来，形成了“生物权力”。福柯指出：“这个生物权力无疑是资本主义发展中一个不可缺少的因素。如果没有把肉体有控制地嵌入生产机制，如果没有对人口现象进行有利于经济进程的调整，那么资本主义的发展就不可能实现。”③

所谓生物权力就是干预和扶植生命的权力。这种权力的诞生有其历史背景。从18世纪起，西方生产力的发展超过了人口增长的速度。西方人

① Foucault, *The History of Sexuality*, *Vol. I*: *An Introduction*, p. 127 (124－125).

② Ibid., p. 138 (132).

③ Ibid., pp. 140－141 (135).

在一定程度上摆脱了几千年来因饥馑和瘟疫造成的死亡威胁。生命有史以来第一次进入了权力—知识领域。权力不再是面对时时受死亡威胁的臣民，而是面对活的存在物，承担起对生命过程的责任。当人类把生命压在自己的政治策略上时，社会就抵达了“现代性的门槛”。

生物权力的发展有一系列重要后果。首先是科学话语的断裂。人的问题被提出来了。人被知识—权力技术所渗透。其次，规范日益重要，而法律的司法体制的重要性下降，或者说，法律越来越像规范一样运作。权力不是仅仅表现为一种杀戮，而是具有调节和校正功能。司法机构越来越与其他调节机构（医学机构、行政机构等）结合成一个连续体。因此，福柯提醒我们，不要被法国大革命以来连续不断的沸沸扬扬的立法活动所蒙蔽。其实，我们已经进入一个司法退化的时代。最后，反抗力量所依赖的正是权力所干预的东西，即生命。因此，从19世纪起，对普遍权力体系的重大挑战不再以恢复原始权利为目标。它们的要求和目标是生命，即基本需求、人的具体本质、潜力的实现、各种可能性的充分实现。

在福柯看来，性之所以成为政治问题，恰恰是因为它处于肉体规训和人口控制两种权力技术的交叉点。性态的部署是生物权力最重要的技术之一。

从这种角度看，现代化的一个侧面就是从“血的象征”转变为“性态的分析”。早期社会是一个血的社会或血腥的社会。在联姻体制、王权统治、等级制度占优势的社会，在饥馑、瘟疫、暴力横行的时代，权力通过血（血统、血腥）来说话。血是一种根本性的价值，是一种具有象征功能的现实。现代社会则是一个性的社会或性态的社会。权力描述、唤醒、扶植和控制性态。性态不是一个象征，而是一个对象和攻击目标。血是与法律、死亡、僭越、象征和王权相联系的，而性态则是与规范、知识、生命、意义、规训和调节相联系的。

尽管血的象征与性态的分析最初是以两种不同的权力体制为基础的，但是从前者向后者的过渡经历了重叠、反复与混合。这方面有两个突出的历史现象。

第一个是重要的历史现象。资产阶级的关心集中于遗传而非谱系。由此产生了优生学和种族主义。到 19 世纪后半期，现代的、生物学化的、国家主义的种族主义形成。纳粹主义是血统迷狂和一种痉挛的规训权力的结合。其核心仍是血的主题。希特勒的性政治本身是微不足道的，但是血统神话却转变成现代记忆中最大的一次血洗。

第二个是重要的理论现象。18 世纪，当优生学产生之时，萨德对性进行了详尽的分析，但却把这种分析引入旧的王权机制。在他看来，性是没有任何规范或内在准则的，是一种无法无天的力量。从 19 世纪末起，作为对现代种族主义巨浪的反应，精神分析学说诞生。精神分析继承了萨德的观念，但却想把性态重新纳入法律系统、象征秩序和王权，换言之，从法律的根基——联姻法律、血亲通婚禁忌和君王般的父亲——来揭示性态。用旧权力秩序的全套装备来包围欲望。正因为如此，精神分析在理论和实践中基本上是与纳粹主义相对立的。

然而，福柯认为，精神分析与纳粹主义不过是基于同一基础的两极。精神分析依然是一种回溯性的理论。精神分析失误的一个原因在于，从萨德到弗洛伊德乃至巴塔耶，都把性看成一种自然现象或本能。其实，性是性态的部署所创造出来的虚构。性态部署也由此而获得一种动力：使人们产生一种对性的欲望，想获得它，接近它，发现它，解放它，在话语中谈论它，建立关于它的真理。性态部署已经使现代西方人沉溺于一种浮士德式的契约：用整个生命换取性本身、性的真理以及性的彻底放纵。这种把性看成与权力对立的观念，是一种错觉。据此所谋求的“性解放”只会循着性态部署所设定的道路走。

福柯的结论是，我们应该从同时代的权力技术的角度来分析性态部署。只有把性和性态理解为现代知识型的文化建构，才能抵抗权力的支配。具体地说，“如果我们旨在——通过对各种性态机制实行一种颠倒策略——用我们对肉体、快感和知识的权利，用它们的多样性和反抗可能来对抗权力的控制，我们就必须摆脱性的媒介。反击性态部署的阵地不应是性和欲望，而应是肉体和快感”①。这不仅是福柯权力—知识理论的逻辑

---

① Foucault, *The History of Sexuality*, *Vol. I*: *An Introduction*, p. 151 (151 - 152).

延伸，也是他加州之行的经验结论。

《求知意志》和《规训与惩罚》组成了福柯权力—知识机制研究的双璧。两者有异曲同工之妙。福柯运用权力—知识理论分别探究了两个不同的领域——犯罪和性，但不是证明同一个理论假说，不是寻求一个普遍模式，而是进行了使人意外的具体的“历史—哲学”分析。这两个研究的结论构成对资本主义社会的互补认识。

《求知意志》的分析和见解是极其独特的。研究“性”，不是福柯的首创。但是，把“性”和“性态”视为近代资本主义文化的产物，则是福柯的发明。福柯在“性态部署”中揭示了资本主义权力关系的一个侧面。他的激进化分析也导致了边缘化的结论——“非性欲化”。

《求知意志》令人瞩目之处，还在于它对流行的文化批判理论进行了深刻的反思。

自弗洛伊德以后，“性压抑”之说广为流传。尤其是一些“西方马克思主义者”把弗洛伊德的性态本质论同马克思的人类解放论结合起来，用弗洛伊德学说来补充马克思主义，并以此批判资本主义社会。奥地利“弗洛伊德的马克思主义”代表人物赖希（Wilhelm Reich，1897—1957）的《法西斯主义的群众心理学》和法兰克福学派主将马尔库塞的《爱欲与文明》就是其中的代表作。“西方马克思主义”的文化批判理论是20世纪60年代风靡西方世界的造反运动的重要思想武器。赖希被奉为“西方性革命之父”。马尔库塞被奉为“青年造反之父”。如前所述，弗洛伊德学说的基点是把性或性态当做一种同文明对立的或受到文明压抑的自然本性。赖希和马尔库塞都接受了这一前提，从而把马克思主义人本主义化。从福柯的角度看，首先需要对这种批判的前提进行批判，因为这种前提实际上是资本主义权力—知识制造出来的话语，由此产生的反压抑斗争只能成为资本主义权力—知识机制的一个组成部分。

马克思曾经指出：“人的本质不是单个人所固有的抽象物，在其现实性上，它是一切社会关系的总和。”① 恰恰是在“性”这个问题上，人们

① 《马克思恩格斯选集》，2版，第1卷，56页。

最容易陷入抽象的人性论。因此，相比较而言，尽管福柯的观点不无偏颇，但是他把“性”当做具体历史文化现象的见解无疑更为深刻和精湛。

《性史》第一卷问世后立即成为一本畅销书。该书一版再版，先后发行了十万册之多。如福柯所说，性已经成为当代西方社会求知意志的一个主题和对象。但更重要的是，福柯对“性”这一日常生活领域的话语实践分析和权力技术分析新颖奇特，发聋振聩，引人注目，令人惊叹。

然而，福柯的《求知意志》对压抑假说的批判和非性欲化的结论又使公众难以接受。因此，与《规训与惩罚》问世后的热烈反响相比，《求知意志》最初可说是受到了冷遇。对于福柯这样一个知名学者的这样一部标新立异之作，媒体自然会争先恐后地刊发书评。但是，这些书评的调子都不高。《求知意志》的封底上预告了《性史》的后五卷标题：《肉欲与身体》、《讨伐儿童》、《妇女、母亲与歇斯底里》、《性倒错》以及《人口与种族》。从题目看，后几卷将分别论述乱伦、手淫、歇斯底里、性倒错和优生学。因此，书评也大多抱着“拭目以待”的态度。当时，甚至福柯的朋友也对这部著作多少有些失望。福柯深深陷入不被理解的孤独感。

福柯后来概括说：“（当今）哲学思想或哲学问题变成了消费商品。……熵趋势（指学术性的丧失——引者）以惊人的速度发展。……不到 15 个月，我的那本关于求知意志的著作就被变成一句口号：‘性从未受到压抑’。”①

针对这种庸俗化理解，福柯做了一些澄清。他表示：“这本书不是否定压抑的存在，而是要证明，压抑始终是更复杂的对待性态的政治战略的一部分。问题不仅是压抑。关于性态，有许多不完整的规则。其中，既有禁止的否定效应，也有激发的肯定效应。”②

福柯不否认“性苦难”，但是他认为，作为科学分析，不能简单地从

---

① Foucault, *Politics*, *Philosophy*, *Culture*: *Interviews and Other Writings*, *1977–1984*, p. 45.

② Ibid., p. 9.

压迫或经济条件来解释这种苦难。他以马克思为例。马克思否定把工人的苦难归因于“资本家集体盗窃”的观点，而是分析资本主义生产的规律。资本主义并不以饿死工人为目的，但是资本主义由于其基本规律必然造成工人的苦难。《性史》也是如此。“全部问题在于，要把握住制造出这种或那种性态从而导致苦难的肯定性机制。”① 与其他的边界研究一样，福柯还强调，性态问题是一个政治问题，权力问题。“任何现代权力体制的运作都不能脱离性态。”②

真正激怒福柯的是1977年3月出版的博德里亚尔（Jean Baudrillard）的一本评论著作《忘掉福柯》。博德里亚尔是巴黎第十大学即农泰尔分校社会学系教授。1976年伽里玛尔出版社出版了他的《象征交换与死亡》。该书被公认为后现代主义的一部开拓性著作。博德里亚尔提出，现代社会的一个特点是，复制、幻影取代了真实。《忘掉福柯》发挥了这一思想。博德里亚尔认为，福柯的话语是其所描述的权力的一面镜子，即一个相反而相同的权力话语。理由是，福柯的话语溢满其对象（权力）的最细微隐蔽之处，因而与之重合，没有给能够限制和对抗权力的“现实”留下任何空间。另外，他批评福柯是对影子作战。福柯之所以能够谈论权力和性，是因为福柯意义上的权力已经瓦解了。当代社会的巨大“模拟机制”已经把那种权力变成“超现实”。这种机制制造出来的不过是关于权力和性的真理影子。他还批评福柯把权力和反抗视为同一本质。这实际上堵塞了反抗的可能性。③

这部评论著作原来是一篇文章，拟定由《批判》刊发。福柯事先看到文章，与博德里亚尔谈了三个小时。当时，福柯表示要写答辩文章，一齐刊发。时隔不久，他又改变主意，让博德里亚尔自行处理。但是，当这篇评论扩展成一本书出版后，福柯却气急败坏地对一些朋友说，记不起谁

① Foucault, *Politics, Philosophy, Culture: Interviews and Other Writings, 1977–1984*, p. 113.

② Ibid., p. 118.

③ See Michael Clark, *Michel Foucault: An Annotated Bibliography*, New York: Garland Publishing, Inc., 1983, p. 105.

是博德里亚尔。博德里亚尔后来抱怨："一切都变了。福柯本来要玩一场游戏，此时却大发雷霆。题目本来是虚张声势，结果被解释成对福柯的知识权力的攻击。他的知识权力太大了。我在某种程度上被孤立起来。至今我还在忍受这种恶果。"① 他认为，福柯被人们的崇拜和阿谀奉承搞昏了头，因而表现得"专横跋扈"②。

---

① Macey, *The Lives of Michel Foucault*, p. 360.

② Chris Rojek and Bryan Tarner, ed., *Forget Baudrillard?* London & New York: Routledge, 1993, pp. xiii–xiv.

第十五章　伸张正义

到20世纪70年代中期，1968年五月风暴的余波逐渐减弱，“无产阶级左派”土崩瓦解，福柯本人的政治倾向也开始发生变化。他的政治活动转向了支持不同政见者和人权领域。与他强调的“专业知识分子”的角色不同，他十分积极地承担起“普遍知识分子”的角色，为“伸张正义”、“反对强权”大声疾呼。除了法国国内的一些社会政治问题外，他更多地介入了国际范围的事务。

1975年9月，两名巴斯克分离主义运动的成员被西班牙佛朗哥独裁政权判处死刑。另外还有八名“反法西斯爱国革命阵线”成员也将被处死，其中包括两名怀孕的妇女。所有这些人将被绞死。这些判决和处决方式使世界震惊。

卡特琳·冯·比洛（Catherine von Bulow，女舞蹈家，后从事出版工作）把这个消息告诉莫里亚克和福柯。福柯听后十分愤怒，指斥佛朗哥是“最血腥的独裁者”。9月20日上午和晚上，一些知名人士在冯·比洛家里聚会，商量对策。除了莫里亚克和福柯外，还有德布雷（著名左派分子，曾参加格瓦拉领导的玻利维亚农民游击战争）、电影导演科斯塔-加夫拉（政治电影《Z》的导演）、《基督教见证》杂志代表拉杜兹以及德菲尔等。他们决定带着抗议书到马德里散发。西班牙共产党总书记卡里略也应邀出席了晚上的聚会。

抗议书是由福柯起草的。抗议书宣布了一种普遍的正义：“我们一直在欧洲为这种正义而斗争。今天，不论在哪里，只要它受到威胁，我们都必须为它斗争。”经过征询，萨特、阿拉贡（著名作家）、马尔罗、弗朗索瓦·雅各布（生物学家，诺贝尔奖获得者）和弗朗士同意在抗议书上签名。

9月22日，一个由福柯、莫里亚克、德布雷、蒙当、科斯塔-加夫拉、拉杜兹和拉古迪尔等七人组成的代表团携带抗议书乘飞机抵达马德里。他们在预订的旅馆召开新闻发布会。许多外国记者以及少数西班牙记者闻讯赶来。蒙当先用法语宣读了抗议书。正当德布雷要用西班牙语宣读时，一群便衣警察闯进来。所有的记者均被逮捕。只是由于莫里亚克的阻拦，愤怒的福柯才没有同警察发生冲突。七名法国人被押解出旅馆，推进警车。路边行人默默注视着一切。福柯恍惚回到童年："我们再次看到德国占领时期我们所熟悉的场面：沉默的人群，目光呆滞，默默无语。"①他们被押送上返回巴黎的飞机。

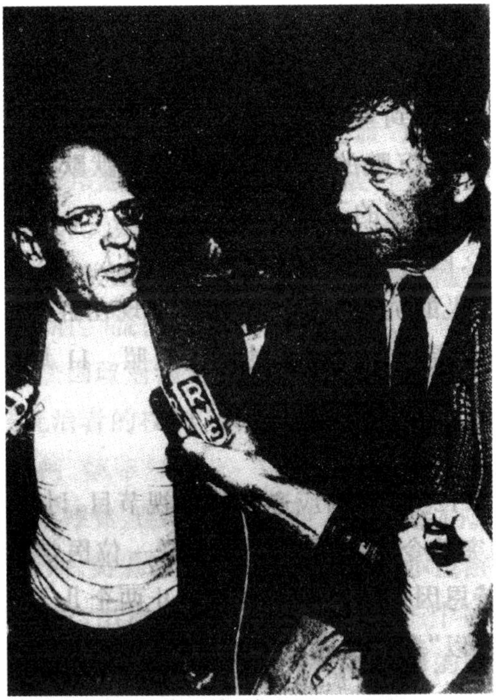

福柯和伊夫·蒙当在普瓦西（1975年9月22日），
代表团在马德里开完新闻发布会后被逐出西班牙

① Macey, *The Lives of Michel Foucault*, p. 347.

几天后，西班牙政府处死了五名犯人。巴黎左派政党组织了几万人的抗议游行。福柯也出现在游行队伍中。

9 月处决是佛朗哥政权的回光返照。11 月，执政三十九年的独裁者佛朗哥终于呜呼哀哉。

1976 年 12 月，福柯应邀参加电视节目，讨论“人类的未来”。福柯突然令人意外地谈起苏联一位医学家斯特恩的案件。斯特恩因拒绝克格勃要他阻止两个儿子移居以色列的要求而被以“贪污受贿”等莫须有的罪名审判。伽里玛尔出版社出版了一本根据斯特恩的儿子偷送到西方的审讯录音带而编辑的书。福柯的电视谈话推波助澜，把斯特恩案件变成了一个公众话题。

在各方面的压力下，苏联释放了斯特恩。这使得福柯备受鼓舞，以更大的精力投入这类声援苏联持不同政见者的活动。

1977 年 6 月，勃列日涅夫访问法国。为了表示对苏联持不同政见者的支持，在福柯的倡议下，萨特、巴尔特、雅各布、福柯、格卢克斯曼（Andre Glucksmann）等人联名，在一个优雅的小剧场为所有流亡巴黎的苏联持不同政见者举行了一个招待晚会。福柯是这个晚会的主持人。

这年秋天，福柯又卷入声援联邦德国律师克罗依桑的活动。克罗依桑因在 1975 年为“红色旅”成员辩护而声名大振。但是，联邦德国政府以他曾为被告提供过物质支持而起诉他。克罗依桑逃到巴黎，向法国政府提出政治避难请求。但法国当局逮捕了克罗依桑，准备将他引渡给联邦德国政府。波伏娃、萨特、德勒兹、德布雷等人发表呼吁书，抗议法国政府破坏政治引渡的原则。福柯撰写文章，捍卫“被统治者的权利”。

11 月，福柯、德菲尔等二十几人举行了一次小型抗议游行，与警察发生冲突。在搏斗中，福柯受了点轻伤。几天后，福柯、萨特、杜拉斯、莫里亚克等又组织了一次示威游行。

越战结束后，出现了越南难民问题。一个医学组织的负责人库希纳（Bernard Kouchner）一直是福柯的崇拜者。他主动与福柯联系，请求福柯在呼吁书上签名。1979 年 6 月，福柯还出席了一次重要的营救越南船民行动记者招待会。在正式开会前的预备会议上，萨特和阿隆两人坐到一起。福柯也继阿隆、萨特、西涅莱等人之后发言。在记者招待会上，福柯没有讲话，而是负责组织工作。

萨特和阿隆握手合作，是法国知识界一个具有象征意义的事件。他们在五十年前（1924—1928）是巴黎高师同班同学，后来分别成为左翼知识分子和自由主义知识分子的领袖人物，政治见解对立，个人关系交恶。阿隆在回忆录中记述了这次会面："萨特在格卢克斯曼的搀扶下也来到会场。我当时坐在座位上，向他转过身去，格卢克斯曼对萨特说了我的名字，我们互相握手，我脱口说了一句我们之间很熟的话：'你好，我的小同学。'他当时不是回答了一句'你好'，就是什么也没说。后来我们互相握手的照片被无数国家买去转载。"阿隆对这次会面的背景做了解释："70 年代后半期，控制宣传媒介的'大知识分子'或知识治国论者，终于放弃了半亲苏立场。他们有时仍然支持左派的联合，但是他们不再崇拜革命了。他们更经常把赌注压在社会党上，认为只有它能够用左翼多数派来取代右翼多数派。在这种气氛下，我最后一次会见了萨特。"①

1980 年春，福柯参与了"自由辩护协会"的创立。协会旨在争取取消对辩护律师的种种限制，清除起诉制度中的种种弊病，捍卫被告的权利。福柯与莫里亚克等人起草了协会的纲领性文件。

接着，协会就卷入了声援克诺贝尔斯庇的活动。克诺贝尔斯庇的遭遇有些类似雨果笔下的冉阿让。他于 1972 年被人告发偷窃 800 法郎，尽管只是孤证，而且他力辩自己的无辜，但他仍然被判处 15 年徒刑。在狱中，他多次绝食和自杀，但仍无人理睬。1976 年，他利用一个外出机会逃跑。他再次被捕后，被控犯有几次抢劫罪。当局把他关在单人囚室。这种隔离监禁是法律上所没有的。福柯认为，这是对法律的破坏，对犯人权利的剥夺。

福柯、热奈、格卢克斯曼、莫里亚克、蒙当、西涅莱等组成了"保

---

① ［法］雷蒙·阿隆著，孟鞠如等译：《雷蒙·阿隆回忆录》，896～897 页。

卫克诺贝尔斯庇委员会”。委员会出版了克诺贝尔斯庇在狱中写成的一本自传。自传描述了他苦难的童年、以往的冤案以及监狱中的可怕状况。福柯写的前言认为：“克诺贝尔斯庇的这本书是真正深刻的改革斗争的一个组成部分。”

由于各方面的呼吁，1981 年，密特朗总统对克诺贝尔斯庇实行赦免。

20 世纪 70 年代后期，福柯的朋友圈子发生了变化。在各种社会政治斗争中，蒙当和西涅莱等人成为福柯的密友。但是，一些老朋友相继与福柯分手。

由于福柯与“新哲学家”格卢克斯曼接近，德勒兹与福柯之间出现了裂痕。所谓“新哲学家”是指一小伙极左的知识分子，以批判“古拉格”现象进而批判马克思主义为其标志。他们大多是巴黎高师毕业生，受阿尔杜塞影响很深。在 1968 年五月风暴及其以后的一段时间，他们大多都属于“左派”，把阿尔杜塞、毛泽东和马克思奉为偶像，对苏联“修正主义”深恶痛绝。但是，1968 年风暴逐渐平息，社会权力结构依然故我；中国“文化大革命”结束后的反思与批判暴露出“文化大革命”时期的许多黑暗现象。这些都使他们对“真正的社会主义”和马克思主义大失所望。他们转向了新的理论偶像：拉康、福柯和索尔仁尼琴。福柯的《疯癫与文明》中的“大禁闭”（大监禁）主题和《规训与惩罚》中的权力理论对他们很有吸引力。甚至有人认为，《规训与惩罚》为“新哲学家”提供了理论基础。

格卢克斯曼是“新哲学家”中的一个代表人物。他曾是法国共产党党员，1967 年他的一部宣扬“毛主义”的《战争论》出版，1968 年以后同“无产阶级左派”关系密切。1975 年，他的《厨师与食客》出版，该书抨击了苏联的社会政治制度，认为列宁违背马克思的思想，其结果必然导致“古拉格”。1977 年，他的《思想大师》问世，转而抨击马克思，认为马克思设想的“过渡阶段”保留了资产阶级的权力与法律。① 格卢克

① 参见［美］戈尔曼著，赵培杰等译：《“新马克思主义”传记辞典》，有关格卢克斯曼的词条，重庆，重庆出版社，1990。

斯曼认为，当今的革命力量是“暴民”，包括罪犯、嬉皮士、边缘工人、移民、同性恋者等等。

福柯对“新哲学家”也投桃报李，在《新观察家》杂志上发表了关于《思想大师》的长篇书评，肯定格卢克斯曼对古拉格的批判：“格卢克斯曼不是从阿波罗的下方召唤出一个新的狄俄尼索斯。在最高傲的哲学话语的核心，他召唤出它的亡命者、牺牲者、死敌、不断申冤的异议者，简言之，‘血污的头颅’。”①

但是，德勒兹不赞同“新哲学家”对马克思主义的全面攻击。他明知福柯的书评，但仍然撰文批评“新哲学家”“靠（古拉格的）死尸生活”，“制造新的烈士传”。

福柯在《性史》第一卷中对赖希等人思想的隐含批判，也使德勒兹感到不快，因为德勒兹和加塔利合著的《反俄狄浦斯》在很大程度上借重于赖希的思想。

在中东问题上，两人也有分歧。德勒兹坚决支持巴勒斯坦解放事业，而福柯则支持以色列。

德勒兹与福柯终于在克罗依桑事件上摊牌了。福柯不支持“恐怖主义者”，主张把这场斗争严格地局限于法律范围，维护“权利”。但德勒兹则同情“红色旅”，谴责联邦德国政府实行“国家恐怖主义”。两人为此发生了激烈争吵。福柯表示不想再见到德勒兹。多年的友谊就此中断。虽然两人之间还偶尔有书信交往，但再也没有见过面。

1979 年，《解放报》的创始人之一克拉威尔突然去世。克拉威尔生前对福柯十分推崇。在他组织的电视节目或活动中曾请福柯参加，给福柯以重要位置。他在 1975 年出版的一本自传体的著作中，用了二三十页的篇幅论述福柯。他后来在一篇文章中把福柯称做当代的康德：“在他之后就不可能再像以前那样思考了。”“但是，康德已经躺下睡着了，而福柯从未停止用愈益猛烈的震动使我们保持更加清醒的状态。”② 克拉威尔去世

① Miller, *The Passion of Michel Foucault*, p. 296.

② Eribon, *Michel Foucault*, pp. 254-255.

前一天还与福柯通电话商量工作。第二天，福柯得到他的死讯，立即惊呆了，一句话也说不出来，并且整天陷入悲痛之中。几天后，福柯发表了悼念文章，给予克拉威尔极高的评价，将他与布朗肖相提并论。

1980 年是法国思想界阴暗的一年。思想巨星接连陨落。

2 月，巴尔特穿越街道时被卡车撞伤。福柯闻讯后赶到医院看望。一个月后，巴尔特去世了。福柯同巴尔特在 20 世纪 60 年代曾相当疏远，彼此没有来往。1975 年，巴尔特竞选法兰西学院教授职位。福柯开始很不情愿为他说话。但是，出于旧谊，福柯为巴尔特写了两份推荐报告。在讨论时，反对意见是，巴尔特的著作“太时髦了”。福柯疾声力辩：“他的读者可能确实像有人所说的是一些追时髦的人。但是，难道历史学家会不懂得，时髦、热情、激情甚至过火，在某些时候恰恰揭示出一种文化的一个有创造力的中心？再有，难道那些大学之外的声音不是我们今天历史的一个组成部分，不应该变成我们历史书中的一个组成部分吗？”由于福柯的雄辩，巴尔特被法兰西学院接纳了。当然，福柯的辩护也适用于他自己。从此，福柯与巴尔特的友谊恢复了。他们共同参与了一些文化和政治活动。巴尔特的死因多少有些神秘。据说，车祸造成的伤势不太严重。一些朋友认为，巴尔特自母亲 1977 年去世后一直痛不欲生。但福柯反对这种说法。他在法兰西学院教授会议上致了沉痛的悼词，称赞巴尔特“集智慧与创造力于一身”，“拥有公认的天才”，“是一个伟大的作家和杰出的教授”。

时隔不久，又一个噩耗传来。4 月 15 日，一代思想巨人萨特谢世了。4 月 19 日，举行了隆重的葬礼。整个巴黎几乎是人人上街。有五万人从拉丁区列队行进，把萨特的灵柩护送到拉雪兹老爹公墓。福柯、莫里亚克、德菲尔等人走在送葬队伍的最后几排中。

那天早晨，冯·比洛给福柯打电话，问他是否参加萨特的葬礼。福柯答道：“那还用说。”① 但是当德菲尔提出同样的问题时，他却回答说：

① Eribon, *Michel Foucault*, p. 279.

“为什么非得去？我又不欠他什么。”①

福柯与萨特之间关系很微妙。两人的哲学思想和政治观点有很深的代沟。特别是围绕着《词与物》的辩论，再加上媒体的渲染，造成了萨特—福柯的对立形象。但是，1968 年五月风暴改变了法国知识分子的活动舞台和营垒。尤其是从 1971 年年底起，他们在许多社会政治活动中成为同一战壕里的战友。福柯对萨特的态度也开始转变。他不仅尊敬萨特的人格，而且他对萨特的评价基调也变了。尽管私下里并不能完全释然，但在公开场合福柯对萨特基本上持赞扬态度。

福柯肯定萨特在提高公众的思想和政治觉悟方面所起的重要作用：“自战争结束以后……我们看到，具有深厚学术根基的思想……开始面向广大的公众而不是仅仅面向大学。现在，即使没有类似萨特那种地位的人来继续这项事业，这种现象也已经变得很普通了。只有萨特，或者说萨特和梅罗-庞蒂，能够做到这一点。……公众的普遍文化水平确实大大提高了。”② 他还把萨特归入法国左派的先驱：“如果说到法国的左派……我想，一个重要因素是，至少从 60 年代起，在各政党之外就存在着一种左派思想，一种关于政治选择的左翼思考。……这是因为在诸如阿尔及利亚战争期间整个知识界就已经有一种极其活跃的左翼思想。”③ 这里暗指萨特及其《现代》杂志，因为萨特和《现代》杂志是当时反对阿尔及利亚战争的核心与旗帜。福柯甚至强调他与萨特在哲学思想上的某种亲缘关系：“你知道吗，萨特当学生时写的第一篇文章具有尼采主义性质？这篇小文章《真理的历史》最初是在 1925 年前后出版的一本《中学评论》上。他是从（与我）相同的问题开始起步的。差别在于，他的研究从真理历史转向现象学，但在我们这后一代人看来，反过来才对。”④

---

① Macey, *The Lives of Michel Foucault*, p. 429.

② Mark Poster, *Foucault, Maxism and History*, New York: Polity Press, 1984, p. 6.

③ Foucault, *Politics, Philosophy, Culture: Interviews and Other Writings, 1977-1984*, pp. 40-41.

④ Ibid., p. 32.

11 月 16 日，巴黎高师传出爆炸性新闻：阿尔杜塞杀死自己的妻子。那天清晨，62 岁的阿尔杜塞为长他 10 岁的妻子爱伦娜按摩颈部，爱伦娜忽然斜倒在床上，舌头吐出。癫狂慌乱的阿尔杜塞穿越校园奔跑，大喊："我杀了爱伦娜！"他敲门惊醒睡梦中的校医。校医赶到阿尔杜塞的住所，发现爱伦娜身体早已冰凉，没有任何挣扎的痕迹。后经法医鉴定，爱伦娜是被勒毙的，但颈部没有任何伤痕。阿尔杜塞经检查被确认为精神失常，被送进圣安娜精神病院监护起来（1990 年，阿尔杜塞死于一个老人院）。

所有的朋友得知消息后都无言以对。福柯也未置一词，但是他依然与阿尔杜塞保持联系。待阿尔杜塞神志逐渐恢复后，他几次看望。有时两人还在电话里谈论学术界的情况。

但是，1980 年，法国思想界的重重阴霾似乎被政治局势的丽日所驱散。

5 月法国总统大选，社会党的密特朗击败德斯坦，结束了右翼势力二十多年的统治。选举结果揭晓当晚，二十多万人自发地聚到巴士底广场，载歌载舞，庆祝胜利。人们欢呼："玫瑰的日子来到了！"① 社会党的象征是玫瑰。福柯对法国的政治前景感到乐观。几天后，他就在《解放》上发表谈话，支持新政府。他认为："社会党似乎是唯一能够理解和处理这些现实问题的……我特别指司法问题和移民问题。"当记者问福柯是否愿意同政府合作，他的回答是："与政治合作意味着既不屈从它，也不完全接受它。可以既合作又抵制。"

福柯的预见似乎得到了证实。首先，三十万非法移民的身份和处境开始得到改善。其次，新司法部长对福柯的《规训与惩罚》很欣赏，并且加快了改革步伐，废除死刑，关闭单人牢房等等。另外，警察局不得再保留"著名同性恋者"的档案。

但是，福柯在新政府谋求一官半职的想法受到挫折。新政府邀请福柯担任驻纽约的文化参赞。福柯认为这不符合自己的年龄和地位。他想担任

---

① ［法］克洛德·芒塞隆、贝纳尔·潘戈著，任正德、周维伯译：《密特朗传》，48 页，北京，新华出版社，1984。

国立图书馆的馆长。但这一职务被密特朗的一个亲信所获得。

福柯没有获得任何政府职务，但仍然继续从事政治活动。1981 年 7 月，联合国在日内瓦召开了一个讨论海上难民遭受抢劫问题的国际会议。福柯以私人身份参加和发言。他表示，作为“国际公民”和具有共同命运的“被统治者”，有权讲话，有权反对任何强权：“私人有权干预国际政治和国际战略。”这实际上提出了一个新的原则。不久，福柯的这个原则找到了具体应用的机会。

12 月 13 日，波兰总理雅鲁泽尔斯基宣布实行全国军管。法国外交部长发表讲话，对波兰事态表示震惊，但又表示这纯属波兰内政，不予干涉。得知消息后，福柯与法兰西学院新当选教授、社会学家布尔迪厄（20 世纪 50 年代曾是福柯的学生，在文化社会学研究方面筚路蓝缕、硕果累累，代表作品有《实践论大纲》和《区隔》等）起草了一份声明，指责雅鲁泽尔斯基“篡夺权力”，指责法国社会党政府重复 1936 年和 1956 年执政时对待西班牙内战和苏联出兵匈牙利的暧昧态度。在声明上签名的是福柯的一些老战友，有科斯塔-加夫拉、格卢克斯曼、莫里亚克、蒙当、西涅莱、维达尔-纳盖等。蒙当在电台宣读了声明，然后由福柯发表了讲话。

其实，密特朗政府对波兰事态并非真的袖手旁观，而是立即宣布取消法国总理对波兰的访问。但碍于国际准则，密特朗政府不便有大动作。他们对于福柯的活动很反感。社会党总书记和文化部长谴责福柯—布尔迪厄声明是“知识分子抽风”，“小丑行为”。

福柯—布尔迪厄声明发表后，引起一系列连锁反应。有五万人上街游行抗议波兰事变。各种抗议书和声明纷纷出笼。密特朗政府也采取默认和怂恿态度。文化部长举办了“声援波兰人民”的波兰音乐会，邀请文化知识界名流参加，但邀请名单上没有福柯的名字。福柯、布尔迪厄等一批知名度很高的知识分子与社会党政府完全决裂了。布尔迪厄主张，知识分子应回到“无拘束的左派传统”。

福柯、布尔迪厄等决定独立展开活动，与法国民主工人联合会建立了直接联系。这是福柯第一次真正同工会组织发生关系。福柯、布尔迪厄以及数学家嘉当（Henri Cartan）、社会学家杜兰（Alain Touraine，“后工业社会”一词的首创者）等人与民主工人联合会总书记麦尔（Edmond Maire）商谈后，组织了“波兰情况研讨日”的系列活动，传播波兰团结工会的情况和声音。

1982年9月，福柯和西涅莱参加了“世界医学协会”组织的最后一次“人道主义救援华沙”活动。同行的还有协会的库希纳等三名医生。汽车满载着食品、药品以及印刷品。库希纳承认，这其实是一种政治行动，是向波兰人显示“我们没有抛弃他们”，因为“他们并不真的需要这些食品和药品”。

在华沙，波兰卫生部长接见了这个小组，对他们送来药品表示感谢。小组询问瓦文萨的身体情况，部长沉默不答。福柯拒绝与部长握手，这使得气氛更加紧张。

小组还按计划访问了克拉科夫和奥斯威辛。有趣的是，福柯在克拉科夫下榻的旅馆房间恰恰是当年他陪法国教育部官员访问时住宿并出丑的那个房间。

对于20世纪70年代以来福柯的社会政治活动，我们可以从中看到福柯的激烈性格，也应该肯定他打抱不平的斗争精神和人间情怀，但无须使用更多的溢美之词来颂扬所谓“不畏强权”的人格。因为福柯继萨特之后，除了享受着“言论自由”的合法权利，还享有一种“不受侵犯”的名人特权（除非他混迹于示威人群中）。或许更意味深长的是福柯20世纪70年代后期政治活动的转向。

格卢克斯曼后来在悼念文章中称赞福柯同“自达达派以来的理论先锋派的恐怖激进主义”决裂，促成了80年代新自由主义在法国的兴起。①

这种转向无疑与福柯本人的思想变化紧密相关，实际上，他的思想在某种程度上向启蒙思想回归。在他生前未发表的一篇文章《什么是启蒙?》中，尽管他继续对人本主义进行批判，但是他也对启蒙做了一些肯定，甚至说：“我们不应该得出结论说，一切与人本主义相连的东西都

---

① See Miller, *The Passion of Michel Foucault*, p. 315.

应被否定。”① 福柯在一些讲演中也开始吸收启蒙思想的某些因素。这突出表现在他开始不断地谈论政府与被统治者之间的关系。因此，有的研究者认为，福柯“在阐述一种政府理论。这种理论将在很大程度上取代早先的权力—知识理论。在福柯看来，启蒙意味着一种批判态度而不是一个历史时代。正如他自己所承认的，他的理论——被统治者天生享有一种向政府挑战的权利，或对政府的权力施加限制的权利——很接近自然权利理论”②。

在福柯思想回归倾向的背后，还有更大的历史背景起作用。20 世纪 60 年代遍及西方的造反烽火逐渐熄灭，苏联、东欧和中国的社会主义相继遭受不同的挫折。西方知识分子中的激进主义消退，而传统的自由主义得到加强。这种趋势将在 80 年代和 90 年代初登峰造极，但此时已滚滚而来。萨特和阿隆在社会斗争中并肩坐到一起，就是一个象征。这种变化在福柯的言论中也折射出来。福柯在评论格卢克斯曼的《思想大师》一书时嘲讽地写道：“一批左派试图从历史理论或理论史的角度来解释古拉格。他们说，是啊，确实有大屠杀，但这是一个巨大的错误。只要重读马克思或列宁，把他们同斯大林做一比较，你就会发现后者犯了错误。很显然，所有这些死亡都是由于误读导致的。不难想见，斯大林主义的错误是 60 年代重新回到马克思主义的真理或马克思主义的文本的重要理由之一。如果你想反对斯大林，那你就不要倾听牺牲者的声音。他们只会申述所受的酷刑。应该重读理论家的著作。他们会告诉你真实的真理。”福柯认为，中国也没有提供希望。他读了一篇关于“文化大革命”的报道后说，中国“文化大革命”中的公开自我批评与古拉格集中营的逼供极其相似。③ 对马克思主义的彻底失望，是福柯思想转向的一个重要因素。

另外，法国已逐渐摆脱战后的屈辱地位，强国形象日益恢复。这或许也在一定程度上促成法国知识分子恢复文化优越感。启蒙思想中的普遍价值观也因此卷土重来。

---

① Rabinow, ed., *The Foucault Reader*, p. 44.

② Macey, *The Lives of Michel Foucault*, pp. 405-406.

③ Ibid., pp. 387-388.

福柯提出的国际公民有权干预国际政治的原则在他去世后被明确化了。1987年，库希纳和“世界医学协会”在波兰政治领袖瓦文萨和南非大主教图图的支持下组织了一次巴黎国际会议。会议程序单上用福柯当年在日内瓦的讲话作为导语。在这次会上，福柯的原则被发展成“有权利和义务在人权的名义下干预其他国家事务”①。这实际上是把“普遍知识分子”的道义角色国际化、全球化了。

① Macey, *The Lives of Michel Foucault*, p. 438.

第十六章　自我的呵护

在萨特去世前，萨特的学术影响已经逐渐消退。而《规训与惩罚》和《性史》第一卷则把福柯推上法国思想界的顶峰。“权力和知识”成为最时髦的口号。

萨特去世后，福柯可以说是法国最有影响的思想家。1981 年 4 月，《读书》（*Lire*）杂志刊发问卷调查结果：健在的思想家中，影响最大的前三人依次是列维-斯特劳斯、雷蒙·阿隆和福柯。当时列维-斯特劳斯将近 73 岁，阿隆刚过 76 岁寿辰，他们都属于前一代思想家。而福柯年仅 55 岁，正如日中天，领导着思想潮流。作为知识明星，福柯不能随便出门，否则就会被崇拜者包围起来，无法脱身。到饭馆吃饭时，他总是成为其他顾客指指点点的对象。他只好选择背对大厅的椅子。福柯坐在电影院里，观众的目光就转移到他身上。

福柯（1981 年）

同年，美国的《时代》周刊也刊发专稿，介绍福柯。在美国纽约和西海岸的一些大学里，福柯成为热门话题。

福柯也频频出访，到日本、比利时、加拿大等国做学术演讲。他尤其喜欢美国，多次到加州大学伯克利分校以及斯坦福大学、佛蒙特大学等讲学。他曾经表示想定居美国，原因是美国的学术气氛更自由开放。当然，也许还有他不愿公开承认的原因，那就是美国的加州是同性恋的大本营。

然而，从20世纪70年代后期起，人们更多地看到的是福柯作为社会和文化活动家的活跃身影，却久久不见福柯《性史》的后几卷问世。

1977年年底，福柯的学术研究出现危机。他预定在法兰西学院的公开讲课题目是“安全、领土和人口”。原计划是论述《性史》第一卷中勾画的“生物权力”，分析近现代历史上的种族主义、阶级斗争和大屠杀。但是，他对此已无兴趣。1977年年底，他对一位朋友说，他不知道该讲什么。1978年1月正式开讲后，每星期他都紧张而忙乱地为下一次演讲作准备。在演讲中，他有时会突然停顿下来，似乎讲不下去了。朋友回忆说：“很显然，这个生物权力的问题对于他已经过去了。……他的方向变了。但是，他还不知道往哪儿走。”①

在演讲过程中，福柯突然出人意料地转向“政府论”问题。他分析了两种“政府”概念。一种是具有“牧人权力”的统治者，他们照看着平民百姓的生活和行为。福柯指出，这种概念产生于东方，尤其是希伯来人社会，后来被基督教引入西方，并在教会中确立了这种形式的权力。另一种是近代的政府概念。它产生于封建主义没落之时。原来的君主实际上是外加在自己的王国上面的，他们行使统治权只是为了增强自己的权势。但是中世纪末和近代早期的一些学者提出了一种新的政府论。他们认为，君主统治着“由人和物组成的复杂整体”。政府的宗旨是由许多管理不同事物的具体目的而组合在一起的多重目的。福柯指出，权力对象的变化必然导致统治手段的变化。近代政府依赖于两类知识和政治技术，一类是基于军队和欧洲国家结盟关系的“外交—军事技术”，另一类是控制人口（居民）的“治安”技术。②

1978年5月，福柯在法国哲学会发表演讲，题目是“什么是批判?”。

“批判”一词在20世纪70年代十分时髦。在各种学术论争中，人们动辄就使用“批判”。福柯指出，现代意义的“批判”发端于康德，因马

① Miller, *The Passion of Michel Foucault*, p. 299.

② See Clark, *Michel Foucault: An Annotated Bibliography*, pp. 64, 99.

克思的《政治经济学批判导言》一文而畅行于世。在康德和马克思那里，批判意味着揭示隐蔽的事物，揭示和考察制约着我们思维的假说。

福柯则提出一种新的“批判”概念。他把批判看做一种态度、一种品德，而不是德国理论家所设想的那种工具。“批判是一种通过某种方式和付出某种代价而不受统治的艺术。”这种艺术最先不是在康德或马克思那里，而是在宗教改革时期的反叛教派那里形成的。当时新教向天主教会发出挑战。当议会共和派，即绝对主义的批判者开始申述“普遍而不可剥夺的权利”时，这种新艺术就从宗教领域传入世俗政治思想领域。17、18 世纪，批判态度具有哲学意义了。各种各样的思想家重新考察知识，抨击偏见和迷信。回顾批判的发展史，福柯总结道：“可以说，批判是一种运动，主体凭借这种运动而获得一种权利，即运用一种自觉反抗、有意不服从的艺术来发现真理。”

接着，福柯把这种“批判”概念与康德的“启蒙”概念联系起来。康德的《什么是启蒙?》一文给“启蒙”下了一个定义：“启蒙就是指人摆脱他自己导致的监护。监护是指人若没有他人的指导就不能运用自己的理解力。自己导致的监护是指这种监护不是出于缺乏理性，而是出于在没有他人指导的情况下就缺乏运用理性的决心和勇气。要敢于认识！要有勇气运用你自己的理性！这就是启蒙的格言。”福柯在重述康德的定义时特别强调“勇气”和“运用你自己的理性”。这样，福柯就把康德的定义变成了尼采式定义，即强调发现个人的意义。

福柯认为，启蒙问题是现代哲学的中心问题。从黑格尔到马克思、叔本华和维特根斯坦，从尼采到海德格尔、波普尔和巴什拉，都以各自的方式来解答这一问题。福柯自己的方式是，通过某种被人称做历史—哲学意义上的实践来揭示“权力、真理和主体之间的关系”。他所谓的实践是极其独特的。他说：“实际上，就是（通过仔细地分辨所继承的各种概念，同时创造虚构的新概念）使每个人的自己成为他自己的历史。”

福柯的“启蒙”与康德的启蒙不同。福柯根本不想划分“真的和假的，有根据的和没根据的，现实和幻想，科学和意识形态，合法和专制”。他只是考察人们在不同时期对疯癫、犯罪和疾病的不同思考，探究“强制机制和认识要素之间的联系”，使以前似乎无可辩驳的东西变得可疑。“疯人被视为精神病患者，不是理所当然的；对于罪犯只能关起来，也不是不言而喻的；疾病的原因只能通过个人身体检查来寻找，也不是不言而喻的；等等。”福柯认为，只要以这种方式来描述知识和权力的关系，就会使这种关系变得不可容忍。因为历史—哲学批判所揭示出来的是认识的专横和权力的暴力。懂得这一点，人们就会鼓起勇气反抗，并用不同方式思考。

福柯的结论是：“如果有必要提出与支配相关的理解问题，那么，首先就必须从某种不愿被统治的坚决意志开始。”

由于福柯改变了批判和启蒙的原意，因此演讲结束后，在座的哲学家提出一些疑问。有人问，福柯的立论是否基于某种“神秘的基础”？福柯表示自己对此还没有完全搞清楚。但他认为，在权力和知识网络之外，确实还存在着某种东西。这种东西类似“纯粹的超验物”。它是一种自发地超越任何具体界限的无限能力。康德称之为“自由”，尼采称之为“权力意志”。福柯表示：“我一直竭力在自己的历史—哲学实践的极限揭示出这种闪现的神秘实质。”

接着又有人问：“你刚才谈到‘不愿被统治的坚决意志’。这一命题本身是否也应该是研究的对象、质疑的对象？”福柯的回答是，如果想探究批判的这一层面，那么就必须抛弃狭义的哲学，而思考自由通过“造反实践”出现于历史的方式。回顾文艺复兴以来的历史，最令人深思的一个现象是，个人摆脱权力控制的精神斗争同集体改造政府制度的政治斗争是重合在一起的。把今天的马克思主义同16世纪的新教相比较，就会发现它们很相似，它们都致力于同时对意识和社会进行激烈的改造。由此，福柯认为，有必要重新考察与“神秘主义”相连的意志问题。这是因为历史上在宗教改革时期出现的神秘主义者并不是启蒙批判的对立面，而是西方第一次大造反的不自觉的战士，他们展示和捍卫了自由经验。①

福柯承认了集体的社会改造与个人精神斗争的某种重合。正是在这个意义上，正如我们前面说过的，福柯在某种程度上向启蒙回归。但这只是表面上的。实际上，福柯思想的变化，更主要的是尼采主义的深化。如果

---

① See Miller, *The Passion of Michel Foucault*, pp. 301—305.

说，从《疯癫与文明》以来，福柯致力于从文化边界如疯癫、犯罪、疾病和性来考察和批判西方现代文明的各种理性化（rationality）的形式、各种权力关系，那么此时，福柯的思考转向了探究边缘反抗的基础——自我意志。

福柯的思想变化无疑与同性恋运动的兴起与公开化有关。1975 年美国加州之行后，福柯异常兴奋，对许多朋友讲述自己的见闻和感受。福柯对“非性欲化”的“极限体验”越来越着迷。

1977 年 12 月和 1978 年 1 月，福柯访问联邦德国，参加了一个“TUNIX”大聚会。“TUNIX”的意思是“绝不”。这是一些拒绝与当局合作的青年人的松散组织，其中包括生态保护者、女权主义者和无政府主义者等等。同时，与美国不同，联邦德国学术界对福柯还不是太关注，福柯被视为一个挑衅性的思想家。而福柯本人对于这种身份很满意。他能够自由自在地与那些反叛青年一起交谈，分享他们的感受。福柯还在冯·比洛的陪同下游览西柏林。夜幕降临后，他就独自一人出去，混迹于同性恋者聚集的夜总会和酒吧。

福柯在柏林“TUNIX”大会上（1978 年 1 月）

1978 年 4 月，福柯在德菲尔的陪伴下第二次访问日本。第一次是在 1970 年 9 月，他正式进入法兰西学院之前应东京大学之邀访问日本。这实现了一个他多年的夙愿。那时他的著作，尤其是《疯癫史》在日本学术界已经产生影响。福柯在东京大学连续发表了题为“疯癫与社会”、

"疯癫、文学和社会"等演讲。访问期间，他对禅宗文化和日本现代文学发生兴趣。他认为谷崎润一郎（1886—1965，其小说探索日本传统的美感，带有色情描写）的小说与巴塔耶和克罗索夫斯基的思想有共通之处。

第二次访日前，福柯阅读了一些有关禅学的书籍。访日期间，除了做演讲外，福柯特别考察了禅宗的情况。他到京都的一个寺院住了几天，体验禅宗和尚的修行生活。他对这种静坐修行不太适应。事后，福柯说："我对佛教哲学很感兴趣，但是这不是到那里去的原因。我最感兴趣的是禅宗寺院里的生活，即禅宗修行实践，它的动力和规则。"他把禅宗和基督教加以比较："基督教中有意思的是，人们总是探寻进一步的个人化。人们试图抓住个人灵魂的根本。'告诉我你是谁?'这就是基督教的精神。在禅宗里，所有与精神事务有关的似乎都旨在抹去个人。"① 看来，禅宗文化不是福柯所要寻找的理想。

福柯有时通过吸毒来寻求快感。他觉得，吸毒能够获得局部的性快感所不能带来的"绝对不可思议的快感"。但是，福柯不是瘾君子。他很有节制，不像萨特那样在写作时必须服用刺激药物。福柯追求"深度、强烈和不能自拔的快感"，而毒品只是一种轻度的替代物。

1978 年 7 月，福柯体验到那种极限快感。一天傍晚，他走出家门，穿越街道，突然被一辆汽车撞倒。福柯被送到医院。当时，德菲尔在伦敦。在半昏迷状态中福柯让警察首先通知的是西涅莱。西涅莱接到电话大为震惊。她的第一个反应是："难道你们不知道他是谁? 他是法国最伟大的哲学家!"

福柯后来谈起此事时说："有一次我在街上被汽车撞了。当时我正在走路。然后，大约在两分钟的时间里，我觉得我要死了。这是一种非常、非常强烈的快感。当时天气十分美妙。那是夏天的七点钟。夕阳西下，天空碧蓝，辉煌壮丽。这是我迄今最美好的记忆之一。(大笑)"②

这次车祸给福柯留下了后遗症。一年后，福柯仍不时地头痛、头晕、

---

① Eribon, *Michel Foucault*, p. 310.

② Foucault, *Politics*, *Philosophy*, *Culture*: *Interviews and Other Writings*, *1977－1984*, p. 12.

恶心。

福柯的研究和教学终于选定了一个新方向。在1981年的演讲中，他表示要研究“自我技术（techniques de soi，technologies of the self）。他说，这些技术存在于整个文明之中。它们是为个人规定的，旨在按照一些目标固定、维持和改变他们的身份。它们凭借的是自我对自我的控制或自我对自我的认识。总之……人是如何通过行为来‘统治自己’的？在这些行为中，人自己成为这些行为的对象，成为这些行为的领域，成为他们所借助的工具和行为的主体。”

福柯提出：“柏拉图的《阿客巴德篇》可以被视为起点，因为在这一篇里‘自我的呵护’问题似乎成为一个总框架，在这一框架下，‘认识自己’这一律令具有了意义。”①

福柯的转向是双重的。一方面，他从权力问题转向“主体”问题。他后来甚至说，自己二十几年来研究工作的总题目不是权力，而是主体，即“研究将人转变为主体的……客体化方式”②。就性史研究而言，他从政治学转向伦理学，从对摆脱性态部署的关注转向“生存美学”。另一方面，他的研究时空发生变化。以前，福柯的目光死死盯着文艺复兴以来的近现代。他在写作《规训与惩罚》时还嘲笑海德格尔以及德里达把柏拉图说成堕落从而美化早期古希腊文化的观点，表示自己不想谈论古希腊，“不愿陷入希腊文化复古主义”。但是他这一次却出人意料地大跨度地回溯到古希腊。

福柯曾经解释这种转向与以前的权力—知识理论的关系：“如果想分析西方社会的主体系谱学，那就不仅必须考虑支配技术，而且必须考虑自我技术。可以说，必须考虑这两种技术的互动关系，因为人支配人的技术需要借助于个人对自己采取行动的方式。”③

---

① Foucault, *Resume descours*, p. 134.

② Dreyfus and Rabinow, *Michel Foucault: Beyond Structuralism and Hermeneutics*, pp. 208-209. 中译文参见［美］德赖弗斯、拉比诺著，张建超、张静译《超越结构主义与解释学》，271～272页。

③ Habermas, *The Philosophical Discourse of Modernity*, p. 273.

福柯还表示，《性史》第一卷有许多错误，其中之一是：“希腊和罗马人没有与中国人相似的房中术（至少这一点在他们的文化中不重要）。”他认为，古代希腊、罗马人所拥有的是“生活艺术，其中节制肉体快乐起着非常重要的作用。在这种生活艺术里，完全控制自身的观念很快成为主要问题。基督教对自我的解释构成了对这种技术的详尽阐释。……希腊伦理学的要点是个人选择问题，是生存美学问题”①。

1983 年 3 月，德国法兰克福学派第二代大师哈贝马斯应法国著名历史学家韦纳之邀到法兰西学院做学术演讲。韦纳是福柯的密友，也是尼采主义者。邀请哈贝马斯一事，福柯是主要策划人。

福柯是从 20 世纪 70 年代中期才正式接触法兰克福学派的著作。这或许不是由于福柯本人的孤陋寡闻。他后来解释说，法兰克福学派的代表人物在 20 世纪 40 年代流亡英、美，所以法兰克福学派与法国哲学之间没有交流，他当学生时从未听到哪一位教授提起过法兰克福学派代表人物的名字。福柯对法兰克福学派的思想给予了很高的评价。他说：“如果我从那时起就了解法兰克福学派，我就不会说出一些蠢话了，我就能避免许多弯路。”② 他把法兰克福学派看做他所继承的法国科学史学派的德国同道。他尤其赞扬霍克海默、阿多诺和哈贝马斯的成果：“这个学派的哲学家提出了一些至今仍需要研究的问题，例如，权力对合理性的影响的问题。西方自 16 世纪以来不同时期、不同地区都致力于这种合理性。……我们不再想接受这种权力，但是我们如何能把这种合理性同规定着它的权力机制、程序、技术和影响分离开呢？难道我们不能断言：启蒙的许诺，即通过理性的运作而实现自由，不是被理性本身的统治所推翻了吗？理性不是逐渐篡夺了自由的位置了吗？”但是，福柯反对法兰克福学派继承马克思主义的“人的本质”观念。他尤其

---

① Robinow, ed., *The Foucault Reader*, p. 348. 参见［美］德赖弗斯、拉比诺著，张建超、张静译：《超越结构主义与解释学》，302 页。

② Foucault, *Politics*, *Philosophy*, *Culture*: *Interviews and Other Writings*, *1977–1984*, p. 26.

嘲笑哈贝马斯设想的“自由沟通状态”，视之为一种乌托邦。①

哈贝马斯对福柯的思想也是有褒有贬。他赞扬福柯作出了“对理性分化的出色描述”，提供了“对陷入主体哲学的人文科学的透彻批判”。但是，他又批评福柯的尼采主义。他指出，福柯的系谱学不能摆脱主体求知意志的主观主义，却又自命为科学，结果导致现在主义（presentism）、相对主义和隐秘规范主义（cryptonormativism）：“福柯没有彻底思索自己研究的难点，没有看到他的权力理论将会遇到与植根于主体哲学的人文科学相同的命运。他的理论竭力超越那些伪科学而达到更严格的客观性，但也就因此而更无助地陷入一种现在主义历史学的陷阱。它眼睁睁地看着自己被推向相对主义的自我否定而不能对自身的言语的规范基础作出任何说明。”② 哈贝马斯还批评福柯贬低现代启蒙和理性的进步性，认为巴塔耶、福柯和德里达构成了法国的“青年保守派”系谱。③ 哈贝马斯在法兰西学院发表演讲时，当着主持人韦纳和在座的福柯这两位尼采主义者的面，大讲尼采思想所导致的法西斯主义后果。

访问期间，哈贝马斯与福柯几度会面。两人介绍了各自的学术发展经历。福柯建议第二年与一些美国学者一起召开一个小型的康德研讨会，纪念康德的《什么是启蒙?》问世200周年。哈贝马斯与福柯的会面是当代德国和法国最有代表性的两大批判思想家的会面，其象征意义远大于他们的交谈内容。

1984年5月和6月，人们翘首以待的《性史》第二、三卷终于相继问世。令读者惊讶的是。第二卷书中的广告插页展示了一个新结构的《性史》系列：

第一卷：《求知意志》（1976年出版）

---

① See Miller, *The Passion of Michel Foucault*, p. 336.

② Habermas, *The Philosophical Discourse of Modernity*, p. 294.

③ See David C. Hoy, ed., *Foucault: A Critical Reader*, New York: Basil Blackwell, 1986, pp. 8-9.

第二卷：《快感的享用》

第三卷：《自我的呵护》

第四卷：《肉欲的忏悔》（即将出版）

由福柯自己撰写的广告插页还宣布，研究重心彻底改变，不再考察性态，而是考察“古典古代到基督教早期的欲望之人的系谱”①。

在插页广告和《快感的享用》的导论中，福柯阐述了自己研究思路的变化：“把性态说成一种历史概念，就意味着要建立欲望主体的系谱，这不仅要回溯到早期基督教传统，而且要回溯到古代哲学。”理由是，性态虽然是一种独特的历史经验，或许与基督教所谓的肉欲经验不同，然而两者似乎又都受着“欲望之人”的原则支配。这就需要分析历史上各种致使个体关注自身、把自己当做欲望主体来解释和认知的话语实践，即各种“真理的游戏”。

由于福柯从现代追溯到比基督教更远的古代，他就遇到了一个非常简单而又非常一般的问题：为什么性行为以及由此产生的活动与快感会成为道德关注的一个对象？为什么这方面的道德关注显得比对个人和集体生存的其他领域（如哺育行为或解除人们的公民义务）的道德关注更重要或更不重要？通常的回答是，因为这些比其他事物更是禁律的对象，违禁是严重的罪错。福柯认为，这种回答本身就需要受到质疑，因为在没有禁律的地方，往往对性的道德关注更强烈。考察古希腊、罗马文化就会发现，这一存在问题似乎与一系列可称之为“生存艺术”或“自我技术”的实践密切相关。因此，福柯表示，他要“用从自我技术的角度考察的道德论辩史来取代从禁律角度考察的道德体系史”。

《快感的享用》集中考察了古希腊思想是如何把性行为看成一个欣赏和道德选择的领域，考察了与这一领域相关的主体化方式：伦理主旨，支配类型，自我塑造的方式和道德目标。另外，还考察了当时的医学和哲学思想是如何论述这种“快感的享用”，并阐述了几个关于节制的流行观

---

① Eribon, *Michel Foucault*, p. 320.

念——节制观念后来成为四大轴心经验的核心：与自己肉体的关系，与自己妻子的关系，与少男的关系，与真理的关系。

福柯首先提出一个问题：异教（指基督教之前的古代文化）和基督教在性道德方面的主要差异是什么？通常人们的回答是，基督教将性视为邪恶和罪过，而古代赋予性以正面的意义；基督教把以生育为目的的一夫一妻制视为唯一合法的性关系，而古代则对性关系较宽容，而且认可同性恋关系，至少是男子同性恋关系。再有，基督教特别强调贞洁。

但是，福柯认为，西方古代的性伦理并非那么宽容。性节制的四个主题（性活动与身体健康的关系，婚姻制度，男人之间的关系，克制与智慧的关系）在古代思想中已经占据中心位置。

在他看来，一个重大差异在于，古代人的节制要求没有形成统一的强加于所有人的道德法典，而是表现为多样化的道德实践。另外，这些节制要求没有完全与当时主要的法律及宗教禁律结合起来。相对于为人们普遍接受的道德来说，它们只是补充性的“奢侈品”。例如，严格的道德准则是针对统治阶级的男人的，因为女人被视为物件，至多是伴侣。造成这种情况的原因至少是：风俗，道德规范以及人们把自己塑造成道德行为主体的方式，这三者并不统一。可以说，古代的自觉道德思想比道德准则更接近于禁欲主义。

福柯指出：“在希腊思想中，性行为成为一个道德实践的领域。”他考察了古希腊哲学和医学思想在三个经验领域里是如何处理性伦理问题的：养生，经济（家政）和爱恋。古希腊性伦理的对象是 aphrodisia，意思是“阿芙洛狄忒（爱与美的女神）的作品”，泛指爱恋、快感、性交、性行为、肉体快乐等。福柯利用一系列文献，主要是色诺芬、柏拉图和亚里士多德的作品来阐释古希腊人对这类快感的思考。

在这些哲学家看来，性领域的不道德不在于性本身，而在于是否过分和是否消极。性或者说过分的性是一种危险，而不是一种罪愆。因此，性伦理问题被归结为如何控制。性行为的精义就在于自我约束。智慧就意味着能够控制欲望，使之尽可能地符合身体需要。真正的自由人绝不应该成为自己欲望的奴隶。

对情欲的控制除了表现在养生和家政之外，更重要的是表现在爱恋关系上。在古希腊思想中，爱恋主要不是指男女关系，而是指男人之间的关系，即追求少男。当时人们并不把这视为变态。被哲学家蔑视的只是那些轻浮的少男。这种不对称观念后来在基督教文化中演变成关于未婚少女和少妇的荣誉观念。

从同性恋关系中发展出一种男人友谊观念，因为古希腊人蔑视成年男子之间的同性恋。这样，成年男人同少男之间的关系就应该转化成友谊。这种平等互惠关系是塑造自我的一个重要方面。福柯特别强调，有关少男的哲学反思包含着一个历史悖论。可以说，古希腊人在这一爱恋领域里相当自由，但也主张最严格的节制。

总之，古希腊哲学在养生、家政和爱恋三个方面形成三大自我艺术。

从伦理史的发展看，道德关注和节制要求的重心在不断地转移。在古希腊，最敏感和最受关注的是同少男的关系；以后重心转移到妇女身上；从 17、18 世纪起转移到儿童的性问题上。

《性史》第三卷《自我的呵护》这个标题出自苏格拉底的一句名言。这一卷分析了这个问题在公元最初两个世纪的希腊文和拉丁文著作中是如何成为主题的，以及由于对自我的关注，在生活艺术中这个问题发生了什么变化。

《自我的呵护》一开始用很大的篇幅论述古罗马占卜家阿尔米多鲁斯（Artemidoris）的名著《释梦》。福柯对释梦本身并没有兴趣，但是他认为这部书提供了有关男人性欲的一个视角。在这部书里，对男性以自己的儿子、女儿和奴隶为性交对象的梦境做了解释，并为了预防这类行为的实际发生提出警告。因此，这种释梦在某种意义上是生存技术的一部分。

福柯发现，与古希腊思想比较，这一时期对快感的怀疑更强烈了。各种文献强调，纵欲对于肉体和灵魂都是极其有害的。人们越来越肯定婚姻和夫妻关系，越来越否定男性同性恋。总的来说，道德规范没有变得更严厉，但是主张节制的道德思想愈演愈烈，自我控制的重要性越来越受到重视。

福柯发现，“自我文化”有了新的发展。从苏格拉底、德谟克利特、希波克拉底的时代到罗马安东尼王朝，古希腊和罗马思想家越来越强调节欲，甚至禁欲。他们还特别强调性是一个引起疾病的原因。与此同时，从正面看，哲学家对于自我的呵护则颂扬备至。斯多葛派把自我的呵护变成一种艺术，从而形成了一种新的备受推崇的道德技术：自我检讨。一个世纪后，奥勒留斯（Aurelius）对自我认识和自我控制做了透彻的阐述。

根据古代史学者的研究成果，福柯还从社会制度的变化考察了自我塑造。在罗马共和国时期，婚姻主要是父权家长制下的两性角色，几乎毫不考虑情感。到罗马帝国时期，心灵逐渐起作用了。以双方同意为基础的婚姻逐渐制度化了。性交具有了一种"结合性"。另外，由于帝国制度下血统贵族逐渐向官僚贵族演变，这也促使自我意识的觉醒：出身与职务的分离，促使人们既谋求地位，也寻找自我。

在古典古代，aphrodisia 的实践没有发生急剧的断裂，但性爱是二元分立的，即有高尚和粗野之分。在基督教统治时期，爱情变得一元化了，当然也排除了享乐。快感实践严格地局限于合法的异性性交，同性恋被视为非法。然而，在罗马帝国的鼎盛时期，在理论上已经有单一性爱的趋势。例如，罗马皇帝哈德良的教师普鲁塔克就否定性爱的二元区分。因此，古代晚期哲学已经在把爱情领域统一起来。但是，与基督教思想家不同，此时的哲学还没有把爱情与性、情感与快感截然分开。

最后，福柯回溯了近代早期有关斯多葛主义与基督教的关系的争论。在文艺复兴时期的人文主义者利普修斯等人看来，斯多葛派哲学家爱比科泰德实质上已经是真正的基督教徒；但是詹森派的阿诺德则认为，斯多葛派是道德学派，而不是基督教徒。福柯赞成后者的观点。他认为，尽管古代的性节制思想给早期基督教提供了许多因素，但是，古代思想缺少基督教的一个关键因素，即忏悔。古代关于快感的反思既不是对行为的编码，也不是对主体的解释，而是"态度的风格化和存在的美学"。这种生活艺术因救赎渴望的胜利而失传。自早期基督教思想以来，爱欲受到严格的怀疑。忏悔之人用对被贬低之欲望的痛苦的、挑剔的和压制的反省取代了快感美学。①

---

① 关于《性史》第二、三卷的内容评述，参见 *The Use of Pleasure*, New York: Pantheon, 1985; *The Care of the self*, New York: Pantheon, 1986; Merquior, *Foucault*, ch. 9; 张廷琛等译：《性史》，第1、2卷。

《性史》第四卷因福柯的去世而未能完成。按照福柯自己做的预告："《肉欲的忏悔》将考察基督教早期的肉欲体验以及解释学所起的作用，揭示欲望的涤罪过程。"① 自1981年起，福柯曾陆续发表了几篇有关研究论文，包括《性与隐居》、《为贞洁而斗争》、《人们快感的梦幻》、《自我的铭写》等，分析了早期基督教的"自我技术"。有的研究者认为，这些论文以及福柯在法兰西学院的演讲可能就是第四卷的主要内容。② 当然，这仅仅是推测。福柯是多变的。如果假以时日，他能从容不迫地写完第四卷，或许又会让读者大吃一惊。不过，我们也可以根据这几篇论文了解他当时的有关思考。

在福柯看来，基督教教会的权力是一种"牧人权力"。这种权力主要是照料人群而非土地。与这种权力相对应的是信徒的恭顺。这是由于人类始祖亚当堕落后，人性中就包含着叛逆因素。人不仅对抗上帝，而且对抗自己。这特别表现在性渴望的狂妄上。性的躁动表明人需要与自我斗争，永远的恭顺乃是进行斗争的必要条件。恭顺涉及知识和主体性的特殊形式。

为了拯救人们的灵魂，基督教牧师必须懂得真理，它不仅是一般的信仰真理，而且包括每个人的灵魂的真理（真相）。福柯认为，基督教的独特之处在于，它把重大的求真义务强加给信徒。信徒不仅要接受道德和信仰真理，而且必须成为自己个人真理（真相）的挖掘者。最明显的例子是礼拜仪式。早期基督教徒公开宣布自己是罪人并当众忏悔。不那么明显但更持久的方式是在修道院中形成的良心检讨和忏悔。基督教竭力获得这种自我认识，不是为了直接控制性活动，而是为了更深地了解内心活动。通过良心检讨和忏悔，基督教发展出一种能够使人改造自己的自我技术。这种技术的主要结果是造成一种独特的主体性。

在基督教文化中，人经历了内在化或主体化。这是两种过程的结果。首先是自我被视为一种解释学意义上的实在。也就是说，承认主体身上有一种真理（真相），这种真理（真相）存在于灵魂之中，真理话语能够揭

---

① Eribon, *Michel Foucault*, p. 321.

② See Bernauer, *Force of Flight*, p. 159.

示它。这样，基督教徒的自我就成为一种需要不断解释的模糊文本。其次，基督教解释自我的目的在于促成对自我的否定。个人与自我的这种关系是把洗礼和公开忏悔日常化，不断地从旧的自我转变为新发现的他者。最典型的就是承认“我不是我现在这个样子”①。

姗姗来迟的《性史》第二、三卷使许多读者大失所望。与以前的著作相比，这两卷的风格变得几乎令人难以置信。福柯特有的华丽的文体、惊人的意象、意外的警句和论点几乎都看不到了。更重要的是，权力—知识的主题几乎消失得无影无踪。伦理学的学究式考古取代了尖锐的社会政治学研究。激烈的社会政治抗议变成了对自我的观照和修炼。

《性史》第二、三卷受到了法国和美国的古代史学者的称赞。福柯处理资料和论述的方式都符合他们的规范。与以前的著作不同，福柯做了大量的注释，而且尽可能地引用了最新的研究成果。书中几乎没有什么惊人的叛逆观点。《自我的呵护》否定把古代说成狄俄尼索斯性自由时代的观点。但这并不是学术界的观点。另外，福柯在《求知意志》中称性态概念是现代概念，然而，他在《自我的呵护》中发现古代虽然没有完全相同的概念，但是有类似的概念。更值得注意的是，福柯的历史观似乎发生了剧变。他不是研究“断裂”，而是研究“认识论潮流”，如异教的伦理实践向基督教伦理实践的缓慢转变。他承认，古罗马人的伦理已经预示了几百年后基督教的伦理态度。

上述情况使得许多人认为，《性史》第二、三卷没有学术新意，是福柯创造力枯竭的表现，是福柯思想和学术的断裂；福柯走进了理论死胡同；《性史》第二、三卷与福柯最早的《精神疾病与人格》都不属于福柯的核心作品或代表作品。② 究其原因，固然有福柯本人承认的学术因素：他涉足自己不熟悉的古代历史和古代文献领域。但有人认为这在很大程度上是福柯知道自己来日无多的急就章，也有人认为是由于福柯不能同自己

① Bernauer, *Force of Flight*, pp. 162-165.

② See O'Farrell, *Foucault: Historian or Philosepher?* p. 18; Shumway, *Michel Foucault*, pp. 154-155.

切身的同性恋问题拉开距离。①

上述看法有一定的道理，但又失之片面。福柯的转向被严重误解了。

1983年4月，福柯在加州大学伯克利分校做学术演讲，并且与哲学教授德雷福斯（H. L. Dreyfus）和人类学教授拉比诺（P. Rabinow）进行了多次交谈。谈话记录经过整理后，以《关于伦理系谱学：研究进展概述》为题发表。

福柯论述了性史研究与以前研究的关系。他表示，系谱学研究可以有三个领域。"第一，有关我们自身与真理关系的历史本体论。通过它，我们把自己变成知识主体。第二，有关我们自身与权力领域关系的历史本体论。通过它，我们把自己变成作用于他人的主体。第三，有关伦理学的历史本体论。通过它，我们把自己变成道德代理人。所以，系谱学可能有三个轴心。在《疯癫与文明》中三个轴心并存，但有些混淆。《临床医学的诞生》和《词与物》研究的是真理轴心，《规训与惩罚》研究的是权力轴心，《性史》研究伦理轴心。"②

但是，与福柯以前的说法不同，在这次谈话中，"生存美学"和"自我技术"获得了一种根本性的独立意义。福柯说："由于我们清楚地看到，我们的伦理观的某些主要原则在某个时刻曾与生存美学相联系，那么这种历史分析就会有用。许多世纪以来，我们一直相信在我们的伦理学、个人伦理观、日常生活与庞大的政治、社会、经济结构之间存在着分析关系，而且我们相信，只要我们改变任何东西，例如性生活或家庭生活，就会毁坏经济、民主等等。我认为，我们应该摆脱那种认为伦理观与其他社会结构、经济结构、政治结构之间存在着分析关系或必然联系的观点。"③

当然，"自我"不是先天给定的。福柯指出："从自我不是给定的这

---

① See Mark Poster, *Critical Theory and Poststructuralism*, Ithaca: Cornell University Press, 1989, p. 89.

② Robinow, ed., *The Foucault Reader*, p. 351－352. 参见［美］德赖弗斯、拉比诺著，张建超、张静译：《超越结构主义与解释学》，305～306页。

③ Ibid., p. 350. 参见［美］德赖弗斯、拉比诺著，张建超、张静译：《超越结构主义与解释学》，304页。

一观点出发，我想只有一种可行的结果：我们必须把自己创造成艺术品。”① 他承认，自己的观点接近于尼采。尼采在《快乐的科学》里说，人应该创造自己的生活，通过长期的实践和日常生活赋予它一种风格。②

因此，把伦理学层面引进系谱学研究，是福柯反对现代理性和人本主义的一个新发展。他表面上回到“主体”论，但实际上，他反对现代理性和人本主义对所谓主体的“发现”和规定，因为现代主体性概念是把自我当做客体对象。他的研究表明，在各种不同的文化中有各种不同的主体化。因此，主体化无须采取西方现代方式。

早在 1953 年的《精神疾病与人格》中，福柯就从伦理角度对现代人本主义提出质疑。在他看来，在现代西方社会，除了思想和政治禁锢外，还有道德禁锢。在人本主义那里，“理性不再是人的伦理，而被变成一种本性”③。如何冲出“现代性”的伦理铁笼，是福柯多年的内心思考。现在，福柯似乎又回到了早年的起点，但这是一个螺旋式的上升。正如德勒兹所分析的，福柯从基于死亡论的生机论转向基于美学的生机论，即原来把具有绝对否定性的死亡当做确认生存的时刻，现在则从肯定的意义上来理解生命，把生命看做人塑造自己的行为和观念的独一无二的方式。④

总之，福柯主张通过自我创造来实现对“现代性”的突围和超越，这是他的“尼采式探索”的继续，而且更体现了尼采主义的本质，也更贴近个人体验。当然，福柯把自我创造看做可以脱离社会权力结构的观点似乎有悖于他的系谱学整体。这如果不是表明福柯对西方现代性的现实有所妥协的话，那么就是更深刻地反映了他的愤世嫉俗的犬儒主义。

---

① Robinow, ed., *The Foucault Reader*, p. 351. 参见［美］德赖弗斯、拉比诺著，张建超、张静译：《超越结构主义与解释学》，305 页。

② 尼采的原话是：“给人的个性一种风格——这是一种崇高而稀有的艺术！”（［德］尼采著，余鸿荣译：《快乐的科学》，194 页）

③ Foucault, *Mental Illness and Psychology*, p. 87.

④ See Deleuze, *Foucault*, p. 127; Miller, *The Passion of Michel Foucault*, p. 340.

第十七章　恶之花

1984年6月2日，福柯突然晕倒在厨房里，后脑被磕破。当德菲尔发现时，福柯不省人事地躺在血泊中。他先被送到附近的一家私人诊所。6月9日，福柯获准进入萨尔佩特利耶尔医院。这个医院的前身恰恰是福柯在《疯癫与文明》中着重论述的一个麻风病院和精神病院。朋友们得知消息后纷纷前来探视。病房里充满欢声笑语。当病情稍有好转，福柯就又制定各种出游计划，并接受采访。他还读到关于《性史》第二、三卷的第一批书评。他最高兴的是收到德勒兹的一封慰问信。但是，很快，他的病情就恶化了。他被转到特护室。除了直系亲属（姐姐、弟弟）和德菲尔外，其他人只能隔着玻璃窗探望。6月25日下午，一个惊人的消息如闪电般传遍巴黎知识界，电台和电视台宣布："福柯去世了。"当时，福柯还不到58岁。

6月27日，《世界报》发布医生公告："萨尔佩特利耶尔医院神经病学科主任保罗·卡斯坦教授和布鲁诺·索隆博士，经米歇尔·福柯的家属的同意，发布下述公告：米歇尔·福柯于1984年6月9日进入萨尔佩特利耶尔医院神经系统疾病诊所。他因神经系统疾病引起败血症，需要做进一步的必要检查。检查结果表明，脑部有脓肿。最初用抗生素治疗，具有一定的疗效。病情减轻后，福柯能够阅读第一批关于他最后著作的反应。但是，病情突然恶化，抢救无效。福柯于6月25日下午1点15分去世。"

这个公告有意掩盖了福柯的真正病因。

福柯去世当天晚上，他的姐姐弗兰仙和德菲尔到医院挂号室办理手续时看到，病历上的死亡原因一栏里写着：艾滋病。弗兰仙要求涂改掉。医院顺从这一要求，重新做了一份病历。①

有些人早已猜到福柯的病因。埃尔维·吉贝尔（Herve Guibert）在探视时，吻了福柯的手。回到家里，他赶快洗嘴，怕被传染。对福柯实行特级护理，也是医院采取的一种隔离措施。②

福柯死于艾滋病的传闻不胫而走，四下流传。6 月 26 日，《解放报》头版以整版篇幅刊发福柯的照片和悼念福柯的文章。其中有一段文字反驳谣言："福柯尸骨未寒，谣言就蜂拥而起。福柯被说成死于艾滋病。似乎一个杰出的知识分子，因为是同性恋者，尽管极其谨慎，但也必然是这种时髦疾病的侵害对象。……似乎福柯肯定死得不体面。"

可惜，所谓的谣言恰恰是真理，而掩盖和辟谣恰恰反映了当时人们对艾滋病这一现代瘟疫的恐惧。

艾滋病病人往往死于到处存在的但却对健康人没有危险的病菌，主要是导致卡氏肉瘤的病毒和卡氏肺囊虫。人类医学对这两种疾病的认识已有一百多年的历史。1872 年，维也纳大学医院讲师卡波齐报告了 5 个皮肤癌症病例。这些病例与已知病例不同。卡波齐为之命名为"自发的多发性皮肤色素肉瘤"，后被人简称为卡氏肉瘤。卡氏肺囊虫肺炎曾经导致许多儿童的死亡。20 世纪初，医学界开始认识卡氏肺囊虫。但是，在艾滋病流行之前，这种肺炎已经变得很稀少了。由于罕见，这两种疾病在一般医书中根本不再提及。

1978 年和 1979 年，美国先后发现了首例卡氏肉瘤和卡氏肺囊虫肺炎。1981 年 6 月 5 日，设在美国亚特兰大的"疾病控制中心"出版的《发病率与死亡率周刊》，刊登了一篇仅有几页的报告，标题是《肺囊虫肺炎》。报告简要地介绍了 5 个人的病史。这 5 个人都是加州洛杉矶市人。他们都在 30 岁上下，表面上身体健康，但却突然得了罕见的疾病而死亡。编辑在附言中推测：疾病可能与同性恋者的生活方式有关。这是第一份关于艾滋病的正式报道。随后证实这种疾病与获得性细胞免疫缺陷有关。

---

① See Guibert, *To the Friend Who Did Not Save My Life*, p. 97.

② Ibid., p. 91.

1982 年，这种流行病正式命名为 AIDS，即“获得性免疫缺陷综合征”。最初人们发现，这种疾病是从同性恋群体中“爆发”出来的。后来又发现，吸毒者、血友病患者等中也有这类病人。已发现的病例以纽约州和加州为最多。艾滋病迅速蔓延，死亡率剧增，并变成全球性的威胁。现代医学对此束手无策。①

一种现代瘟疫降临人间了。而且，它是与为主流社会所不齿的同性恋、吸毒等密切相关。人们称之为“淫乱瘟疫”、“淫乱癌症”或“同性恋癌症”。许多人视之为上帝对这些罪人的惩罚。一时间，艾滋病使得人人自危，对艾滋病患者乃至同性恋者唯恐避之不及。新的疑惧毒化着人际关系。

人们对福柯的回忆以及埃尔维·吉贝尔的自传体小说《献给不能拯救我生命的朋友》的描述，披露了福柯在艾滋病病魔阴影下的最后生活。

《献给不能拯救我生命的朋友》虽然采用小说体，但是其描述基本上是真实的。书中哲学家“穆齐尔”和同伴“斯特凡”的原型就是福柯和德菲尔。②

吉贝尔是一个年轻的艺术家，也是同性恋者。他当时已是著名小说家、摄影家和电影剧作家。他 1977 年与福柯相识。福柯喜欢在家里招待一群漂亮和有才华的小伙子。吉贝尔可能是其中最出众的。后来，他成为福柯最亲密、最信赖的朋友。

1981 年，吉贝尔从一个刚从美国归来的朋友那里听说这种奇怪的疾病。第二天，他与福柯共进晚餐时，讲述了这个消息。福柯听后放声大笑：“一种只伤害同性恋者的癌症，不，绝不可能是真的。太可笑了!”但是，德菲尔后来推测，福柯此时已经感染上艾滋病病毒，因为据知艾滋

---

① 参见［德］K. H. 雷格尔、P. 海姆豪森著，郭文译：《艾滋病——20 世纪的新流行病》，北京，科学技术文献出版社，1987。

② 《献给不能拯救我生命的朋友》于 1990 年出版后，其真实性和写作动机曾引起很大争议。批评者指责吉贝尔背叛朋友和破坏一般的友谊准则。他不应该把福柯的隐私公之于众。吉贝尔承认，自己背着福柯把福柯病危时的一言一行记到日记里时就已心怀内疚。但他又声称，穆齐尔并非等于福柯。但是，将其他方面的材料和小说相互参照，令人很难怀疑其真实性。

病的潜伏期大约为6年。也就是说，这是福柯1975年加州之行“极限体验”的恶果。

此时，吉贝尔已成为福柯的邻居。从他的书房可以看到福柯的阳台。一天，他听到福柯在打电话时声音变得极其奇怪而可怕。事后，福柯痛苦地对他说：“德菲尔厌恶我的爱情。我最终懂了，我是德菲尔的心病。无论我怎么努力，我都永远是他的心病，除非我消失了。我想，使他摆脱这种心病的唯一办法就是结束我自己。”

1983年，艾滋病在福柯身上发作了。当时，福柯经常出席“世界医学协会”讨论波兰局势的会议。会议地点是一个皮肤病诊所。在会上，福柯咳嗽得很厉害。德菲尔和福柯的秘书（兼助教）劝他去看病，但福柯不愿就医。最后，由于诊所主任的劝说，福柯才勉强到医院做了检查。诊所主任根据各种化验结果，判断福柯已经患上艾滋病。但是，为了保护福柯的名誉，他篡改和伪造了病历。诊所主任只是把病情告诉了福柯的秘书，希望他尽可能地帮助福柯排除各种干扰，完成性史的研究与写作。

福柯在家中（1983年）

敏感的福柯很快就意识到自己病情的严重性。一次，他问医生：“还有多长时间?”意思是，自己还能活多久。医生当然是轻描淡写地加以敷衍。福柯自知来日无多。他决定发表一些原来准备推迟的演讲。他还计划随同“世界医学协会”游历一些国家。秘书建议他最好先写完《性史》。

福柯写作《性史》后三卷时十分辛苦。他曾对德菲尔说："这部书的写作对于我不是最愉快的。"语不惊人死不休，是福柯的一贯写作风格。与以前一样，他不断变换角度，变换开头，变换结构，设想了各种新的研究和写作思路。他多次重写和修改。他曾试着把第二卷改为全书最后一卷。他只有一个目标：赶在死神之前完成这部著作。①

死亡的逼近、福柯与德菲尔关系的变化，或许有助于我们理解《性史》第二卷中所论述的友谊主题，另外，或许也有助于我们理解福柯后来近乎疯狂地尝试"极限体验"的原因。

这一年，福柯两度到美国加州大学伯克利分校讲学。4 月，在与德雷福斯和拉比诺最后一次谈话结束后，福柯在另一个老朋友、英语系教授米勒（D. A. Miller）的陪同下去吃午饭。走向米勒的汽车时，福柯突然好像中暑了。他跌跌撞撞地拐进草坪，瘫在地上。米勒冲过来，问他是否需要帮助。福柯表示不需要。米勒赶快驱车把福柯带到附近一家有空调的餐馆。福柯立刻又振奋起精神。福柯向米勒询问有关艾滋病的医学情况。谈到"同性恋癌症"时，福柯说："我不相信。"米勒表示，他多少有点相信"性安全"的宣传。福柯大笑，问他："难道你怕死吗?"米勒回答："是的。"福柯表示，死并不可怕。他讲述了自己经历车祸的体验。他说，那种体验与吸毒体验十分相似，是一种灵魂出窍、飘飘欲仙的感觉。"另外，为了美男之爱而死，还有什么比这更美好的呢?"②

在离开伯克利之前，福柯约见了一个向他请教的艺术系学生霍尔维茨（Philip Horvitz）。两人边喝咖啡边聊天。年轻人问，艺术家能否超越"结构"？或者他是否注定要屈从于商业化？福柯回答说，可以寻找到自由，但只能在一定的背景中。权力启动了一种永恒的斗争。这是无法逃避的。但是，懂得这种游戏是你自己的游戏，你就有了自由。不要迷信权威。真理就存在于你的自我之中。不要畏惧。不要害怕生活。也不要害怕死亡。做你觉得应该做的：追求、创造、超越，你就会赢得这场游戏。年轻人问

① See Guibert, *To the Friend Who Did Not Save My Life*, pp. 13–14, 23–25.

② Miller, *The Passion of Michel Foucault*, pp. 348–350.

福柯如何看艺术家受到的经济限制。福柯回答说："你不可能拥有一个完美的世界。"革命也解决不了问题。现在艺术家拥有比过去更多的自由。过去，艺术家若在行为和装束上与众不同，就会受到嘲笑和歧视。现在不同了。看看你现在多么自由。应该利用它，并且让它变得更多。

最后，福柯突然问："你是同性恋者吗?"霍尔维茨迟疑了一下，做了肯定的答复。福柯激动地谈到艾滋病问题。他说，这个世界，权力游戏，真理游戏，这些本身就是危险的。但情况就是如此。这就是你所拥有的。有谁会害怕艾滋病？你明天可能会被汽车撞倒。甚至过马路都是危险的。如果与一个男人的性爱使我感到快乐，为什么要拒绝这种快乐？我们拥有权力，我们不应该放弃。

霍尔维茨把福柯送到返回旧金山的地铁车站时，福柯笑着留下最后一句话："如果我死了，不要为我哭泣。"①

这次加州之行或许使福柯真正意识到艾滋病的威胁。德菲尔后来说，这种威胁在福柯对古希腊、罗马思想的研究中起了关键性作用。"很可能，他已经清楚地知道死之将至。但是他不想把死亡变成一场戏剧，而是竭力在每天的日常生活中建立一种与其他人的新型关系。……即便他不能确切地知道自己的境况。"但是他肯定经常考虑艾滋病的威胁。"他很认真地对待艾滋病。当他最后一次去旧金山时，他把这次旅行当做一次极限体验。"②

这年秋天，福柯最后一次到加州大学伯克利分校讲学。回来后，他咳嗽得更厉害了，身体也变得虚弱。他向吉贝尔讲述旧金山浴室里的各种S/M的花样。吉贝尔惊奇地问："这些场所不是由于艾滋病流行而无人光顾了吗?"福柯说："别犯傻了。恰恰相反。这些浴室现在比过去任何时候都更熙熙攘攘。它们现在更光怪陆离了。无处不在的危险反而导致了新的默契，新的友情，新的紧密联系。以前，人们甚至从不说话。现在，我们彼此交谈。我们都明确地知道我们为什么到这儿来。"③

---

① Miller, *The Passion of Michel Foucault*, pp. 352-353.

② Ibid., p. 380.

③ Guibert, *To the Friend Who Did Not Save My Life*, p. 22.

福柯开始认真地考虑后事了。早在1977年，他就对一个朋友说过："如果我死了，我不会留下任何手稿。"他对卡夫卡的朋友和遗嘱执行人勃罗德违背遗嘱而出版卡夫卡的著作十分不满。1983年春，福柯与德菲尔到国外旅行。临行前，他把吉贝尔叫来，指着两个大文件夹说："这是我的手稿。如果万一这次旅行中我发生了什么意外，我希望你能到这里来，把这两个文件夹销毁。我只对你一个人提出这个请求，因此我希望你能答应。"吉贝尔表示自己绝不会这样做。福柯对自己最信任的朋友的拒绝态度感到惊讶和失望。这两个文件夹里的东西就是后来问世的《性史》第二、三卷。临终前几个月，福柯开始陆陆续续地销毁其他未公开的手稿和各种资料。但还有相当多的手稿和资料留下来了。①

福柯找律师办理遗嘱。他的遗嘱很简单："我把我的住房以及房屋里的一切都留给丹尼尔·德菲尔。死后不发表任何东西。"② 但是，由于德菲尔与他没有任何法律认可的关系，这种遗赠会使德菲尔蒙受很大的经济损失。结果，正式的遗嘱没有来得及办好。这个遗嘱意味着，不仅手稿不能公开，而且已问世的著述也不能再以其他任何形式出版。例如，散见的文章和谈话不能结集出版，演讲录音不能转化为文字。

福柯也开始按照他嘲笑过的有关宣传行事，尽量避免与自己所爱的人有身体接触，因为唾液、精液、眼泪和汗水等等都可能传染艾滋病。因此，福柯死后，德菲尔回想起来，自以为没有感染上艾滋病。③

福柯看到《性史》第二、三卷问世，但他还没有写完第四卷，就倒下了。福柯多年来坚持锻炼身体。身上肌肉丰满结实。他自以为两个星期后就可以出院了。

在医院里，德菲尔曾对福柯说："如果你的病被查出是艾滋病，那么你最后的著作就和《恶之花》一样了。"德菲尔这么说，是因为波德莱尔的《恶之花》就是写他自己的性生活和梅毒。福柯笑着回答："为什么不?"④

---

① See Guibert, *To the Friend Who Did Not Save Me Life*, pp. 19, 29.

② Ibid., p. 19; Macey, *The Lives of Michel Foucault*, p. xix.

③ See Guibert, *To the Friend Who Did Not Save Me Life*, p. 121.

④ Miller, *The Passion of Michel Foucault*, p. 34.

一语成谶。经诊断，福柯患的是卡氏肺囊虫肺炎和脑组织坏死并发症。这是一种典型的艾滋病病状。医院对此爱莫能助。

福柯的殒逝震惊了法国。法国总理和教育部长都发出了唁电。唁电称："福柯之死夺走了当代最伟大的哲学家。他是完全改变了人文科学面貌的结构主义运动的创始人之一。但他对于我国思想界的重要性首先在于他的哲学活动的独创性以及他所开辟的新的知识领域和历史思考领域：疯癫、刑法制度、医学和性欲。这位哲学家也是不知疲倦的自由捍卫者。他数次公开表达他对压迫的抗议。凡是想理解 20 世纪后期的现代性的人，都需要考虑福柯。"

各大报刊都在头版或重要位置发布消息和悼念文章。

6 月 27 日《世界报》在头版刊发布尔迪厄的文章，评价福柯的工作："福柯的工作是对僭越，即超越与知识和权力密切相连的社会界限的不懈探索。"后面还有两个整版的悼念文章。韦纳在悼文中说："我认为，福柯的成果是本世纪思想界最重要的事件。"

在 6 月 29 日出版的《新观察家》周刊上，布罗代尔把福柯之死称为"国殇"："法国丧失了这个时代的一个最辉煌的思想家、一个最富有创造力的知识分子。"迪梅齐尔痛惜福柯的早逝："福柯的才华是没有界限的。……本来应该是福柯为我写悼词，但是现在却颠倒过来了。"

6 月 29 日上午，在萨尔佩特利耶尔医院的院子里举行遗体告别仪式。这是一个只有数百人参加的私人仪式。首先由德勒兹宣读了《性史》第二卷中的一段文字："至于说是什么激发着我，这个答案很简单。我希望在某些人看来这一简单答案本身就足够了。这个答案就是好奇心。这是指任何情况下都值得我们带一点固执地听从其驱使的好奇心：不是那种竭力吸收供人认识的东西的好奇心，而是那种能够使人摆脱自我的好奇心。说穿了，对知识的热情，如果仅仅导致某种程度的学识的增加，而不是以这样或那样的方式尽可能地使求知者偏离自我，那么这种热情有什么价值呢？在人生中，如果人们想进一步观察和思考，有些时候就绝对需要提出这样的问题：了解人能否采取与自己原有的思维方式不同的方式思考，能否采取与自己原有的观察方式不同的方式感知。……今天的哲学——我是指哲学活动——如果不是思想对自己的批判工作，那又是什么呢？如果它不是致力于认识如何以及在多大程度上能够以不同的方式思维，而是证明已经知道的东西，那么它有什么意义呢?"①

参加告别仪式的有迪梅齐尔、康吉兰、韦纳、布尔迪厄、西涅莱、蒙当、德里达、莫里亚克以及司法部长巴丁特尔等等。还有许多是与福柯一起参加社会政治斗争的战友。

下午，福柯的灵车开到普瓦捷。福柯的母亲肃穆庄重地接待了德菲尔、吉贝尔等为福柯送葬的朋友。她安排了自己最心爱的儿子的葬礼，两年后，她也告别了人世。

德菲尔、吉贝尔等人都是第一次来到福柯家乡。吉贝尔看到福柯家的庄园后，十分吃惊。福柯从突尼斯归来后非常简朴，过着斯巴达式的生活。他外出旅游总是住二三流的旅馆。死后在他的抽屉里发现了数百万法郎的收入支票——福柯懒得去存入银行。因此吉贝尔从未想到福柯会出身于这样一个富有的外省资产阶级家庭。但是，参观了福柯少年时代没有取暖设备的简朴书房后，吉贝尔有所感悟。②

葬礼上宣读了著名诗人夏尔的一首诗的片断。这首诗是夏尔在福柯去世前四天写的。诗中出现狐狸和性的意象。当夏尔得知福柯在巴黎高师的外号是"狐狸"后，作为悼念，把这首诗改献给福柯：

> 一对狐狸在雪地里翻腾，
> 踩出婚床的轮廓。
> 夜幕降临，苦涩的爱情在他们周围的
> 斑斑血迹中，揭示出强烈的欲火。③

福柯不愿意把自己的死亡变成一场戏剧。但是，事与愿违，他的扑朔迷离的私生活和为世人不齿的死因却使他的死亡变成了一个更加引人注目的事件。

福柯死于现代瘟疫，而且他恰恰死在最初用于对付当时的瘟疫——麻风病的医院。麻风病和艾滋病先后都被社会视为罪恶之病。麻风病人和艾

---

① ［法］米歇尔·福柯著，张廷琛等译：《性史》，第1、2卷，162页。

② See Guibert, *To the Friend Who Did Not Save My Life*, pp. 29, 101.

③ Macey, *The Lives of Michel Foucault*, p. 477.

滋病患者都被同时代人视为“不可接触的罪人”。福柯以分析人类对待麻风病人的机制开始“尼采式探索”，以现代瘟疫的牺牲者和现代社会的“耻辱者”结束这一探索。

也许，在不远的将来，现代医学就能找到攻克现代瘟疫的办法。问题是，福柯身上的耻辱烙印会被洗刷掉吗？更广义地说，现代西方社会能够消除它自己制造和划定出来的“反常”、“变态”现象，从而避免福柯式批判话语的衍生吗？

主要参考文献
（仅限于直接使用的文献）

一、福柯著作

1. *Mental Illness and Psychology*. University of California Press, 1987.

2. *Madness and Civilization: A History of Insanity in the Age of Reason*. trans. by Richard Howard. New York: Pantheon, 1965.

《疯癫与文明》，刘北成、杨远婴译，台北，桂冠图书公司，1992。

3. *The Birth of the Clinic: An Archaeology of Medical Perception*. trans. by A. M. Sheridan Smith. New York: Pantheon, 1973.

4. *Death and the Labyrinth: The World of Raymond Roussel*. London: Athlone Press, 1986.

5. *The Order of Things: An Archaeology of the Human Sciences*. trans. anonimously. London: Tavistock, 1970.

6. *The Archaeology of Knowledge and the Discourse on Language*. trans. by A. M. Sheridan Smith. New York: Pantheon, 1972.

7. *I, Pierre Riviere, having slaughtered my mother, my sister, and my brother…: a Case of Parricide in the 19th Century*. trans. by Frank Jellinek. New York: Pantheon, 1975.

8. *Discipline and Punish: The Birth of the Prison*. trans. by Alan Sheridan. New York: Vintage Books, 1979.

《规训与惩罚》，刘北成、杨远婴译，台北，桂冠图书公司，1992。

9. *The History of Sexuality, Vol. 1: An Introduction*. trans. by Robert Hurley. New York: Pantheon, 1978.

《性史》，第 1、2 卷，张廷琛等译，上海，上海科学技术文献出版社，1989。

10. *Language, Counter-Memory, Practice: Selected Essays and Interviews by Michel Foucault*, ed. by Donald F. Bouchard, trans. by Donald F. Bouchard and Sherry Simon. Ithaca: Cornell University Press, 1977.

11. *Power/Knowledge: Selected Interviews and Other Writings 1972－1977*, ed. by Colin Gordon. New York: Pantheon, 1980.

12. *Politics, Philosophy, Culture: Interviews and Other Writings 1977－1984*, ed. by Lawrence D. Kritzman. London & New York: Routledge, 1988.

13. *Resume descours, 1970－1982*. Paris, 1989.

14. *The Foucault Reader*. ed. by P. Rabinow. New York: Pantheon, 1984.

二、福柯传记资料

1. Didier Eribon, *Michel Foucault*. trans. by Besty Wing. Harvard University Press, 1991.

2. David Macey, *The Lives of Michel Foucault*. London: Huchinson, 1993.

3. James Miller, *The Passion of Michel Foucault*. New York: Simon & Schuster, 1993.

4. Herve Guibert, *To the Friend Who Did Not Save My Life*. New York and London: High Rish Books, 1991.

三、福柯著作年表

1. Michael Clark, *Michel Foucault: An Annotated Bibliography*. New York: Garland Publishing, Inc. 1983.

四、有关研究文献

1. Jurgen Habermas, *The Philosophical Discourse of Modernity*. trans. by F. G. Lawrence. Massachusetts: The MIT Press, 1987.

2. Richard Kearney, *Modern Movements in European Philosophy*. Manchester University Press, 1986.

3. James W. Bernauer, *Michel Foucault's Force of Flight: Toward an Ethics for Thought*. New Jersey & London: Humanities Press International, Inc. 1990.

4. Peter Burke, ed., *Critical Essays on Michel Foucault*. Scolar Press, 1992.

5. Barry Cooper, *Michel Foucault: An Introduction to the Study of His Thought*. New York & Toronto: Edwin Mellen Press, 1981.

6. Jacques Derrida, "Cogito and the History of Madness", *Wri-ting and Difference*. Chicago: The University of Chicago Press, 1970.

7. Simon During, *Foucault and Literature: Toward a Genealogy of Writing*. London & New York: Routledge, 1992.

8. Herbert L. Dreyfus and Paul Rabinow, *Michel Foucault: Beyond Structuralism and Hermeneutics*. Chicago: The University of Chicago Press, 1982. 《超越结构主义与解释学》，张建超、张静译，北京，光明日报出版社，1992。

9. David Couzens Hoy, ed., *Foucault: A Critical Reader*. New York: Basil Blackwell, 1986.

10. C. C. Lemert and C. Gillan, *Michel Foucault: Social Theory as Transgression*. New York: Columbia University Press, 1982.

11. Lois McNay, *Foucault and Feminism: Power, Gender and the Self*. Boston: Northeastern University Press, 1992.

12. Pamela Major-Poetzl, *Michel Foucault's Archaeology of Western Culture: Toward a New Science of History*. The University of North Carolina Press, 1983.

13. J. C. Merquior, *Foucault*. London: Fontana Press, 1985.

14. Clare O'Farrell, *Foucault: Historian or Philosopher?* London: MacMillan Press, 1989.

15. Mark Poster, *Foucault, Marxism and History*. Polity Press, 1984.

16. Mark Poster, *Critical Theory and Poststructuralism.* Ithaca: Cornell University Press, 1989.

17. C. Ramazanoglu, ed., *Up Against Foucault: Explorations of Some Tensions between Foucault and Feminism.* London &New York: Routledge, 1993.

18. Alan Sheridan, *Michel Foucault: The Will to Truth.* London &New York: Tavistock, 1980.

19. David R. Shumway, *Michel Foucault.* Boston: Twayne Publishers, 1989.

20. Barry Smart, *Foucault, Marxism and Critique.* London: Routledge & Kegan Paul, 1983.

21. Barry Smart, *Michel Foucault.* London & New York: Tavistock, 1985.

22. A. Still and I. Velody, ed., *Rewriting the History of Madness: Studies in Foucault's Histoire de la folie.* London & New York: Routledge, 1992.

23. *Michel Foucault: Philosopher.* (essays at a international conference in Paris) New York: Harvester Wheatsheaf, 1992.

24. [美] 伊·库兹韦尔著，尹大贻译：《结构主义时代：从莱维—斯特劳斯到福科》，上海，上海译文出版社，1988。

25. [法] 约瑟夫·祁雅理著，吴永泉等译：《20世纪法国思潮》，北京，商务印书馆，1987。

26. [比] J. M. 布洛克曼著，李幼蒸译：《结构主义》，北京，商务印书馆，1980。

图书在版编目（CIP）数据

福柯思想肖像/刘北成编著. —北京：中国人民大学出版社，2012. 4
（大师传记馆）
ISBN 978-7-300-15487-9

Ⅰ. ①福… Ⅱ. ①刘… Ⅲ. ①福柯，M.（1926～1984）-传记 Ⅳ. ①B565. 59

中国版本图书馆 CIP 数据核字（2012）第 058679 号

大师传记馆
福柯思想肖像
刘北成　编著
Fuke Sixiang Xiaoxiang

出版发行	中国人民大学出版社		
社　　址	北京中关村大街 31 号	**邮政编码**	100080
电　　话	010－62511242（总编室）		010－62511398（质管部）
	010－82501766（邮购部）		010－62514148（门市部）
	010－62515195（发行公司）		010－62515275（盗版举报）
网　　址	http://www. crup. com. cn		
	http://www. ttrnet. com（人大教研网）		
经　　销	新华书店		
印　　刷	涿州市星河印刷有限公司		
规　　格	160 mm×230 mm　16 开本	**版　　次**	2012 年 4 月第 1 版
印　　张	19. 25 插页 2	**印　　次**	2012 年 4 月第 1 次印刷
字　　数	292 000	**定　　价**	39. 80 元